왜 도요타의 현장은 세계 최강인가?

도요타
강한 현장의
비밀

왜 도요타의 현장은 세계 최강인가?
도요타 강한 현장의 비밀

초판 인쇄 | 2017년 9월 4일
초판 발행 | 2017년 9월 11일

지은이 | 호리키리 토시오
옮긴이 | 구자옥(한국도요타엔지니어링(주) 대표)
발행인 | 김태웅
편집장 | 강석기
디자인 | 김효정, 서진희
마케팅 총괄 | 나재승
마케팅 | 서재욱, 김귀찬, 이종민, 오승수, 조경현
온라인 마케팅 | 김철영, 양윤모
제　작 | 현대순
총　무 | 한경숙, 안서현, 최여진, 강아담
관　리 | 김훈희, 이국희, 김승훈, 이규재

발행처 | (주)동양북스
등　록 | 제 2014-000055호(2014년 2월 7일)
주　소 | 서울시 마포구 동교로22길 12 (04030)
전　화 | (02)337-1737
팩　스 | (02)334-6624

http://www.dongyangbooks.com

ISBN 979-11-5768-288-1 13320

▶ 본 책은 저작권법에 의해 보호받는 저작물이므로 무단 전재와 무단 복제를 금합니다.
▶ 잘못된 책은 구입처에서 교환해 드립니다.
▶ 본 책은 2011년 본사에서 발행된 "도요타 혁신방법론"을 수정 보완하여 재발행한 도서입니다.

이 도서의 국립중앙도서관 출판예정도서목록(CIP)은 서지정보유통지원시스템 홈페이지(http://seoji.nl.go.kr)와 국가자료공동목록시스템(http://www.nl.go.kr/kolisnet)에서 이용하실 수 있습니다. (CIP제어번호:CIP2017022588)

왜 도요타의 현장은 세계 최강인가?

도요타 강한 현장의 비밀

호리키리 토시오 지음　구자옥 옮김

동양북스

지은이의 글

필자는 도요타 자동차(이하, 도요타)에서 30년 이상, 공장·생산라인 계획·생산준비·생산을 담당하였으며, 일본뿐만 아니라 해외 공장의 계획·생산 준비·생산도 추진하며, 도요타가 글로벌 No.1 기업이 되는 것을 직접 체험하였다. 해외 공장에서는 부품 국산화를 위해 도요타 계열 이외의 자동차 부품회사도 컨설팅 하였으며, 퇴직 후에는 다수의 도요타 계열 공장을 진단하고 컨설팅 하였다.

세계 경쟁에서 살아남기 위해서는 품질, 생산량, 원가를 추구하여 그 어디에도 뒤지지 않는 생산라인과 현장을 구축해야만 한다. 이를 위한 가장 효과적인 방법이 바로 도요타 생산방식(Toyota Production System;TPS)에 바탕을 둔 생산라인과 현장 만들기이다. TPS는 반세기 이상 진화시켜 온 도요타 고유의 생산하는 방법이다.

그러나 실제로 해외 기업은 물론이고, 일본에서도 도요타 계열 이외의 기업을 대상으로 한 TPS 컨설팅 과정에서 TPS의 성공적 도입과 정착이 얼마나 어려운 일인가를 피부로 체험하였으며, 그러한 실제 컨설팅 경험을 살려 현재는 수많은 기업들에 TPS를 효과적으로, 그리고 성공적으로 도입할 수 있도록 TPS를 연구, 개량해서 컨설팅하고 있다. 이 책에서는 개량된 TPS를 'Total TPS'라고 표기하고 있으며, 이는 도요타 계열 이외의 일본 기업 및 해외 유수 기업들이 체계적으로 도입할 수 있는 유효한 방법이라고 확신한다.

그리고 최근 세계적으로 화제가 되었던 도요타 리콜 문제로 인해 부각된 '위기'의 극복 원천과 미래의 도요타를 위한 경영진들의 '개선과 인간존중'의 가치 원점도 본문에서 비중 있게 다루고 있으므로 유용한 참고요소가 되길 바란다.

왜 해외공장의 엔지니어링은 빈약한가?

도요타 계열 이외의 기업에서 TPS를 도입하는 것이 왜 어려운가?

예를 들면, 미국 등 해외 공장에서는 공장과 생산라인의 종합적인 엔지니어링이 상당히 빈약한 편이다. 그 결과 생산성 저하, 품질 악화, 제조원가가 높은 공장 및 생산라인 등으로 이어지는 것을 자주 목격했다. 필자는 그 때마다 왜 이렇게 생산라인이 빈약한지 이해할 수가 없었다.

컨설팅 과정에서 깨달은 것은 미국 등 해외 기업에서는 공장과 생산라인의 엔지니어링을 외주 엔지니어링 회사(설비회사나 금형제작회사)에 위탁하여 운영하였기 때문에 엔지니어링이 내재화될 수 없다는 점이었다.

엔지니어링(설비 본체의 설계·제작이 아닌 공정 계획, 설비 계획 등의 엔지니어링)의 외부 위탁이 위험한 이유는 엔지니어링 회사와 제품을 생산하는 기업 현장과의 이해관계가 상충되는 경우가 많기 때문이다. 엔지니어링 회사는 제품의 품질·제조원가·생산성에 대해 고민하지 않는다.

대부분의 경우, 생산 공정 수가 많으면 많을수록 외주 엔지니어링 회사의 입장에서는 수주 금액이 늘어나고 이익이 올라가지만, 제품을 생산하는 기업에 있어서는 투자액과 원가가 그만큼 상승하여 이익을 저하시킨다. 이러한 상황에서 제품을 생산하는 회사가 제품의 품질·제조원가·생산성을 보증할 수 없는 것은 당연하다. 결국, 제품을 생산하는 기업 스스로가 제품의 품질·제조원가·생산성을 확보할 수 있는 묘안을 만들어 내지 않으면 안 되는 것이다.

TPS의 진수는 현장과 종업원의 활성화

품질·제조원가·생산성을 추구하기 위한 효과적인 수단이 TPS의 도입이라고 필자는 강력하게 주장한다. 다시 말해서 TPS의 진수를 담은 생산 라인과 작업장을 만드는 것은 기업의 경쟁력을 강화시킨다. 라인을 가동하기 전에 제조 라인에 TPS 사상이 녹아 있는 현장을 만들기 위해 가장 중요한 것은 '종업원의 활성화'이다. 이것이 'Total TPS'에서 추구하는 중요한 관점이다.

미국 등 해외에서도 TPS(또는 Lean Production)를 도입하는 기업이 있지만, 대부분의 경우는 공장·생산라인이 가동을 개시한 이후의 현장 개선을 위한 TPS가 대부분이다. 이것도 물론 중요하지만 생산라인의 가동을 개시하면 설비 등의 제약조건 때문에 효과가 한정될 수밖에 없다. 게다가 거기에는 TPS 생산에 적합한 현장을 만들기 위해 필요한 현장 활성화나 종업원의 교육, 훈련 등 종업원의 활성화에 대해서는 고려하고 있지 않으며, 대부분 단순히 주어진 매뉴얼에 따라 작업을 하는 효율성의 측면만 강조하고 있을 뿐이다. 즉, TPS가 아주 좁은 의미로 적용되어 있는 것이며, 많은 기업들이 TPS의 대상을 도요타의 최종 조립 현장에만 적용시키고 있음을 알 수 있다.

TPS의 진수를 정착시키기 위해서는 가동 후의 개선뿐만 아니라, 가동 전의 선행 개선을 통해 가동 후의 개선을 최소화할 수 있는 공장과 생산라인을 만드는 것이 필요하다.

TPS와 관련한 서적은 많다. 하지만 앞서 거론한 바와 같이 TPS의 본질과 진수, 즉, 'Total TPS'를 제대로 설명하는 서적이 없는 것이 현실이다. 필자가 이 책을 펴내고자 한 동기는 'Total TPS'의 사고로 제대로 된 TPS의 진수를 전달하고 싶었기 때문이다.

왜 TPS로 효과를 내지 못하는가?

TPS는 1978년에 당시 도요타 자동차(1982년 이전에는 도요타 자동차 공업. 이하, 도요타로 통일) 부사장이었던 오노 다이이치씨가 '도요타 생산방식(다이아몬드사)'이라는 책을 출간함으로써 널리 알려지게 되었다. 미국에서도 'Lean Production'이라는 이름의 책이 출판되어 TPS는 'Lean Production'으로 세계에 알려졌다. 서구에서는 오늘날 TPS보다 Lean Production이라는 명칭을 주로 사용하고 있다.

오노 씨의 책이 출간된 뒤 30년 이상이 지나고서야, 세계 각국의 기업에서 TPS 도입을 위한 움직임이 활발히 전개되기 시작하였다. 그러나 실제로는 대부분의 기업이 TPS를 실천하지 못하거나, 좀처럼 효과를 올리지 못하고 있는 실정이다. 필자가 항상 사용하는 공장 평가 진단도구인 글로벌 벤치마킹(Global Bench-Marking, GBM)으로 각국의 공장을 실제로 평가해 보면, TPS 실천기업의 실제 수준을 확인할 수가 있다. 왜 TPS를 실천 할 수 없는지, 왜 TPS를 도입해도 효과가 나지 않는지에 대해 필자는 오랫동안 연구해 왔다.

도요타 속에 있으면 알 수 없는 것

그 해결책의 하나가, 전 세계의 일반기업이 TPS를 손쉽게 도입하여 실천 가능하게 하는 방법과 그 원리를 해명하고 확립하는 것이다.

하지만 이러한 TPS 실천 방법과 원리에 대해서는 기존의 TPS 해설서(또는 관련서적)에서는 찾기 힘들다.

왜냐하면, 도요타에서는 이미 달성한 것이기 때문에 필요성을 느끼지 못하기 때문이다. 다시 말해, 도요타 내에서는 공기나 물과 같이 조직문화에 녹아있기 때문에 특별한 설명을 필요로 하지 않는다는 의미이다.

필자도 도요타에 재직하고 있을 때는 실감하지 못했다. 그러나 도요타 계열 중 해외 공장, 더 나아가서는 도요타 퇴직 후, 도요타 이외의 기업에서 개선 컨설팅 및 경영지원을 하면서 깨닫게 되었다. 도요타 내에서는 물과 공기처럼 당연한 시스템이고 문화이지만, 다른 기업들은 그렇지 못하기 때문에 이를 명확히 체계화 할 필요성을 느끼게 된 것이다.

또 하나는, 30년간 도요타 자동차도 많은 개선을 해 왔고, 시행착오를 거듭하면서 지속적으로 TPS를 개량하고 진화시켜 왔다는 것이다. 오늘날 도요타의 TPS는 30년 전 오노씨가 발표한 TPS에서 끊임없는 개량과 진화 과정을 거치면서 전혀 다른 모습과 내용으로 바뀌었다. 이러한 진화된 TPS가 있기 때문에 도요타는 지금까지 기대 이상으로 성과를 올리고 있으므로, 그 원천인 최신 TPS를 설명할 필요성이 있는 것이다.

이 책에서 강조하고 있는 'Total TPS'는 필자가 도요타에서 경험한 것들과 도요타 이외에서의 컨설팅 경험을 바탕으로, 기존의 TPS를 전면적으로 쇄신하는 것을 목표로 하고 있다.

도요타 엔지니어링 주식회사, 회장
사단법인 TMS&TPS 검정협회, 이사장
호리키리 토시오(堀切 俊雄)

Contents

지은이의 글 ... 4

part 1 Total TPS란?

1 종래의 문제점 ... 16
2 구체적 사례 ... 25
3 'Total TPS'란 ... 40
4 Total TPS의 발전 경위 ... 44
5 Total TPS의 효과 ... 50
6 종업원과 현장의 활성화 ... 59

part 2 Total TPS의 기초

1 도요타 생산방식의 기본 ... 66
2 Total TPS의 기초 ... 69
3 납기·양의 보증 ... 83
4 공정의 삭감 ... 94
5 품질의 개선 ... 110
6 안전·보전 ... 121
7 일하는 보람이 있는 현장 만들기 ... 125

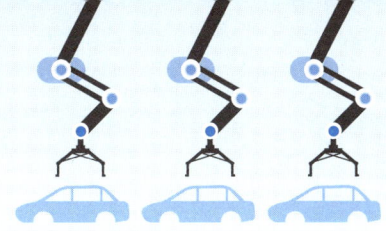

part 3 품질보증

1 품질보증의 기본 ········· 132
2 도요타의 품질보증 ········· 135
3 자공정완결에 의한 품질보증 ········· 138

part 4 종업원과 현장의 활성화

1 종업원과 현장의 활성화 총론 ········· 168
2 종업원과 현장의 활성화 활동(협의)의 사례 ········· 178
3 개선활동 – ① 양산라인의 개선 ········· 198
4 개선활동 – ② 선행개선(Advanced Kaizen) ········· 224
5 왜 활성화 활동은 유효한가 ········· 231

part 5 경영자·관리자의 역할

1 종업원과 현장의 활성화의 중요성 ········· 236
2 가시화 매니지먼트 ········· 243
3 경영자·관리자의 역할 ········· 246
4 도요타 공장의 관리·감독자의 역할 ········· 250

part 6 개선의 오오베야 방식

1 종업원과 현장의 활성화와 오오베야 방식 ········ 258
2 가시화의 중요성 ········ 276

part 7 오오베야 방식 개선의 구체적인 사례

1 개선의 오오베야 방식(표준 패턴) ········ 282
2 정미공장의 사례 ········ 294
3 자동차 부품 메이커의 사례 ········ 305
4 중국의 전자부품 메이커의 사례 ········ 313
5 러시아 부품 메이커의 사례 ········ 318

part 8 세계 현장의 평가 'GBM'

1 Total TPS 관점의 현장 평가방법 ········ 322
2 현장의 평가표 ········ 323
3 세계의 현장 실태(현재수준) ········ 326
4 평가 후에 지향하는 방향 ········ 328

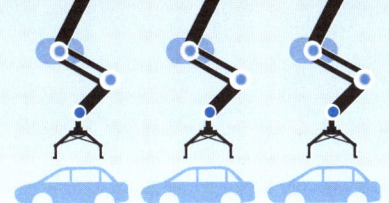

part 9 선행개선

1 선행개선이란 332
2 동시공학(SE) 활동 337
3 품질보증 활동 344
4 생산준비 활동 351
5 제조준비 활동 359
6 선행개선 정리 370

part 10 Total TPS로부터 배우는 관리·경영의 개혁

1 TMS(도요타 & 토털 매니지먼트 시스템) 374
2 간접부문에 있어서의 종업원과 현장의 활성화 376
3 Total TPS를 발전·응용한 관리·경영 개선 379

part

1

Total TPS란?

1 종래 TPS의 문제점

(1) 기업의 경영자와 TPS 개선 추진자들이 곤란해 하는 것

　도요타 생산방식(이하, TPS) 자체는 잘 알려져 있고 TPS에 관한 많은 서적들이 출판되어 있다. 그렇지만 책을 읽고 이해를 해도 정작 현장에 도입하려고 하면 방법을 정확히 모르거나 실천이 어려운 경우가 대부분이다. 또한 어떤 기업에서는 TPS를 충분히 이해한 후에 실천도 해보았지만 기대한 만큼의 효과를 얻지 못하거나, 외부 TPS 전문컨설턴트에 의뢰해서 컨설팅을 받았음에도 불구하고, 생각한 만큼 효과를 얻지 못한 경우도 있다고 한다.

　TPS 컨설턴트는 일반적으로 개선의 모델라인을 설정하고, 그 모델라인에 대해서 중점적으로 문제점을 지적하면서 개선을 지도한다. 그 결과 TPS 컨설턴트가 지도한 모델라인 부분은 성과가 있지만, 그것이 공장 전체로는 확대되지 않는다. 게다가 TPS 컨설턴트가 프로젝트를 끝내고 돌아가면 개선은 원점으로 돌아가고, 그 중에는 개선의 흔적조차 보이지 않기도 한다. 대부분의 회사는 TPS(개선활동)가 제대로 이루어지지 않아서, 효과가 없거나, 활동이 정착되지 않는 등 많은 문제가 발생하고 있다.

그러면, 대다수의 TPS 책에서는 이상적인 내용이 적혀있는데 막상 실천을 하려고 하면 어려워지는 것은 왜일까.

필자는 지금까지 많은 회사에서 TPS 개선을 하면서, ① 좋으면, 왜 좋은 결과가 나올까, ② 나쁘면, 왜 나쁜 결과가 나올까, ③ 더 알기 쉬운 방법은 없을까, ④ 전원이 참여하는 개선을 위해서는 어떻게 하면 좋을까, 하는 것들에 대해 시행착오를 겪으면서 원리를 생각하고 개선방법을 고민해 왔다. 그 해답은 차차 본 책에서 설명해 나가기로 하고. 먼저 TPS 실시사례를 살펴보고자 한다.

(2) 종래 TPS : 대표적인 실천 사례

먼저, 종래 TPS의 실천 사례를 몇 가지 소개하고자 한다. 실제 사례를 통해서 개선현장이 어떻게 변하고, 어떠한 문제가 발생해 왔는가를 한 번 살펴보자. 문제를 발견하여 파악할 수 있다면, 그 문제의 대응 방법과 개선책을 생각하는 것은 어렵지 않을 것이다.

〈사례1〉 TPS를 책으로만 아는 기업

어느 날, 생산 설비를 제작하는 기업의 Y사장이 필자에게 상담을 하러 왔다. Y사장은 지금 시중에 출판되어 있는 TPS 관련서적을 20권 가량

꼼꼼하게 읽어보았다고 하면서 필자에게 이런 고민을 털어놓았다. "저는 TPS를 마스터했다고 생각했습니다. 그런데 막상 TPS를 사내에서 실천하려고 하니 도대체 어디서부터 시작을 해야 하는지, 우리 회사는 지금 어떤 상태이며, 무엇을 목표로 TPS를 실천하는지. TPS로 우리 회사의 목표를 어떻게 달성시킬 것인지... 갈피를 잡을 수 없었습니다. 이런 궁금증을 가지고 책을 또 읽고 다시 실천하고자 해도, 역시 확신이 서지 않습니다. TPS는 정말 어렵군요."

당시 필자는 도요타를 퇴직한 직후였으나, 이렇게 대답을 했다. "책만 읽어서는 모르는 게 당연합니다. 하지만 귀사의 현장을 도요타의 TPS 전문가가 한 번 보면 어떤 상태인지 금방 알 수 있습니다."

그 때는 막연하지만 표현 가능한 답변은 이것 밖에 없었다. 이후 필자는 도요타 계열 이외의 회사에 대해서는 더 알기 쉽고 실천하기 쉬운 보편적인 방법이 필요하다는 것을 인식하였다. 기존의 TPS 설명만으로는 일반 회사나 사람들은 이해하기 힘들며, 또한 중요한 본질에 대해서도 설명이 부족한 상태이다. 게다가 도요타에서 충분히 경험을 쌓은 TPS 전문가들도 외부 회사를 컨설팅 할 때에는 지도 방법이 컨설턴트에 따라 다르다. 다시 말해, TPS 컨설팅 체계가 확립되어 있지 않다는 의미이다.

〈사례2〉 어느 정도 TPS가 가능한 회사

다음은 어느 정도 TPS를 실천하고 있는 기업의 사례이다. 개선 지도자(내, 외부의 개선리더나 추진자)는 아래의 방법으로 개선을 시작한다.

① 공장의 개선 모델공정을 선정
② 모델공정의 개선을 실시
③ 모델공정의 공수를 낮추기 위한 개선을 실시

④ 각 공정 작업자의 작업동작(움직임)을 관찰
⑤ 작업의 낭비를 제거하여 개선을 지도(컨설팅)

이러한 일련의 과정에서 해당 모델공정의 작업자와 책임자로부터 저항이 발생한다. 반발을 하지 않는다고 해도 문제를 제기하거나 무의식적으로 반감을 가지는 사람이 나오는 경우도 있다.

개선 지도자는 이러한 여러 저항들을 경험하면 화를 내거나 강하게 명령을 하기도 하고, 강압적으로 밀고 나가려고 하며, 경우에 따라서는 상사로서의 권력을 동원하여 개선을 강행하려고 한다. 강압적으로 개선을 추진하면, 현장은 ① 그래도 실시하지 않는다, ② 어쩔 수 없이 부분적으로 실시한다, ③ 어느 정도 좋은 결과를 낸다는 3가지 결과 중 하나로 나타난다.

③의 경우 개선 지도자는 그 모델라인에서의 컨설팅을 종료할 때, 같은 방법으로 다른 라인에서도 개선을 확대(수평적 전개)하도록 지도하며, 컨설팅을 위해 다른 부서로 옮기는 경우가 많다. 하지만 개선 지도자가 없어지면 개선은 그 이상 진행되지 않는 것이 대부분이며, 다른 라인이나 공장에서 개선이 진행되는 것은 기대하기 힘들다.

더 나쁜 것은 어느 정도 개선이 진행된 모델 공정라인이라 하더라도 지도자가 없어지면 '아, 이제 시끄러운 사람 없어졌다. 너무 피곤하다.'라는 분위기가 만연하여 그 이상의 개선은 정체되며, 지도자가 없어진 모델공정은 수개월 사이에 개선하기 전의 상태로 되돌아가고 마는 것이다. 이러한 현상은 기존의 TPS 방식에서는 당연한 것처럼 이루어졌고, 현재도 어떤 조직이나 공장에서는 반복되고 있을 것이다.

〈사례3〉 도요타 자동차의 츠츠미(堤) 공장

필자는 도요타 자동차에서 TPS를 실천해 왔다. TPS의 첫 실천 현장은 츠츠미(堤) 공장(2010년 현재, 전 세계 도요타의 환경모델 공장으로서 프리우스, 캠리 등 주력차종을 생산하고 있음. – 역자 주)이었다. 어느 날, TPS 추진부서인 생산조사실의 A주사 일행이 츠츠미 공장에서 개선활동을 시작하였다. 당시 필자는 생산기술부의 기술원으로서 신차종 생산라인을 신설하는 중이었다. 그 바로 옆에서 A주사가 지도하는 개선활동이 시작되었다.

A주사와 그 부하들은 "프레스의 금형 교체시간을 단축해!", "멀리 떨어져 있는 부품들을 가까운 곳으로 옮겨!"라고, 큰 소리를 지르며 개선을 진행했다. 부하 간부(공장, 조장, 반장 등)들은 물론이고 부장까지도 호통치는 소리에 벌벌 떨던 광경이 아직도 기억에 선명하다.

그렇게 A주사를 중심으로 한 개선지도 팀의 지시에 따라서 개선이 진행되었다. 필자는 츠츠미 공장에서 약 1년 동안의 임무를 마치고 생산기술부(장소는 모토마치-元町- 공장)로 돌아가려던 참이었다. 바로 그때 "생산기술부의 기술원도 이 TPS 개선활동에 참가하라."는 지시를 받고, 필자도 츠츠미 공장에서 개선지도를 받게 되었다.

개선지도 팀과 필자는 주간 근무시간에 생산라인의 상황을 파악해서 낭비를 발견하고, 낭비제거를 위한 개선책을 고안, 실천해 나갔다. 특히 A주사가 지적한 문제점과 낭비의 지적에 대해서는 당일 내로 개선책을 작성해서 실시해야 하는 것이었다. 그 다음날 A주사는 지적한 문제점과 낭비의 개선이 완료되었는지 확인하러 온다. 만약 그 다음날까지도 개선이 완료되어 있지 않으면, A주사의 얼굴은 금세 벌겋게 달아올라 불화통을 뿜어내는 것이었다. 호통이 두려워서라도 개선활동은 필사적으로 진행될 수밖에 없었다. 당시 공장은 주야 2교대 근무체제였으므로, 매일 주야간 교대 시간(밤 8시~9시), 즉 생산 라인이 멈추는 한 시간 안에 설비개선, 레이아웃, 작업배분 변경, 인원삭감 개선을 실시하였다.

주간에는 현장을 관찰하며 문제점을 발견해서 그 대책을 고민한 후, 당일 야간 교대 시간에 개선을 실시한다. 그러나 생산라인을 변경, 개선했음에도 불구하고 야간 근무가 시작되자마자 또 다른 문제가 발생하는 탓에 그 대책을 마련하느라 퇴근은 매일 밤 12시, 1시가 되어야 할 수 있었고, 그러한 개선지도가 약 1년간 지속되었다.

당시를 되돌아보면 그저 A주사에게 혼나지 않으려고만 필사적으로 개선활동을 했던 것이었다. 분명 현장에서는 개선을 통해 낭비가 줄고, 일이 편해진 부분도 있다. 하지만 라인 작업자에 대한 노동 강도가 높아졌는데, 특히 현장의 반장·조장으로부터 업무부하가 너무 커 육체적 한계에 도달했다는 불만이 나오고, 라인 작업자들의 퉁퉁 부은 다리도 자주 목격하게 되었다. 필자도 '이건 아니다'라고 현장의 조장·반장과 같은 생각을 가지고 있었다. 그럼에도 불구하고 간부와 개선 관계자들은 A주사의 반감을 사는 게 두려워 표면적으로는 저항 없이 묵묵히 개선 작업을 추진하였다.

마지막에 A주사는 개선 관계자(필자도 포함)들을 데리고 생산관리부에 있던 오노 부사장을 방문했다. A주사는 "○○과에서 작업자를 몇 명 줄이고, ××과에서 작업자를 몇 명 줄이고, △△과에서의 보전 인원을 몇 명 줄이고……"라며 자랑스럽게 보고했다. 이것으로 A주사의 츠츠미 공장의 개선 지도는 막을 내리고 다른 공장 다른 도요타 계열의 회사로 옮겨갔다.

이러한 현장 개선활동을 통해 필자는 TPS를 체험할 수 있었고, 많은 공부가 되기도 했지만, 현장에는 개선과 관련된 사람들 사이에 생겨난

많은 문제점들과 직원들의 큰 의욕상실이 남겨진 것도 사실이었다. 생산현장에서는 품질불량 발생이 증가했고, 줄어든 인원들도 결국은 대부분 원상태로 돌아왔으므로 사람을 줄인 효과도 어느새 사라져 버렸다. 결국 이 개선 후의 현장에서는 무기력감이 만연하였고, 신뢰관계도 무너지고 말았다. 그 중에는 이렇게 이야기하는 사람들도 있었다. "이 개선은 무엇을 위한 개선이었고, 어떤 의미의 개선이었는가. A주사가 공적을 쌓기 위해 한 개선이 아니었던가. 우리는 단지 그를 위한 희생양이 아닌가……"

이런 조직 분위기가 '현장의 활성화' 상태로 전환되기까지는 많은 시간과 노력들이 소요되었다. 더 자세한 이야기는 본 책의 Total TPS부분에서 설명하기로 하겠다.

〈사례 4〉 도요타 계열의 부품 회사

도요타 계열의 부품 회사에서도 같은 개선활동이 추진되었다. 예를 들어 어떤 부품 회사에서는 도요타의 생산조사실의 담당자가 갑자기 찾아와서 라인을 보자마자 느닷없이 "저게 문제다! 이게 문제다! 공장 개선을 해라! 물류 개선을 해라!"라는 식으로 호통치며 지도를 시작하는 경우가 많이 있었다.

당황한 부품 메이커의 사람들은 '무엇을 하려고 하는지', '왜 문제인지', '어떻게 하려고 하는지' 등 의문을 품었지만, 구체적인 설명은 없었고 그저 일방적으로 시키는 대로 할 수밖에 없었다.

그러한 상황에서 개선을 강행한다고 하더라도 현장담당자들이 납득하고 이해하기는 힘들다. 이렇게 되면 당연히 효과를 기대하기도 어려워지는 것이다. 즉, 기존의 TPS에서 흔히 볼 수 있는 사례이다.

⟨사례 5⟩ 도요타의 해외 공장

    필자는 그 후, 생산기술부에서 다른 부서로 배속되어, 도요타의 해외공장을 신설하거나 공장을 컨설팅 하는 일을 담당하게 되었다. 외국이기 때문에 당연히 문화도 다를 뿐만 아니라 현지의 종업원들은 도요타의 사상이나 TPS에 관한 지식도 전혀 없다. 하지만 인도네시아나 태국 공장을 일본의 도요타 같은 공장처럼 만들고 싶었고, 품질을 높여서 생산성을 올리고 싶다는 열정으로 컨설팅을 시작하였다.

    필자를 선두로 한 TPS 전문가 정예멤버가 해외현장에 투입되어 컨설팅을 실시한 결과, 일시적이고 부분적으로는 분명히 개선되었다. 그러나 활동을 끝내고 우리가 되돌아가면 얼마 지나지 않아 원상태로 복귀하는 현상이 몇 번이고 되풀이되었다.

(3) 종래 TPS의 문제점

    이상 5가지 실제사례에서 보듯, 종래의 TPS에서는 아래와 같은 문제점과 한계가 있다. 정리해 보면,

① TPS를 실천하려고 했지만, 좀처럼 효과가 나오지 않는다.
② 도요타 이외의 사람들이 이해하기 쉽고 실천하기 쉬운 유용한 방법이 체계적으로 확립되어 있지 않다.
③ 일반기업으로부터 TPS는 어렵고, 이해하기 힘들다는 반응이 되돌아온다.
④ 어느 정도 효과가 나타나도 현장에서 자발적으로 적극적 개선을 지속적으로 실시하지 않으므로 TPS가 정착되지 않고 공장 전체로 확대되

지도 않는다.

왜 이러한 문제점이 발생하는가?

대부분의 경우, 이러한 문제에 직면했을 때에는 현장 지도자의 지식이나 성격, 경험을 바탕으로 임기응변을 통해 대처해 온 것이 사실이다. 이러한 경우의 문제점은 지도자에 따라 지식이나 성격, 경험이 다르기 때문에, 개선 지도 방법 역시 제각기 다르다는 것이다.

필자는 이러한 문제를 해결하기 위해 어떻게 해야 하는지를 늘 고민해 왔다. 도요타 내외의 많은 회사, 공장에서 TPS의 개선을 컨설팅하면서 TPS의 방법, 그 자체를 개량하고자 하는 노력을 멈추지 않았다.

2

구체적 사례

(1) 현장에서 의욕과 열정이 일어나지 않는 원인

기존의 TPS에서는 현장의 자발적 의욕이 일어나지 않는다는 점이 가장 큰 문제였다. TPS로 개선을 실시할 때 중요한 점은 바로 회사 또는 공장의 조직과 작업장이 어떤 반응을 나타내는가를 이해하는 것이다. 따라서 공장의 조직 및 작업장의 반응을 잘 관찰하고 분석할 필요가 있다.

공장조직은 〈그림 1-1〉과 같은 것이 일반적이다. 공장은 수많은 부·과·계·조·반 등의 부서 및 라인으로 구성되어 있다. 일반적인 TPS의 개선에서는 ① 보통은 개선을 집중적으로 실시하기 위해서 개선 모델라인을 선정하여 그 모델라인을 개선지도자나 TPS 전문가가 지도한다 ② 공장의 책임자, 혹은 개선지도자, TPS 전문가가 현장을 둘러보고, 그 모

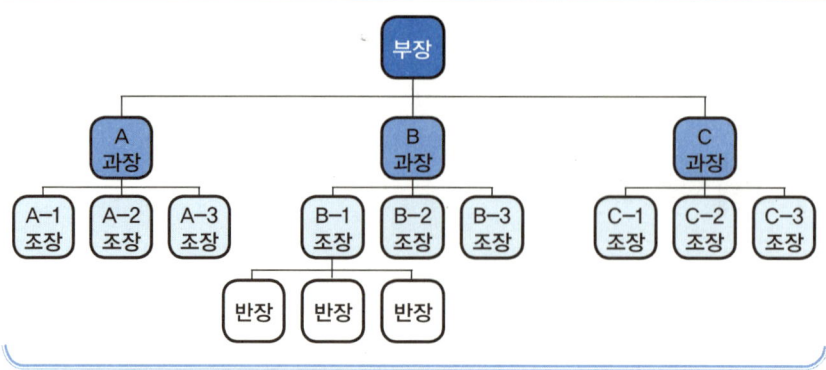

〈그림 1-1〉 회사, 공장의 조직

델라인의 조, 반에 대해서 문제를 지적하여 개선을 지시함으로써, 공정개선이나 물류개선을 추진시킨다.

이러한 개선방법에 의해서 그에 관련된 사람들이나 지시를 받은 조·반의 사람들은 개선 지도자의 지시나 조언에 의해 어느 정도 영향을 받는다. 그렇지만 대부분의 경우에 영향을 받지만 실제로 납득은 하지 않는다.

책임자가 호령을 하거나, 개선지도자나 TPS 컨설턴트가 강한 지시를 하게 되면 '하라고 시키니까 하기는 하는데…' 라며 어쩔 수 없이 하는 경우가 대부분이다. 그 중에는 저항하거나 지시나 명령을 무시하는 사람들도 나온다. 게다가 그러한 책임자나 TPS 컨설턴트가 오는 것을 알고 업무 핑계로 몰래 자리를 피하는 사람들도 등장한다. 이러한 Top-Down식 방법으로 TPS 개선을 추진하게 되면 부분적으로 재고나 작업인원이 줄어 일시적으로는 효과가 있을지 모르지만 TPS 컨설팅이 끝난 다음에는 다시 예전 상태로 되돌아가고 만다.

TPS 컨설턴트는 종료 직전이 되면 반드시 이렇게 이야기한다. "지금까지 여기서 실시한 개선을 다른 라인으로 확산(수평적 전개)하면 된다. 그러면 개선문화가 회사 전체로 확대된다."

그러나 TPS 컨설턴트가 사라지고서 몇 개월이 지나도 모델라인 이외의 공장으로는 전혀 확대되지 않는다. 확대는 커녕 모델라인의 개선조차 예전 상태로 되돌아가는 경우도 많이 발생한다.

도요타의 해외 공장 진출 프로젝트가 어떻게 추진되는지를 필자가 해외 프로젝트 주사로서 수행한 경험을 토대로 설명하고자 한다.

먼저, 도요타 본체(주 : 현지 공장을 지도하는 공장이 지정되어 있다. 이를 모[母]공장 : Mother Plant제도라고 한다.)에서 담당자가 파견되어 도요타의 TPS나 DNA 등 각종 방법들을 물량 작전(엄청난 양의 교육이나 컨설턴트의 지도를 통해 집중적으로 인식시키는 방식 – 역자 주)으로 이식시킨다. 하나의 해외 공장에 많을 때는 모 공장에서 수백 명의 현장지도자(리더·반장·조장 등)가 출장 지도를 실시한다.

사실, 도요타의 해외 공장은 모두 이러한 방식으로 일본에 있는 도요타와 같은 공장, 같은 회사를 구축해 온 것이다. 마음 같아서는 몇 명의 지도자와 도요타의 해외 주재원들만으로 해외 공장을 운영·개선하고 싶지만, 그렇게 하면 앞서 서술한 바와 같이 작은 규모의 개선밖에 일어나지 않아서 개선활동 결과가 얼마 지나지 않아 원 상태로 되돌아가고 만다는 것을 알고 있다. 그렇기 때문에 도요타는 아직까지도 해외 공장에 대해서는 물량 작전으로 대응하고 있다.

지도대상의 해외 공장은 설립 초창기의 경우, 많을 때는 1,000명 정도의 규모로 시작하기 때문에, 교육생과 지도자의 비율이 1 : 1, 또는 1 : 소수로 교육·훈련이 진행된다. 현재도 도요타의 해외 공장에서는 이러한 방법을 취하고 있다.

하지만 다른 일반기업이 이 방법으로 TPS를 도입하기 위해서는 다수의 TPS 컨설턴트와 막대한 비용을 필요로 하기 때문에 현실적으로 불가능하다. 따라서 효율적인 TPS를 실시하기 위해서는 새로운 대책이 필요한 것이다.

예를 들어 소수의 지도 인원으로 천 명 규모의 공장에 TPS를 도입한다고 가정하자. 앞서 소개한 모델라인의 사례는 그나마 나은 편이다. 모델라인의 사람들이 지도자에 대해서 마음속으로 저항감을 갖고 있더라도 표면적으로는 어느 정도의 협력과 이해를 표현하기 때문이다. 대부분의 사례에서는 반발하여 개선을 하지 않는 사람, 컨설턴트의 충고를 무시하는 사람, 책임자의 지시를 표면상으로는 따르지만 공감하지는 않기 때문에 지적받은 사항만을 실천하는 사람들이 많이 있다. 지적사항 이외에도 중요한 문제점이나 과제가 있음에도 불구하고, 개선을 하지 않는 사람들이 대부분이다. 오히려 현장(개선을 실행하는 사람들)에서는 이러한 반응들이 일반적이라고 생각해도 좋을 것이다.

개선 컨설턴트들의 언어·지시·명령이 이론적으로는 타당하다고 하더라도 대부분의 현장 사람들은 그것을 공감하지 않는다. 마음 깊숙이 공감하지 않는 한, 개선 의욕과 열정 역시 끓어오르지 않는다. 그렇기 때문에 컨설턴트(상사를 포함해서)는 현장사람들을 독려하기도 하고, 소리를 지르기도 하는 것이다. 하지만 그렇게 하면 할수록 현장사람들의 개선 의욕을 한층 더 떨어뜨리는 악순환에 빠지게 되고 만다.

이런 식으로 개선 현장은 의욕이 점점 저하되어 간다. 의욕을 식게 만드는 것은 조직의 책임자, 관리자, 개선 컨설턴트들이다. 아무리 조직의 책임자, 관리자, 개선 컨설턴트들의 지적 사항이 옳더라도 현장의 반응은 보통 다음과 같은 단계를 거친다.

① 문제점을 지적 받고서 인식 또는 자각을 한다.
② 개선의 지시나 명령이 이론적으로 옳다고 이해를 한다.
③ 개선의 지시나 명령을 진심으로 납득하고, 공감하고, 개선하려 하고, 의욕과 열정이 끓어오른다.
④ 개선을 실시한다.

이러한 현장 반응은 특별한 것이 아니라 일반적으로 보통 사람이 보이는 반응이다. 지금 이야기한 ①, ②의 이해 상태와, ③의 납득상태 사이에는 커다란 갭이 있다. ①, ②의 이해 상태는 인간의 머리로 이해를 하는 것이다. 다시 말해서 이성으로 이해하는 것이다. 뇌과학에서는 대뇌피질로 이해한다고 표현한다.

③의 납득 상태는 마음 깊은 곳에서 진심으로 납득하고 공감하는 것이다. 대뇌피질 이외의 뇌 부분(본능에 가까운 뇌)에서 이해하는 상태이다(진심으로 납득하고 공감하게 되면 그렇게 행동하고 싶은 행동의도가 생겨나게 된다 - 역자 주).

실은 인간은 이 ③의 납득 상태를 거쳐 비로소 행동을 취한다. 다시 말해서 이 ③의 납득 상태에서 의욕이 일어나기 시작해서 ④의 행동(개선 실시)으로 이어지는 것이다. 즉, 의욕이 끓어오른 뒤에 행동이나 실행에 옮기는 것이 인간이다. 대부분의 사람들은 지적을 받는 단계에서 흥미를 잃어버린다. 아이들도 마찬가지인데, 부모로부터 잔소리를 들으면 풀이 죽어 버리지만, 본인 스스로 하고 싶은 게 있으면 신이 나서 지칠 줄 모르고 즐거워하며 지속하게 된다.

납득·공감의 상태를 만들어 내는 것, 즉, 인간의 자발적 의욕과 열정을 높이는 것이 중요하다. 인간의 의욕향상을 위해 우리는 인간의 심리에 대한 이해를 한층 심화시킬 필요가 있다.

그 점에 있어서 기존의 TPS에서는 '종업원의 심리(삶과 일의 보람 등)'가 고려되지 않았고, 주요 대상인 '사람 자체에 관한 관심이나 회사 내 인적자원 관련 과제가 해결되지 않는' 등의 문제가 있었다. 또한, 기존의 TPS에서는 금액으로 환산 가능한 제품·부품·설비 등에 대해서만 중점을 두어 왔다. 사람은 곧 비용이라 생각하여 공수(비용)를 줄이는 데에 중점을 두었기 때문에 인간의 심리에 대해서는 경시하는 측면이 강했다고 할 수 있다.

사실, TPS에 있어서 가장 중요시되어야 할 것이 바로 인간의 심리이다. 인간의 심리는 당연히 눈에 보이지 않는 부분이기 때문에 이러한 과제들에 정면으로 부딪쳐야 할 필요가 있다. 인간의 심리를 해석, 연구하고, 더 나은 방안을 고민하는 데에는 많은 어려움이 따르지만, 도요타는 이 점에 대해서 많은 해결책을 강구해 왔다.

도요타가 기존의 TPS 방법에 한계를 느끼고 방침을 바꾼 것은 지금

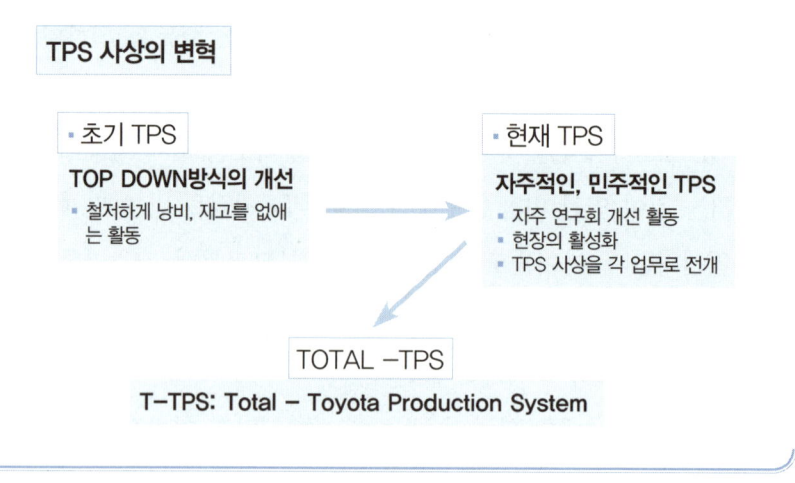

〈그림 1-2〉 TPS에서 Total TPS로 발전

부터 30여 년 전이다(〈그림 1-2〉 참조). 도요타에는 '자주연구활동(自主研)'이라는 TPS 개선활동이 있다. 상부에서 Top-down식으로 하달하는 강제적인 TPS가 아니라 스스로 생각하고 스스로 개선을 실행하는 TPS이다. 사람이 진심으로 납득하고 개선을 하기 위해서는 스스로 생각하고 난 뒤 실행할 필요가 있다. TPS의 방침 전환 이야기는 '4. Total TPS의 발전 경위' 부분에서 자세히 설명하겠다.

개선에 대해 납득을 하고 열정적으로 추진하기 위해서는 인간의 심리 상태가 개선을 향한 마음(의욕으로 가득 찬 상태)을 공감하는 것이 관건이다. 다시 말해서 '종업원과 현장의 자발적 의욕'이 중요하며, 그것을 향상시키는 활동이 '종업원과 현장의 활성화'이다. 즉, 제조 현장에서는 작업자, 반장, 조장의 역량수준(능력·의욕)을 높이는 것이라고 할 수 있다. 의욕을 높이면 많은 활동(품질향상, 원가절감 등)이 활발하게 일어난다.

이러한 자주적 개선 활동이 도요타의 TPS 개선을 비약적으로 향상시켜 왔다. 따라서 현재 도요타의 TPS(Total TPS)는 익히 알려져 있는 30

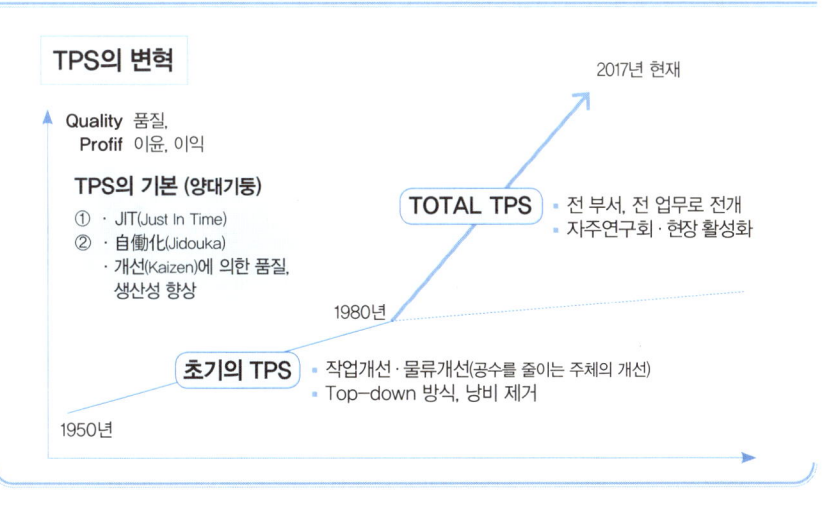

〈그림 1-3〉 Total TPS의 효과

년 전의 TPS와는 뚜렷이 구별된다. 흥미로운 점은 도요타에서는 종업원과 현장의 활성화에 대해서 수많은 경험을 통해 깨닫고 있지만, 제대로 된 분석과 체계화가 되어있지 않아 명쾌한 설명이 불가능하다는 것이다.

종업원과 현장의 활성화가 무엇인가에 대해서 분석하는 것은 뇌과학의 관점에서 설명할 필요가 있기 때문에 이에 대해서는 제 4 장에서 자세히 설명하기로 하겠다.

(2) 어떤 순서로 TPS를 시작할 것인가

TPS를 처음으로 도입하고자 하는 회사에게 있어 기존의 TPS는 실시하기 어려운 것이 당연하다. 기존의 TPS를 소개하는 책 등에서는 이론이나 관점에 대해서는 상세하게 기록되어 있지만, TPS를 도입하는 순서나 프로세스는 나와 있지 않다. TPS를 처음으로 도입하고자 하는 회사는 시작 단계에서부터 어려워하는 경우가 많다. 실제로 어떤 프로세스로 TPS를 시작하면 좋을지, TPS의 어디부터 시작을 해야 하는지, 도대체 무엇을 실시하면 좋은지에 대해 정확하게 알 수 없기 때문이다.

TPS 관련서적의 저자들(특히 학자, 대학교수 등)이 논리나 문장을 이용하여 TPS의 이론 및 사고를 설명하는 것은 가능해도, 실제 공장에서 실천적인 지도가 불가능한 것은 바로 그런 이유 때문이다.

도요타는 개선방법에 있어서 과거 수많은 시행착오를 겪으며 독자적으로 진화해 왔다. 대부분의 TPS 관련서적에는 도요타의 개선 결과, 즉 해답들이 실려져 있다. 예를 들어 '저스트 인 타임(Just In time, JIT) 사상에서 재고는 0으로 해야 한다.', '간판(KANBAN)을 사용해서 재고를 줄인다.', '정위치 정지 조립 라인' 등이다.

하지만 간판 도입에 성공한 회사는 도요타 계열을 제외하고는 거의 없다. 그럼에도 책을 읽고 TPS를 실시하고자 하여 '해답'에만 관심을 가진다. 그리고 '간판은 재고를 줄이는데 좋은 방법'이라는 문장만을 믿고, 그대로 자기 회사에 도입하려고 하는 것이다. 관계자(작업원이나 반장, 조장, 제조부 과장, 물류 관계자, 공무부, 스태프, 협력업체 등)들을 대상으로 마치 숨겨둔 비법인 양 '해답'을 제시하지만 그들로부터 이해나 납득, 나아가 공감은 얻기 힘들다.

이렇게 되면 간판 도입은커녕 시도조차도 할 수 없을 뿐만 아니라, 회사 전체로의 확대는 그림의 떡일 수밖에 없기 때문에 다른 기업들이 간판을 도입해서 성공하지 못하는 이유 역시 쉽게 추측할 수 있을 것이다.

이는, 수학 응용문제의 해답에 비유할 수 있다. 수학 응용문제는 답을 끌어내기 위한 '과정(프로세스)'이 중요하다. 그 과정을 제대로 이해함으로써 다른 문제도 응용해서 답을 도출해 낼 수 있게 된다. TPS도 마찬가지다. 개선 관계자들은 그 프로세스를 여러 경험을 통해서 얻을 필요가 있다. 그렇다면 해답을 향한 프로세스란 무엇이며, 어떤 프로세스를 거쳐야 답을 도출할 수 있는가에 대한 열쇠를 쥐고 있는 것이 앞에서 이야기한 사람의 '마음'이다.

해답에 도달할 때까지의 여러 프로세스 단계에서 사람들의 마음은 바뀐다. 마음이 변화하면 사람이 변화하게 되고, 나아가 조직도 변한다는 점이 중요한 것이다. 마음이 변화해 가는 그 프로세스를 통해서 사람은 여러 체험, 새로운 지식, 능력을 습득하게 되고, 나아가 TPS의 해답으로 근접해 간다. 간판을 사용한다는 TPS의 해답을 얻기 위해서는, 이 활동을 경험하는 것(간판을 사용해보는 것) 자체가 중요한 것이다.

활동을 경험하는 것이 왜 중요한가 하면 활동을 통해서 사람의 마음이 변화하게 되고, 자발적 의욕을 느끼게 되며, 스스로가 새로운 일과 개선에 대한 열정을 갖게 된다. 다시 말해 종업원과 현장의 활성화가 진전되는 것이다.

현재 도요타의 공장은 종업원과 현장의 활성화가 진행되어, 현장사람들의 창의적 연구와 자발적 개선이 활발하게 이루어지고 있다. 공장을 견학하면 현장 곳곳에서 개선사례를 접할 수 있다. 필자는 현재의 도요타 공장 내 종업원과 현장의 활성화 수준을 '대학생 수준'이라 부르고 있다.

한편, TPS를 처음 도입하는 회사는 초등학생 정도의 수준이 대부분이다. 기존의 TPS 책들은 중학생이나 고등학생 수준의 TPS를 설명하고 있지만 초등학생이 갑자기 중학생이나 고등학생 수준의 내용을 소화하기에는 무리가 따르기 마련이다. 초등학교 1학년 정도의 수준에서 단계적으로 성장해 가는 것이 중요하다. 현장 작업자나 반장, 조장, 제조부의 부장들이 도요타와 같은 과정을 경험하면서 성장할 필요가 있다.

'TPS를 어디서 무엇부터 시작해야 할까', '어떤 것을 대상으로 해야 할까', '개선의 효과라는 건 과연 무엇인가', '과연 개선주체는 누구인가', '작업자인가, 반장 또는 조장인가, 아님 과장인가, 공장장인가. 그것도 아니면 개선팀이 개선을 하는가', '그렇다면 현장 관리자는 어떻게 해야 하며 어느 방향으로 이끌어가야 하는가' 이러한 의문이나 과제는 이 관점에서 해결할 수 있다.

다시 말해서 현장사람들이 현장에서 경험을 쌓아 가면서 성장할 수 있는 프로그램과 기회와 일을 만들어 가는 것이다. 이렇게 종업원과 현장의 활성화 과정을 거치게 되면 TPS의 해답(성과)이 자연스럽게 그 정체를 드러낼 것이다.

(3) 공장 실태의 가시화(눈으로 보는 관리)

앞에서 현재 도요타의 공장 상태 중 '종업원과 현장의 활성화 정도'는 대학생 수준이고, 처음으로 TPS를 도입하는 회사의 수준은 초등학생 정도가 대부분이라고 이야기하였으나, 그것만으로는 추상적이므로 종업원과 현장의 활성화 정도를 정량적으로 가시화해 보자.

도요타(계열회사 포함)와 도요타 이외의 회사의 차이는 어느 정도이며 무엇이 다른 것일까. 도요타는 지금도 아무런 문제없이 당연하게 TPS가 실시되고 있다. 그러나 다른 기업에서 TPS를 하려고 하면 어딘가 모르게 부자연스럽다. 필자가 도요타와 도요타 이외의 회사 내 공장 간 비교를 통해 여러 가지 조사를 실시한 결과, 도요타는 다음과 같은 관점에서 다른 회사와 구별되는 것을 확인하였다.

① 현지·현물에서 모든 일을 생각하며, 실천으로 옮기는 행동력이 있다.
② 작업자, 반장, 조장의 역량수준(능력·의욕)이 대단히 높다.
③ 현장의 조장을 중심으로 한 다양한 활동(품질향상·원가절감 등)이 활발하다.
④ 도요타의 과장, 부장 등 관리자의 능력과 지식수준은 다른 회사에 비해 결코 우월하다고는 볼 수 없다.
⑤ 그렇지만 회사나 관리자는 ①, ②, ③의 활동에 대한 적극적인 후원이 자신의 업무책임임을 알고 행동하고 있다.

필자는 조사결과로부터 나타난 이러한 차이를 종업원과 현장의 활성화라고 정의하고자 한다. 다른 회사에서는 이 '종업원과 현장의 활성화'에 대한 차이를 메울 필요성이 있다. 개선이란 결국 이러한 차이를 없애는 활동인 것이다.

종업원과 현장의 활성화 정도 차이는 공장 현장에 여실히 드러나기 때문에 현장을 조사하고 측정해보면 종업원과 현장의 활성화 정도를 알 수 있다. 이를 측정하기 위해서 필자는 공장 실태 수준을 측정할 수 있는 평가지표를 개발하였다.

종업원과 현장의 활성화 정도는 정량적으로 파악하는 것이 중요한데, 이 지표를 통해, ① 우리의 공장 수준이 어느 정도인가, ② 다른 회사의 공장은 어느 정도인가, ③ 도요타는 어느 정도인가 등을 정량적으로 파악할 수 있다. 이것이 바로 '공장 실태 평가 지표 : GBM(Global Bench Marking)'이다.

이 평가 지표에서는

- 1 ~ 2점 … 초등학생 레벨
- 2 ~ 3점 … 중학생 레벨
- 3 ~ 4점 … 고등학생 레벨
- 4 ~ 5점 … 대학생 레벨

으로 수준을 분류하고 있다.

이 GBM을 사용하여 미국, 일본, 한국, 중국, 러시아 등 세계 각지의 회사 내 공장들을 조사하고 비교해 보았다. 여기서 발견한 놀라울만한 사실은 아무리 세계적으로 유명한 회사라 하더라도 공장의 평가결과가 초등학생 레벨이라는 것이다. 특히 정도가 심한 곳은 미국 공장들로서 상당히 낮은 점수를 기록했는데, 이를 통해 미국 제조업 현장의 허약함을 실감할 수 있었다. 여러 회사의 공장을 비교해서 지표화 해 보면 도요타와 기본적으로 다른 부분, 즉 종업원과 현장의 활성화 정도 등이 명백하게 드러난다.

〈'종업원과 현장의 활성화'를 명확하게 드러내기 위한 절차〉
① 도요타와 다른 회사의 차이는 무엇인지 살펴본다.
② 이 차이를 지표화해서 가시화한다.
③ 이 차이를 메우는 활동인 '종업원과 현장의 활성화 활동'을 활발히 진행한다.
④ 종업원과 현장의 마음이 변하고, 의욕이 높아진다.
⑤ 그런 상태에서 자주적 개선을 추진한다.

필자는 기존의 TPS 지도방법에 이 '종업원과 현장의 활성화' 차이의 명확화'를 도입하여 'Total TPS'로 개량하였다. Total TPS에서는 종업원과 현장의 활성화 정도를 높이는 활동을 최우선 사항으로 꼽는다.

종업원과 현장의 활성화라는 것은 작업자, 반장, 조장 등 현장 인력의 의식, 의욕, 능력을 혁신적으로 향상시키는 활동이며, Total TPS에 있어서의 개선 컨설턴트들의 역할이란 성과창출 그 자체가 아닌 성과창출 과정의 모든 활동에 활력을 불어넣는 것이다.

또한, 종업원과 현장의 활성화 정도의 정량적 파악이 개선활동 돌입을 용이하게 한다. 즉, 종업원과 현장의 활성화 활동 지표인 GBM 수준을 높이는 것이 개선단계 중에서도 가장 우선되어야 하는 것이다.

(4) 선행 개선 및 간접부문 개선과 최신 TPS

기존의 TPS 관련서적은 30년 전의 상태에 대해 다루고 있어 화석을 연구하는 것과 같다. 그 동안 도요타는 지속적으로 진보를 계속해 왔다. 현재의 TPS에서 종업원과 현장의 활성화 외에 또 한가지 대단히 중요한 것이 있는데, 그것은 바로 선행 개선과 간접부문의 개선이다. 기존의 제조현장에서는 자동차 생산개시 후의 현장에 TPS를 도입하여, '사람이 많다, 줄여라', '재고가 많다, 줄여라', '잘 모르겠으면, 원을 그려 그 안에 서서 관찰하라' 라는 등의 강도 높은 개선을 요구했다. 이러한 방법은 효과가 나타나지 않을 뿐만 아니라, 또 다른 비용과 노동의 낭비를 발생하게 만들었다.

그러나 최근에는 자동차를 생산하기 전의 사전단계에서부터 철저하게 낭비를 없애고 품질보증을 높이는 활동을 하고 있다. 양산을 개시하기 전에 문제의 씨앗을 없애고 개선하고자 하는 발상이다. 이러한 선행 개선은 양산을 위한 양산시작 뿐만 아니라, 생산부의 상위 공정인 설계개발 단계나 공정계획·설비계획 단계에서도 사전 개선을 한다.

선행 개선이란 설계개발 단계의 개선활동과 공정설계·설비계획 단계의 생산준비 개선활동, 그리고 제조준비 개선활동을 의미한다. 이는 양산하기 전에 개선한다는 것을 뜻한다. 즉 개선을 필요로 하지 않는 양품만을 생산하는 공장라인을 미리 만들어 두자는 뜻이며, 현재의 TPS의 대부분이 선행 개선작업에 높은 비중으로 실행되고 있다.

이러한 선행 개선을 하는 쪽이 원가절감, 품질개선의 효과가 크다. 왜냐하면 개선효과의 80~90%가 선행 개선에서 창출되기 때문이다. 최근 도요타의 생산부는 이러한 선행 개선에 중점을 두고 시간과 노력을 투입하고 있다. 또한 이러한 생산부의 개선활동 효과는 간접부문 개선을 촉진시켜, 간접부문의 일하는 방식과 사상이 혁신적으로 개선되고 있다. 따라서 TPS를 도입할 때에는 선행 개선·간접부문 개선 등도 포함시켜야만 할 것이다.

3

'Total TPS'란?

TPS가 세상에 발표된 지 30년 이상이 경과했다. 그 동안 도요타는 TPS에 대해 끊임없는 개량을 지속해 왔다. 따라서 기존의 TPS로는 이러한 30여 년 동안의 진보와 발전내용을 설명할 수가 없다. 이를 바탕으로 최신의 TPS까지 도입하여, 일반 회사가 이해하기 쉬우며 개선을 실행하기 쉬운 TPS를 목표로 집대성한 것이 'Total TPS(이하, T-TPS)'이다.

T-TPS는 〈그림 1-4〉에 나타난 7가지 항목으로 이루어진다.

① 품질 개선 : 자공정완결(自工程完結)
② 리드 타임(Lead Time)의 단축
③ 원가절감 및 원가관리
④ 종업원과 현장의 활성화
⑤ 선행 개선·간접부문의 개선

〈그림 1-4〉 TPS에서 Total TPS로의 발전단계

⑥ 개선 순서 및 프로세스
⑦ 현장의 가시화 · GBM(Global Bench-Marking)

〈그림 1-4〉에서 ①~③의 항목은 종래 TPS에서부터 30년 간 지속적으로 발전해 온 것이며, ④~⑦의 항목은 새롭게, 특히 도요타 이외의 기업에게 있어 알기 쉽고, 또한 TPS를 실천하기 쉽게 하기 위해서 추가한 항목이다.

이 중에서 특히 중요한 것이 ④ 종업원과 현장의 활성화 활동이다. T-TPS의 기본사상 중 핵심적인 내용이 바로 조직 활성화 촉진이 곧 개선활동의 활성화와 전사(全社) 확대의 필수 기반이 된다는 것이다.

〈그림 1-4〉를 자세히 보자. 왼쪽에는 기존 TPS의 ①에 '고품질'이 있고, '인변 자동화(自働化)'로 연결되어 있다. '고품질'과 '인변 자동화'는

얼핏 보면 관계가 없어 보이지만, 사실 '인변 자동화'의 의미는 높은 품질에 기반하고 있으며, 공정 속에서 품질을 확보하는 것을 의미한다. 계속해서 ②의 '재고 절감'이 있다. 이 사상이 저스트 인 타임(Just In Time)이다. ③의 '낭비 제거'와 '생인화(省人化)'가 있다. 책에서는 흔히 TPS의 양대 기둥으로 첫 번째가 '自働化', 두 번째가 'JIT'이라고 되어 있는데, 이 낭비제거와 생인화는 역시 상당히 중요하므로 세 번째 기둥이라고 할 수 있다. 이것이 기존의 TPS 사상의 기본이다.

이러한 기존의 TPS의 3대 기둥은 T-TPS의 기반이 되어 있으며 뺄 수 없는 요소들이다. 그럼 기존의 TPS의 3대 기둥에서 발전한 T-TPS의 3대 기둥에 관해서 살펴보자.

예를 들어서, ①에서의 '인변 자동화'는 여러 가지 의미로 개량되어, 품질을 보증하기 위한 QA네트워크(품질보증 네트워크), 더 나아가서 '자공정완결'이라는 사고와 방법으로 발전되었다. ②의 저스트 인 타임의

	내용	기존 TPS	Total TPS
1	개선 활동	특정 현장, 모델 공정	전 부문에서 실시
2	관리 방식	TOP DOWN	자주연구방식, 전원 참가
3	추진 방식	화냄, 처벌이 원칙 경영층과 종업원과의 불신감	경영진은 성과에 대해 평가하여 칭찬하는 것이 원칙
4	현장의 대응	비협력(개선 활동=노동 강화)	개선하여 일하는 보람을 얻는다
5	개선 효과	인원, 재고의 삭감	현장 활성화 향상
6	교육	직무 교육 불충분	교육(기능인정 제도 도입 등)
7	활동 확산	제조 관계만의 활동	생산 준비, 설계의 상류로 연결

〈그림 1-5〉 기존의 TPS와 Total TPS의 비교

사상은 각 공정 및 창고 등의 부분적인 재고 절감뿐만 아니라 원료에서 생산 공장, 판매까지의 전체 리드 타임 단축으로 발전하였다. ③에 대해서는 낭비제거에 의한 현장만의 공정개선뿐만 아니라 설계나 개발, 공정계획의 근원적 흐름까지 거슬러 올라가서 원가를 절감하는 개선으로 발전되고 있다. 제조 현장의 조장·반장·작업자가 이러한 일까지 해낼 수 있는 저변에는 현장의 활성화가 대단히 중요한 역할을 하고 있는 것이다.

〈그림 1-5〉는 다른 각도에서 T-TPS와 기존의 TPS를 비교한 것이다. TPS의 기초 부분인 인변 자동화, 저스트 인 타임, 원가절감도 현재 상당히 진화하고 있다(진화한 상태에 대해서는 제2장 'TPS의 기초'부분에서 설명한다). 더 나아가서는 현장의 활성화나 선행 개선이 있다. 이것들이 바로 T-TPS의 핵심이 된다.

생산 현장을 활성화하기 위해서는 조장, 반장, 작업자 등 여러 사람들을 포함한 전원 참여가 기본이 되어야 하며, 그러한 전원 참여를 가능하게 만드는 도구가 바로 가시화이다. 가시화가 없으면 조직 전체, 공장 전체, 회사 전체에 대해서 전반적으로 이해하는 것이 불가능하다. 가시화에 대해서도 뒷부분에서 자세히 설명할 것이다.

4

Total TPS의 발전 경위

(1) 기존의 TPS: Top Down 방식의 개선 기법

　기존의 TPS가 한창 진행되고 있을 때, 오노 타이이치씨를 필두로 S주사와 각 공장을 방문하여 TPS 컨설팅을 해 왔다. 과거 모토마치 공장이나 츠츠미 공장의 사례와 같이 공장엔 각 과가 있고 그 아래에 조가 있는데, 상사가 와서 '이 공장은 재고가 상당히 많다'라고 얘기하면 재고를 줄인다. 어떤 때는 '사람이 많다. 사람을 줄여라'라는 명령에 사람을 줄인다. 특히 S주사는 대단히 엄격하여 즉시 실시하지 않으면 바로 화를 내고, 망설이고 있으면 무시무시한 표정으로 변한다. 사람들은 '염라대왕'이라며 무서워했고, "모르면 원을 그려 하루 종일 서 있어!"라면서 화를 내곤 했다. 현장에서는 '시키니까 어쩔 수 없다', '야단치니까 어쩔 수 없다'라고 생각하면서, 상사에게 혼나지 않기 위해 어쩔 수 없이 개선을 하고 있었다.

이러한 방법이 상당 기간 지속되면 현장의 사기는 떨어지고 공장 자체의 분위기는 황폐해져 간다. 지적을 받은 조는 '상사가 와서 그렇게 얘기하니까 어쩔 수 없이 한다.'는 상태가 되고, 지적받지 않은 조는 무관심으로 아무것도 하지 않는다. 그 중에는 상사가 오면 얼른 피해 도망갈 정도였다. 공장에 있는 중간층(1층과 2층 사이)으로 도망가 버리는 사람을 필자는 자주 목격하였다. 그러다 들키면 '운이 나빴다' 면서 자조하는 풍조가 되어 버리고, 요령이 좋은 관리자나 현장의 간부 역시 자발적으로 즐겁게 개선하는 이는 없었다.

그로 인해 개선 확대의 한계가 드러나고, 개선도 윗사람에게 보여주기 위한 임기응변 식의 내용이 대부분을 차지하게 되었다. 실제로는 다른 부분에도 많은 문제가 있고, 근본적인 대책을 세워야 함에도 불구하고 상사의 눈에 발견된 문제밖에 손대지 않는 상태가 되었다.

기존의 TPS를 그림으로 표현한 것이 〈그림 1-6〉이다. 실천방법을 고려하지 않는다면 위의 내용은 매우 바람직한 상태로, 공장의 원가절감

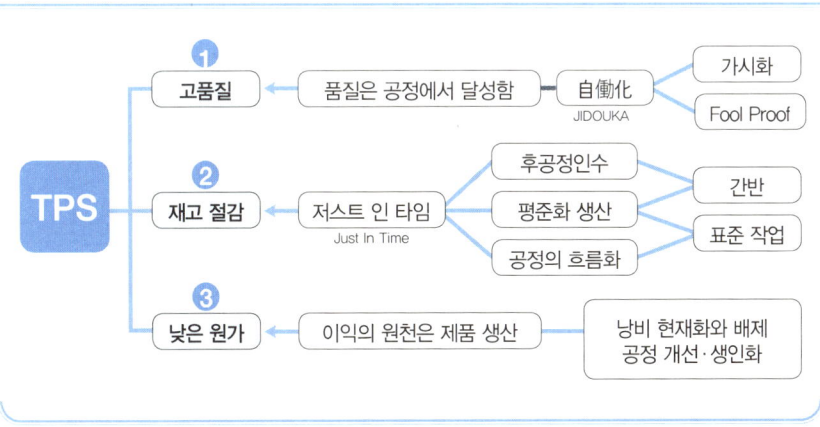

〈그림 1-6〉 기존의 TPS

에는 아주 정확하고 이상적이며 중요한 시스템이다. ①은 앞서 이야기한 인변 자동화, ②가 저스트 인 타임, ③이 낭비제거, 공정개선이다. 이것이 TPS의 기초이다.

그림에서 보는 바와 같이, 개선대상은 생산라인의 설비, 부품, 창고 등 모두 제품이다. 개선을 실시하고, 전사적인 확대와 효과를 높이기 위해서는 직원들의 심리를 생각하고 일에 대한 의욕을 향상시켜야만 하는데, 여기에는 작업하는 사람, 마음, 의욕 등은 대상에 포함조차 되어 있지 않다. 이것이 기존 TPS가 가지는 가장 큰 결점이다.

(2) 기존의 TPS에서 Total TPS로 전환

'기존의 TPS로는 안되겠다'라면서 당시 부사장이던 오노씨와 S주사들의 기법을 바꾸려고 하는 움직임이 나타났다. 이러한 자가 반성을 위한 움직임(기존 TPS 개선지도 방법에 반대하는 활동)이 도요타의 장점일 수도 있다. 그것이 자주연구(개선) 활동으로, 일반적으로 '자주연'이라고 불린다. '스스로 문제를 발견해서, 스스로 개선한다'는 활동이다. 최종적으로는 자주연 지지세력이 도요타에서 주도권을 잡고 TPS는 변혁을 이루게 된다. 이것이 바로 기존의 TPS를 한층 개량한 T-TPS이다.

자주연 세력은 Top Down에 의한 강제적인 개선에서 탈피하여, 자주적이고 민주적인 개선활동으로 혁신을 시도했다. 자주적이고 민주적인 개선활동은 한 사람 한 사람이 스스로 문제를 발견하고 개선을 추진시키는 것이므로 전원 참가형의 개선활동이 기본이 된다.

각 현장의 조장, 반장이라는 그룹으로 추진하는 자주적 활동이기 때문에 자발적 개선 의욕이 발생되고, 그것이 부서 전체, 공장 전체로 확대되어 갔다. 시켜서 하는 것이 아니라 스스로 궁리하며, 스스로 자기 부서에서 문제라고 생각하는 것들을 해결해 가는 개선이다. 따라서 개선활동이 빠르게 공장 전체로 확대되고, 효과를 볼 수 있는 것이다.

앞서 말한 '2. 구체적 사례'에서 보듯,
① 문제점을 지적 받고서 인식 혹은 자각을 한다.
② 개선의 지시, 명령이 이론적으로 옳다고 이해를 한다.
③ 진심으로 납득하고, 공감하고, 개선 의욕과 열정이 끓어오른다.
④ 개선을 실시한다.
의 4개 항목이었다.

이 중 ①과 ②의 이해 상태와 ③의 납득 상태에는 커다란 갭(차이)이 있다고 했다. 이 갭을 메우는 것, 혹은 제거하기 위해 자주적인 활동이 필요한 것이다. 현장은 이 ③의 납득 상태를 통해서 자발적 의욕이 생겨

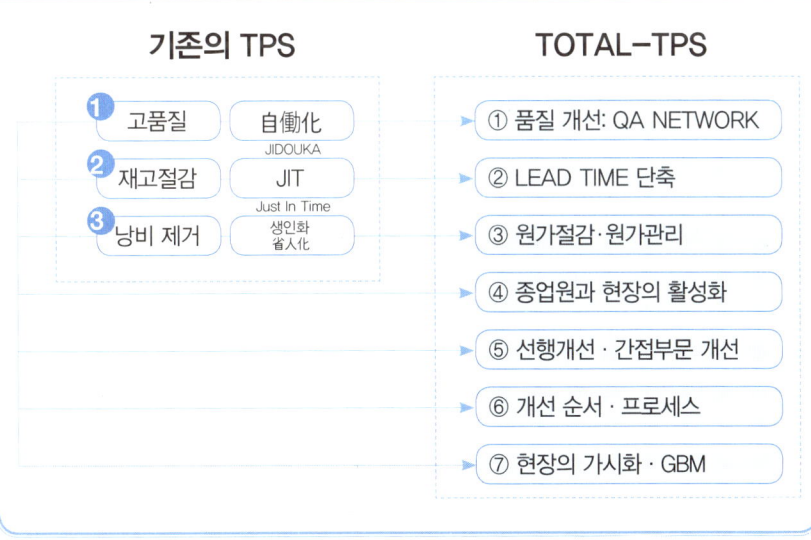

〈그림 1-7〉 Total TPS (최신 TPS)

나고, ④의 행동(개선 실시)으로 옮겨진다.

　도요타에서는 이 현장 중심의 개선활동이 더 발전하여, 그 활동이 사내의 여러 부문으로 확산되어 나갔다. 제조에서 발생한 여러 문제의 원류는 설계·개발 등의 간접부문인 경우가 많다. 그렇기 때문에 이러한 활동이 간접부문까지 확산됨으로써 품질향상과 원가절감의 효과가 더욱 향상된 것이다.

　더욱이 이 현장중심의 개선활동은 사무, 엔지니어 부문, 구매, 심지어는 영업 및 서비스까지 퍼져 나갔고, 간접부문 전체에 영향을 미쳤다. 이로 인해 간접부문 역시 자발적 개선을 실시하게 되었다. 그 계기는 제조부의 조장, 반장이 건의한 개선 제안에서부터 비롯되었다. 이렇게 제조부문이 중심이 되어 간접부문의 업무 혁신에도 변화를 일으켜 온 것이다.

　이러한 회사 전체의 개선활동을 모두 포괄한 것이 T-TPS이다. 〈그림 1-7〉과 〈그림 1-8〉을 비교하면, ①~③의 항목은 설비나 제품, 돈

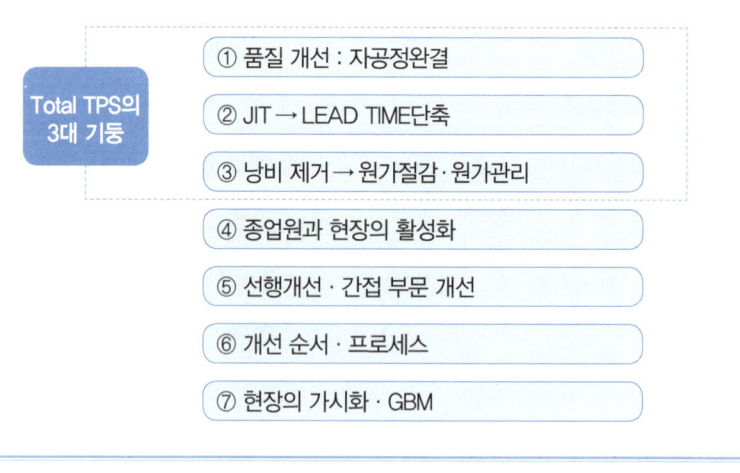

〈그림 1-8〉 Total TPS (최신의 TPS)

등이 대상이었다. 이에 비해 T-TPS에서는 ④~⑦까지도 포괄해서 설비나 제품, 돈 만이 대상이 되는 것이 아니라 종업원과 현장을 포함하고 있다. 오히려 사람과 조직이 중심이며, 이들의 능력, 의욕을 높여 나가는 것이 경영 관리자 및 개선 지도자의 일인 것이다. 기존의 TPS와 T-TPS는 이렇듯 명확한 차이가 있다.

5

Total TPS의 효과

(1) 제조부의 업무 고도화

현재 도요타 생산부의 실제 업무를 나타낸 것이 〈그림 1-9〉이다. 각 공장의 제조부는 관리자, 감독자, 작업자, 제조부의 기술원으로 구성되어 있다. 게다가 공장에는 공무부(생산관리부)와 사무원들이 있다. 한 공장은 약 4,000~5,000명 규모이지만 그 대부분이 작업자와 그 관리자, 감독자이다. 그 중에서도 압도적으로 많은 것이 작업자(기능원)이다.

제조공장이기 때문에 생산활동(생산량, 품질, 납기)이 가장 중요한 일이다. 그것은 어느 나라, 어느 회사에서도 마찬가지이다. 기존의 TPS는 그림 아랫부분의 원으로 둘러싼 업무만을 대상으로 했다. 생산활동에 '물류개선'이나 '공정개선', 작업개선이라고 하는 '생산개선활동' 등을 포함한 업무이다.

이 그림이 나타내는 현재 생산부의 업무 중에서 가장 중요한 일이 '현장의 활성화 활동'이다. 이미 이야기한 자주연구(개선) 활동도 넓은 의미에서의 현장의 활성화 활동이라고 할 수 있다. 그리고 이보다 한층 더 수준 높은 혁신 업무가 양산 전의 준비활동인데, 이는 단순한 준비가 아닌 선행개선을 포함하고 있다.

먼저 '제조 준비활동'에서 양산 시작을 하여 품질을 확인하고, 품질이 좋지 않으면 대책을 세운다. 양산화 하기 전에 작업 개선을 실시하고, 제대로 된 작업표준서를 작성한다. 단순히 '작성한다'기 보다는 작업개선을 반복하여 '이것이 가장 좋은 방법이다'라고 납득할 수 있는 상태까지 만들어 표준화한다. 이것이 제조 준비활동의 내용이다.

이어서 '생산 준비활동' 단계로 나아간다. 이것은 공정계획, 설비계획이지만 원래 생산기술부가 담당해 온 일이다. 설비와 공정을 계획하고,

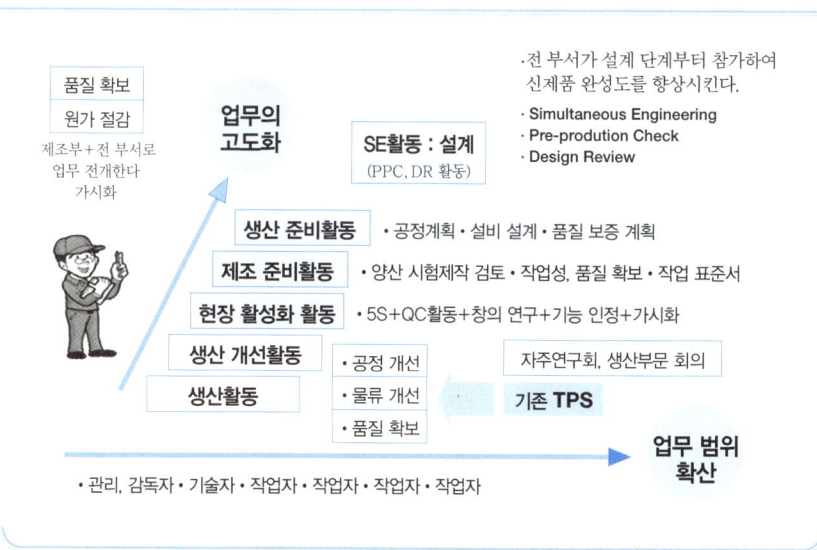

〈그림 1-9〉 Total TPS에서 생산부의 업무

제조부의 작업자와 조장들은 이에 대해서 피드백을 실시한다. 더 나아가서 품질보증 활동(계획)도 있으며, 설계에 대해서도 여러 대책을 제언한다. 그리고 궁극적으로는 'Simultaneous Engineering(SE) 활동(동시공학이라고 불리고 있다 - 역자 주)'에도 관여한다. 생산부를 포함한 전 부서가 설계에 참여하여, 신제품의 완성도를 높이는 활동을 하는 것이다.

이러한 활동 전체가 'Total-TPS'이다. 기존 생산부의 업무 범위와 현재를 비교해 보면 생산활동 이외에도 많은 종류의 일을 다루며 업무 고도화를 소화해 나가고 있다. 결국, 생산부가 공장의 기본활동이라 할 수 있는 생산활동뿐만 아니라, 제품개발과정까지 참여하는 발전의 원동력이 바로 '현장의 활성화 활동'에 있다.

Total-TPS 활동의 기본인 현장의 활성화 활동에 의해 제조부의 관리·감독자, 작업자의 능력이 향상되고, 여러 체험 및 경험을 거쳐 제조 준비활동을 할 수 있게 되었다. 생산 준비에 대해서도 조언과 피드백이 가능하게 되었다. 자동차나 그 부품을 설계·개발하는 설계자에 대해서 현장 작업자, 조장, 반장이 품질향상과 원가절감에 대한 조언을 할 수 있게 된 것이다. 〈그림 1-9〉에서 나타난 전체 업무가 현재의 도요타 제조부의 조장, 반장의 일이다.

한편, 다른 해외공장에서는 이 그림의 생산활동밖에 하지 않는다. '밖에 하지 않는다'라기 보다는 그 부분에만 치중하여 관리하고 있다. 특히 도요타와 대조적인 것이 도요타계열 이외의 미국의 공장 작업자이다.

미국의 경우, 대부분의 작업자는 매뉴얼대로만 작업을 한다. 매뉴얼대로 작업하지 않으면 벌금을 물기 때문이다. 그 매뉴얼은 일반적으로 Industrial Engineering(IE; 산업공학)라고 불리는 부문의 엔지니어들이 작성한다. 작업자는 그에 따라 작업을 진행한다. 그리고 매뉴얼에 없는 생산활동은 하지 않으며, 1년이 지나고, 2년이 지나도 같은 일을 되풀이한다. 필자는 엔지니어들이 만든 매뉴얼에 문제가 있다고 생각한다. 효율성 있는 작업과 품질이 보증되도록 작성된 매뉴얼이 아니라 현장작업을 제대로 이해하지 못한 엔지니어들이 작업을 수행할 수 있도록만 만들기 때문이다. 매뉴얼을 작성한 엔지니어에게 작업을 시켜보면 그들조차 서투르고 요령도 나쁘다. 그러한 사람들이 만든 매뉴얼이기 때문에 문제가 많고 미완성 상태여서 매뉴얼에 따라 작업을 한들, 좋은 제품이 만들어질 리가 없는 것이다.

한편, 도요타의 경우에는 매뉴얼을 작업자가 만들고 있으며, 실제 작업을 하는 것도 작업자이다. 이것은 대단히 중요한 점인데, 작업자가 스스로 매뉴얼을 일단 만들어 보고 실제로 스스로 작업을 해 본다. 그런 다음, 품질이 제대로 나오는지, 낭비 없이 효율적으로 만들 수 있는지를 매뉴얼로 작성해서 작업자 스스로가 확인한다. 처음 만든 매뉴얼은 완전하지 못하기 때문에 실제로 수행하면서 작업개선, 물류개선과 관련된 항목들을 수정해 나간다. 도요타에서는 매뉴얼 수정 작업도 작업자 자신이 한다. 개선과 개정을 반복하여 '표준'이라고 불리는 최고(Best)의 상태를 만들어 가는 것이다.

그러나 최고의 상태 역시 1~2개월이 지나면 외부 조건변화에 따라 바뀌어야 할 필요가 생기기도 한다. 그때는 더 나아가서 개선을 하고 개정을 한다. 이렇게 확실하게 개선, 개정을 할 수 있는 '시스템'이 만들어져 있는 것이다.

이를 지속함으로써 효율성과 실제 작업도 혁신적으로 좋아지면서 품질, 공정 개선, 생산성 등도 향상되어 가며, 이러한 성과의 열쇠를 쥐고 있는 주체는 바로 작업자이다. 도요타에서는 작업자가 생산 작업 이외의 개선을 하고, 궁리를 하며, 스스로 매뉴얼을 만들고, 요령서를 작성한다. 이러한 활동을 통해서 직원들의 역량이 향상되어 가는 것이다.

작업자는 새로운 일이나 더 높은 수준의 일을 하지 못하는 상태가 지속되면 생각이 줄어들게 되고, 각종 능력들이 퇴화하게 된다. 인간만이 가지고 있는 귀한 잠재능력도 발휘할 수 없게 되고, 감정이나 의욕 또한 퇴화해 간다. 여기에 도요타와 다른 회사 간에 큰 차이가 있다는 것이다.

그럼 공정계획은 어떤가? 공정계획은 보통 생산기술부의 엔지니어들의 일인데 반해 도요타의 조립공정은 생산부 작업자의 업무로 되어 있다. 조립공정라인은 설비가 그렇게 많지 않기 때문에 작업자가 공정계획을 세운다. 더 나아가서 라인의 레이아웃도 도요타에서는 여러 부품의

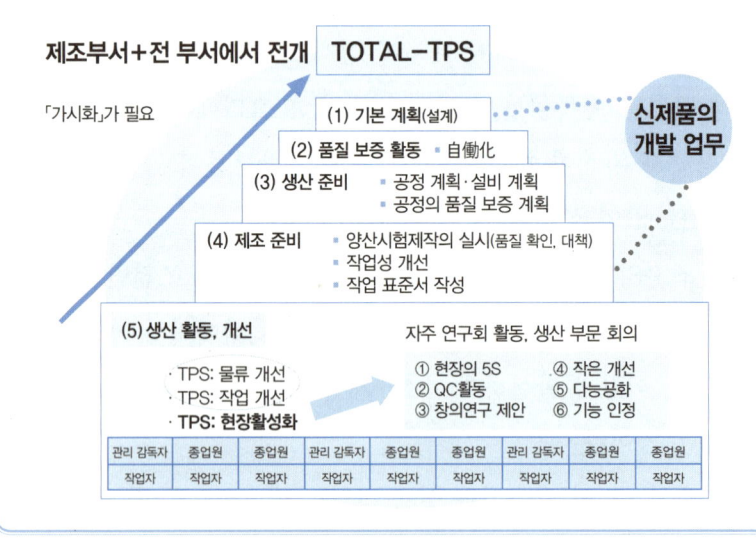

〈그림 1-10〉 TPS에서 Total TPS로의 발전

배치나 설비배치 등을 작업자가 하고 있는데 반해, 미국 공장의 경우는 생산기술부의 엔지니어들이 하고 있다.

물론 설비를 동반하는 용접 공정이나 프레스 금형은 도요타에서도 생산기술부가 맡고 있지만, 조립공정계획은 작업자가 담당한다. 도요타도 과거에는 생산기술부 직원들이 이 일을 맡았으나 결국 좋은 공정을 만들지 못한다는 것을 깨닫고는 현장작업을 가장 잘 알고 있는 생산부가 공정을 만들어야 한다는 것을 확신하고, 현재는 작업자가 담당하고 있으며, 레이아웃도 작업자가 정하고 있다. 여기서 알 수 있듯이, 도요타의 공장에 있어서는 특히 조장, 반장, 리더급의 능력이 대단히 높고 일의 범위도 넓다.

〈그림 1-10〉은 이상에서 설명한 내용을 정리해 놓은 것이다. 작업자 한 사람 한 사람의 개선활동이 기본이 되어, 개선활동을 촉진하는 것이 현장의 활성화 활동이다. 이 현장의 활성화 활동을 지속하면 더욱 더 높은 수준의 개선활동이 가능해지며, 개선업무 흐름의 원류로 거슬러가 간접부문(설계개발부문이나 생산기술부문, 구매부문 등)까지의 개선을 전개하는 상태를 나타내고 있다. 여기서 강조하는 점은, 이 업무 전체가 제조부, 특히 조장, 반장의 일이기 때문에 그들이 전사적 확대의 주역으로서 큰 효과를 내고 있다는 것이다.

(2) Total TPS의 효과

기존의 TPS에서 최신의 T-TPS로 전환하는 효과는 품질 측면에서나 원가절감 측면에서도 큰 성과를 기대할 수 있다.

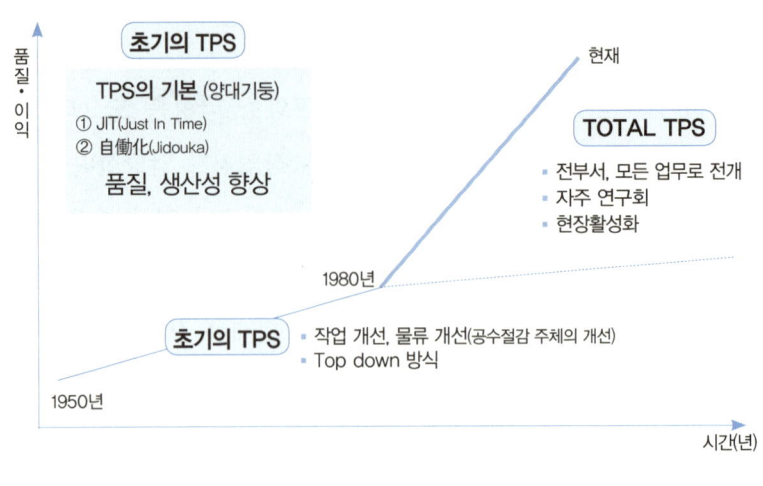

〈그림 1-11〉 Total TPS의 효과

    위의 그림에서 세로축은 품질과 회사의 이익, 즉 재고절감 등 원가절감활동의 결과, 가로축은 시간(년)이다. 이 '1980년대'라고 표시되어 있는, 지금으로부터 약 30년 전이 자주연구회 활동(자주연)이 주도권을 잡은 시점이다.

    물론, 강압적인 TPS 개선에서도 어느 정도의 효과는 나타난다. 그러나 이미 설명한 바와 같이 Top Down식 개선은 직원들의 동기부여가 잘 이루어지지 않고, 공장 전체의 의욕과 사기가 상실되는 한계에 이른다. 이러한 한계를 극복하기 위해서 자주연구회 활동이라는 운동이 일어났고, TPS가 획기적으로 변신하였다. 또한 이러한 개선활동은 생산현장뿐 아니라 동떨어져 있던 간접부문까지 확산되었다.

    이에 따라 회사 전체에서 개선효과가 발생하게 된 것이다. 기존의 TPS를 그대로 답습하고 있었다면, 〈그림 1-11〉에 표시된 점선과 같이 낮은 효과가 계속되었거나 아니면 공장 전체의 의욕이 급격히 저하되면

	내용	기존 TPS	Total TPS
1	개선 활동	특정 공장, 모델 공정	공장 전체 → 회사 전부문으로
2	개선의 성과	인원, 재고의 삭감	+현장활성화 향상
3	개선 팀	TPS담당+제조부문 만	사내 전 부문 참가
4	관리 방식	TOP DOWN	자주연구 방식, 전원 참가
5	추진 방식	화내거나, 벌이 원칙, 경영층과 종업원과의 불신감	경영층은 성과에 대해 평가하고 칭찬하는 것이 원칙
6	교육	직무 교육 불충분	기능 인정 제도 도입
7	회사의 대응	개선활동(노동강화) 비협력	개선하여 일하는 보람을 얻음
8	활동의 확산	제조부문에 한정	생산준비, 설계의 상류로

〈그림 1-12〉 기존 TPS와 Total TPS의 비교

서 실제로는 그래프가 하강곡선을 그렸을지도 모른다. 1980년대에 있었던 이러한 전환은 현재의 도요타의 품질향상, 원가절감 등 전체 이익향상의 원동력이 되었다고 할 수 있다.

그 이유는 제조현장의 개선활동이 생산부의 상류인 간접부문(설계개발부문, 생산기술부문, 구매부문 등)의 원류에서 수립하는 대책에 직접적인 영향을 끼쳤기 때문이다. 즉, 사전단계의 개선으로 많은 효과를 창출함과 동시에 간접부문에 대한 양질의 영향을 미쳐 간접부문 업무 자체를 개선할 수 있게 되었다. 이러한 선행 개선의 자세한 내용은 뒤에서 설명하겠다.

기존의 TPS와 T-TPS의 차이는 〈그림 1-12〉와 같이 정리할 수 있다.

첫 번째 차이는 '개선활동'이다. 기존의 TPS에서는 앞서 설명한 바와 같이 일부 특정 부서의 모델공정에서 성과를 높이고자 하였다. 거기서

성공모델을 제시해서 전체로 확대해 가려고 했지만 좀처럼 다른 공정이나 부서로 확대되지 못했다. 이에 반해 T-TPS에서는 전원 참여를 기본으로 하고 있어서 공장 전체가 일제히 활동을 시작한다.

  두 번째로, TPS의 '관리방식'은 기존의 TPS에서는 Top Down 방식이었다. '추진방식'은 화를 내거나, 강압적인 상부명령으로 밀어붙이는 것이었다. 다시 말해서 시키는 대로 하지 않으면 승진을 제한하고, 급료를 낮추고, 다른 공장으로 배속 전환시키는 등의 처벌을 위주로 하는 방법이었다. 그렇지만 이런 방식은 결국 의욕과 사기를 저하시켜 비협력적인 대응으로 이어지고 만다. 이에 비해서 T-TPS의 경우는 자주적이고, 민주적이며, 더 나아가서 전원 참여형이다. '추진방식'은 아무리 성과가 적더라도 그것을 제대로 인정하고 칭찬하는 것이다. 즉, 종업원과 현장의 활성화, 직원들에 대한 교육·훈련, 의욕을 불러일으키는 활동이 중심이다.

6

종업원과 현장의 활성화

(1) 종업원과 현장의 활성화

〈그림 1-13〉을 보면, T-TPS의 현장의 활성화는 매일매일의 개선활동을 통해 일에 대한 자발적 의욕과 열정으로 충만한 작업장을 만드는 것이 목적이라는 것을 알 수 있다.

이 중에서 '현장의 활성화'에는 교육이 포함된다. 기존의 TPS 개선에 있어서는 교육이 아닌 호통과 강압이 지배적이었다. 그러나 T-TPS에서는 다양한 교육과 기능훈련이 제공된다. TPS 자체의 교육에도 충실하며, 그 작업장에 필요한 전문기능도 '기능은 대단히 중요하다'고 인정하여, 전문기능 그 자체를 높여간다. 이렇게 교육과 기능을 대단히 중요시하고 있는 것이다. 이는 일하는 보람과 개선 그 자체를 자신의 일이라고 느끼게 하는데 주요한 역할을 하고 있다.

이러한 활성화가 생산의 원류부서까지 개선문화를 역류시키는 힘으로 작용하는 것이다. 이 부분이 기업의 경쟁력 차이를 결정짓는 핵심요

1 : 현장의 활성화
2 : 현업의 가시화
3 : 작업 개선
4 : 물류 개선
5 : 품질 개선
6 : 신제품 개발 업무
7 : 개선의 진행 방식
8 : 제조 공정의 평가

· 매일매일의 개선활동
· 일하는 보람이 있는 현장 만들기

〈그림 1-13〉 Total TPS에서의 현장(공장전체) 활성화

소라고 할 수 있다. 또한 이것이 현장의 활성화 활동의 저력이며, 일하는 보람을 느낄 수 있는 작업장을 만들 수 있는 것이다.

(2) 종업원의 활성화 공식

T-TPS에서 종업원의 활성화에 대해 수식을 사용하여 표현하면 다음과 같다. 원래 인간의 심리 상태는 수식으로 표현하기 어렵지만, T-TPS의 이미지에 대해 이해를 돕기 위해서 표현한 것이라고 생각하기 바란다. 다시 말해서, 각 개인의 성격(Personality)과 각자가 보유하고 있는

한 사람의 일의 성과 =
    Personality(성격) X Ability(능력, 지식) X Motivation(자발적 의욕)

능력·지식, 거기에 자발적 의욕(Motivation)을 곱한 것이 한 사람의 성과(Output)로 볼 수 있다.

기업이나 공장은 이러한 사람들의 총합체이다. 개인마다 성격도 다르고, 능력도 다르고, 하고자 하는 의욕도 다르지만, 각자의 성격, 능력, 지식, 하고자 하는 자발적 의욕을 높여 가는 것이 곧 회사 전체의 활성화를 높이는 데 직결된다.

(3) 종업원과 현장의 활성화 활동 공식

현장의 활성화 활동을 수식으로 표현한 것이 〈그림 1-14〉이다. 이 수식을 유심히 살펴보면, 결국 회사의 이익이나 회사가 만들고 있는 제품의 품질을 높이는 것은 능력·지식, 열정과 의욕(Motivation) 등 변화 가능한 요소들이다. 그리고 이것을 변화시키는 것이 바로 활성화 활동이다.

사람의 성격은 변화하기 힘들다고 생각할 수도 있지만, 사실 이것도 바꾸는 것이 가능하다. 유전적으로 가지고 있는 성격자체는 변하지 않더라도, 능력·지식, 자발적 의욕(Motivation)이 변화함에 따라 성격 자

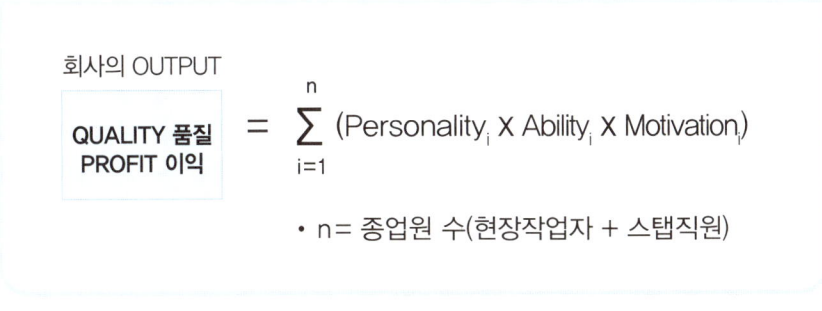

〈그림 1-14〉 Total TPS의 Output

- Property(회사의 재산)

$$= \sum_{i=1}^{n} (P \times A \times M) + Asset + Money$$

- n = 종업원 수(현장작업자 + 스탭직원)
- p : personality(개성), A: Ability(능력·지식), M: Motivation(의욕)

〈그림 1-15〉 Total TPS의 특징과 성과, 회사의 재산

체도 조금씩 변화해나갈 수 있는 것이다.

회사의 재산이란 무엇인가. '회사의 현황정보' 등을 보면, 설비나 공장의 재산, 부품이나 재고 금액 등은 숫자로 가시화되어 있지만, '사람'부분은 불과 '사원수'로만 표기되어 있다. 하지만 이 부분이 가장 중요한 것이다. 안타깝게도 금액으로는 환산하기 어렵지만 회사의 실제 재산은 바로 이것(〈그림 1-15〉 참조)이라는 점을 간과해서는 안 된다.

회사의 재산으로서의 사람은 개개인의 종업원이 문제점을 발견하는 존재라는 것에 의미가 있다. 즉, 스스로 문제점을 발견하는 것이 중요하므로, 문제점을 인식할 수 있는 사람을 키우는 것이 요건인 것이다. 문제점을 알면 개선이 가능하며, 개선의 실천을 통해 자발적 의욕과 역량 향상의 욕구도 자라난다. 이것이 바로 인적자원의 특징이다.

개선이라고 하는 것은 '영원히 무한'한 것이며, 중요한 것은 반복과 지속이다. 왜 이것이 필요한 것인가에 대해서도 나중에 이야기하고자 한다.

(4) TPS의 영어표현

참고로 미국 기업에 대해 설명하기 위해서 일본어와 영어의 대조표를 제시해 두었다(〈그림 1-16〉 참조).

특히 현장의 활성화를 영어로 어떻게 표현하면 좋을지에 대해 미국인도 참가하여 심도 있는 토론을 한 결과, 여기에서는 'Quickening Factory'라고 표현했다. 'Quick'이라는 것은 '스피드가 있는', '빠른'이라는 의미이다. 'Quicken'은 '빨리 하다', '서두르다'라는 표현 외에 '활성화하다(활성화시키다)'라는 의미도 포함하고 있다.

	항목	영어표현	내용
1	TPS 현장활성화	Quickening Factory	종업원을 교육, 훈련하여, 현장을 활성화 QF = QC활동 + 5S + 창의 연구(Suggestions) + 작은 개선(Small Kaizen) + 다능공화
2	TPS 공정개선	Kaizen (Line)	생산성 향상, 품질 향상, 원가절감 등의 개선 활동
3	TPS 물류개선	Kaizen (Logistics)	물류개선 활동
4	TPS 원가절감	Cost Control & Down	TDS 상품, 제품 개발부터의 원가절감 활동
5	TPS 생산설계	Production Design	품질, 원가를 추구한 생산공정 계획, 생산설비 계획
6	SE 활동	SE Activities	TDS 상품, 제품 개발에서의 SE → 도요타 Development System으로의 참가
7	TPS 품질보증, 품질관리	TQC, TCC	도요타 QA, QC : 불량 제로 활동(Zero Defect), QM Matrix(QA Network)

〈그림 1-16〉 Total TPS의 영어표현

가시화는 'Quickening Visualization'이라고 번역하였다. 'Visualization'만으로도 충분할 수 있지만 가시화를 통해 그 자료를 본 사람들, 관계자들이 활성화되어 간다는 의미를 가지고 있기 때문이다.

6번째에 적혀 있는 'SE활동'은 'Simultaneous Engineering'이다. 'Concurrent Engineering=동시공학'이라고도 하는 기업도 있다. 이 SE활동에 의해 기존 36~48개월이나 걸린 설계·개발 기간이 1/3~1/2로 단축되었다. 물론 이것은 SE뿐만 아니라 정보기술(IT)이나 컴퓨터의 발전 덕분이기도 하다. 이러한 현대의 신기술을 활용하여 더 진화된 SE활동을 행함으로써 개발기간이 절반, 경우에 따라서는 1/3까지 줄어들게 된 것이다. 대단히 효과가 큰 활동이다.

7번째에 나타난 것은 품질관계이다. 품질관계는 기존의 QC(Quality Control)나 TQC(Total Quality Control), TQM(Total Quality Management), SQC(Statistical Quality Control) 등 여러 단어들이 있지만, 그 중에서도 중요한 것이 불량 제로 활동의 번역어인 'QA 네트워크'로, 이것은 도요타 내부의 용어이다. 영어로 바르게 표현하면 'QM(Quality Management) Matrix'이다.

part 2

Total TPS의 기초

1

도요타 생산방식의 기본

 2008년부터 시작된 세계적인 경제위기로 인해 일본에서도 많은 기업이 적자로 허덕이고 있다. 도요타도 약 60년 만에 적자로 전락했으나, 현재 상황보다 더 힘든 시기가 있었다. 바로 1950년경이다. 전쟁 후의 불황으로 차가 팔리지 않았고, 운전자금이 고갈되어, 종업원의 급료 지불이 늦어졌다. 또한 차를 만들기 위한 부품, 재료 공급사에 대한 지불도 불가능하게 되었다. 노조는 당연히 급료 지불을 요구하며 파업에 들어갔다. 그 때문에 생산은 중단되고 도산 직전까지 이르는 위기상태에 빠졌다. 각 은행에 융자를 신청했지만, 융자금액이 거액이었기 때문에 한 은행이 아니라 여러 곳의 은행에 의뢰를 하게 되었다. 어떤 은행은 거절했고, 융자를 해주는 은행단도 융자 조건으로서 도요타에 다음과 같은 조건을 제시하였다.

 ① 최고경영진의 퇴진
 ② 수천 명의 종업원 인원 삭감. 당시 전체 인원은 1만 명 정도였으므로,

대규모의 정리해고였다.

③ 생산에 필요한 자금과 판매에 필요한 자금을 정확히 나누어 도요타 자동차 공업과 도요타 자동차 판매라는 두 개 회사로 분리

도요타의 경영진과 노조는 힘든 결단을 내릴 수밖에 없었으나, 이 조건에 따라 당시 은행단으로부터 융자를 받게 되어 도산위기는 모면할 수 있었다. 실제로 그 후 경영진은 퇴진했고, 수천 명이 해고되고, 회사는 분할되었다. 이 시기를 지나면서 노사관계는 장기적 대립관계가 지속되었다. 도요타 자동차 공업과 도요타 자동차 판매가 다시 합병할 때까지 두 개로 분할된 상태도 오랜 기간 계속되었다. 도요타는 당시의 쓰라린 경험을 두 번 다시 맛보고 싶지 않았기에 이를 교훈으로 회사는 이익을 내지 않으면 존속할 수 없고, 이익을 내기 위해서는 최선을 다해서 원가를 줄이지 않으면 안 된다는 정신이 도요타 내에 광범위하게 뿌리를 내리게 되었다. 이와 같은 위기에서의 교훈과 위기극복을 위한 노력의 축적이 TPS의 출발점인 것이다.

최근 경제는 미국을 비롯한 일본, 유럽, 중국도 경제적으로 후퇴하는 세계적 규모의 공황 상태이다. 그렇지만 이런 힘든 상황일수록 더욱더 치밀하게 원가절감의 개선 노력을 계속하고, 기업(경영자, 관리자, 종업원)의 체질을 한층 강화시키는 계기가 되기도 한다. 그런 의미에서 일본기업에 있어서는 오히려 기회라고도 볼 수 있다. TPS의 출발점이 그러했기 때문이다.

〈그림 2-1〉을 살펴보면, '이익을 내기 위해서 판매가를 높이면 되지 않을까', '판매가를 높일 수 있도록 부가가치를 붙이면 되지 않을까' 하는 생각이 들 수 있다. 그러나 현재는 글로벌 경쟁시대이다. 비싼 값으로 상품을 만들어도 경쟁사의 제품이 성능과 품질 면에서 동일하다면 고

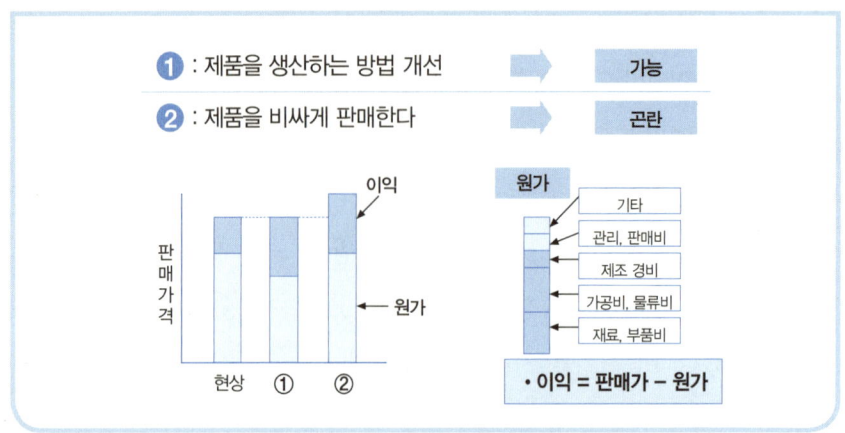

〈그림 2-1〉 도요타 생산방식의 특징

객은 우리 것을 구입하지 않는다. 판매가는 한 회사의 기준만으로는 조절하기 어려운 요소이다.

한편 원가는 자사의 노력으로 줄일 수 있는 요소이다. 원가는 재료나 부품비, 가공비, 물류비, 제조경비 등으로 구성된다. 보다시피 많은 부분이 제조부서에 관련된 비용이고 경비이다. 재료나 부품원가는 설계단계에서 결정되는 요소가 크지만, 생산에 돌입하면 재료나 부품은 공장에 입하되어 가공되기 때문에 제조부서에 깊이 관련되어 있다. 따라서 제조부서는 재료비, 부품비 등까지를 원가절감의 대상으로 한다. 다시 말해, 원가의 대부분은 제조부서가 관여하는 비용이므로 제조부서가 주체가 되어 원가를 개선하는 것이다.

원래 TPS는 제조현장이 원가절감을 추구하고, 지속적인 개선노력의 결과를 정리한 생산방식이다. TPS는 도요타가 위기에서 탈출하여 재출발하기 위해 시작한 원가절감 활동이며, 원가절감을 주도한 것이 기존 TPS의 3대 기둥인 '인변 자동화', '저스트 인 타임', '낭비제거'라고 제1장에서 소개하였다.

Total TPS의 기초

기존의 TPS는 다음과 같은 3개의 기둥이 있지만, 각각의 기둥은 화살표(→)의 오른쪽에 표시한 것처럼 현재의 TPS(Total TPS)로 진화하고 있다. 여기에서는 진화한 부분을 포함해서 설명하기로 하겠다.

① 인변 자동화(품질 개선) → 자공정완결(Total TPS)
  - 이상이 있을 경우에는 설비를 정지한다. 품질은 공정에서 완성한다.

② 저스트 인 타임 → 리드 타임의 단축(Total TPS)
  - 필요한 제품을, 필요한 때에, 필요한 양만큼 생산한다. 더 나아가 리드 타임 전체를 생각하고, 전체 리드 타임 단축을 도모한다.

③ 낭비 제거 → 원가절감, 원가관리(Total TPS)
  - 낭비·정체·무리 등의 로스를 줄이는 등, 공정 개선을 포함하여 여러 가지 원가를 줄인다.

이 3가지에 대한 기본을 알아보도록 하자.

(1) 인변 자동화 → 품질 개선 → 자공정완결(Total TPS)

이 '인변 자동화'라는 글자를 보면, 오토메이션이라는 의미로 착각하기 쉬우나, 사실은 품질을 공정에서 완성하는 것을 나타낸다(〈그림 2-2〉 참조).

처음에는 자동기계에서부터 시작한다. 자동기계는 대단히 생산성이 높고 계속해서 제품을 만들 수 있다. 양품이 만들어질 때는 편리하지만, 불량품이 나오기 시작하면 순식간에 불량품의 산을 만들고 만다. 원래는 작업공정을 자동화하기 위해서 비싼 돈을 내고 설비 투자를 하여 자동기계를 구입, 설치하여 생산을 시작했다.

그러나 실제로는 다음과 같은 여러 문제가 발생하여 자동화는 했지

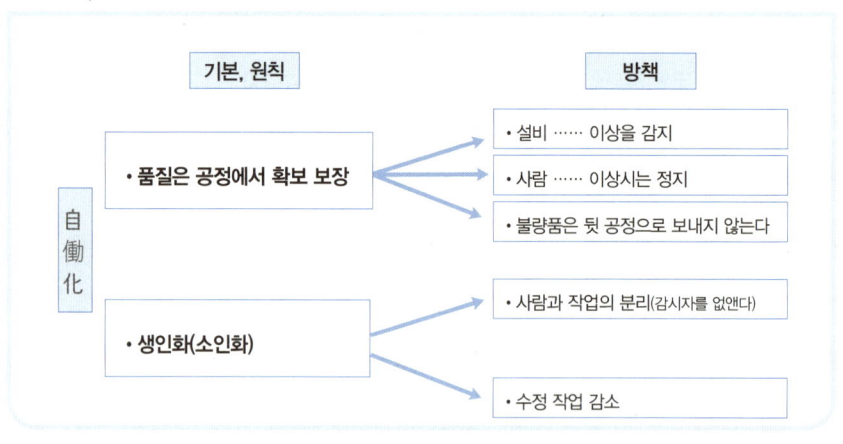

〈그림 2-2〉 인변 자동화(Jidouka)

만 처음 목적인 원가를 줄이는 것이 불가능해졌고, 오히려 원가가 올라가는 경우가 많이 발생하였다.

〈자동화에서 발생한 문제〉
- 불량품이 나와도 설비는 정지하지 않은 채, 불량품을 계속 만든다.
- 불량품을 손보기 위한 작업이 발생한다. 잘못 손을 보면 또다시 손을 봐야 할 불량이 발생한다.
- 그 중에는 손을 볼 수 없는 불량이 발생해서 제품을 폐기하게 된다.
- 원료나 부품의 자동기계에 대한 공급이 원활하게 이루어지지 못하므로, 기계의 감시자가 필요하다는 이유로 사람이 자동기계에 붙어서 보조를 할 필요가 생기게 된다.
- 작업자를 줄이기 위한 자동화였지만, 결국 사람을 필요로 하게 된다.

이러한 문제를 해결하려고 한 것이 원래 시작이었다. 자동화가 아니라 인간의 지혜를 사용한 창의적인 생각을 가미하는 '인변 자동화'를 하려고 한 것이다. 그렇기 때문에 다음과 같은 생각을 덧붙였다.

〈자동화에 생각을 덧붙인 것〉
1. 불량품이 나와도 설비는 멈추지 않고 불량품을 계속 들어 내는 문제에 대한 대책, 개선은 '이상이 있는 경우에 설비를 멈춘다'는 것으로 한다.

(A) 자동설비, 기계의 경우는 불량을 만들지 않는 대책을 세운다. 그 위에 기계 자체의 불량, 혹은 이상을 검지할 수 있는 장치를 부착시켜, 불량·이상이 발생할 때는 기계를 자동 정지시킨다.

(B) 작업공정의 경우는 작업자 자신이 라인을 멈춘다. 라인을 정지시키는 권한을 작업자에게 부여한다. 불량이 나오면 불량이 나올 만한 곳을 찾아내어 자동기계를 자동적으로 정지시켜서 불량이 나오지 않게 한다. 불량이 나오면 생산을 멈추기 때문에, 양품만을 만들어내게 되는 것이다. 이것은 품질을 보증한다는 점에서 대단히 훌륭한 방법이며, 공정에서 품질을 보증하는 것이다.

2. 자동 기계는 감시인, 혹은 보조인이 필요하다는 문제에 대한 대책, 개선은 '철저하게 개량, 개선해서 설비의 신뢰를 높인다'는 것이다. 이를 위해, 인간의 지혜를 사용하여 위에서 얘기한 문제점을 개선하는 것을 '인변 자동화'라고 정의하기로 했다. 특히 자동기계의 신뢰성 향상(감시인이 필요 없음)은 당연한 것이 되었고, 불량품 대책에 집중하여 개선을 진행하였다. 그 공정(자동기계, 작업)의 품질을 향상시키기 위해서

(A) 불량품을 발생시키지 않는다. 다시 말해서 불량 발생의 원인을 규명하여, 불량 발생에 대한 방지 대책을 세운다.

(B) 불량품을 뒷 공정으로 보내지 않는다.

실제로 (A)의 대책(불량 발생 방지)을 하고는 있지만, 가끔은 품질 불량이 발생한다. 품질 불량이 발생하면 그 불량을 뒷 공정으로 보내지 않는 것이 중요하다. 이러한 품질 개선활동, 즉 공정에 있어서의 품질보증을 도요타에서는 '품질은 공정에서 완성한다'고 한다. 위에서 이야기한 1과 2의 의미를 가진 인변 자동화라는 단어가 '품질은 공정에서 완성한다'는 품질보증과 동의어가 되었다. 나아가서 다음 장에서 설명할 'QA 네트워크'나 '자공정완결'로도 발전하게 되었다.

그렇지만 이 '인변 자동화'는 특히 해외에서 '자동화'로 오해하는 경우

가 많이 있다. 지금은 '인변 자동화'라는 단어 자체가 바람직하지 않고, 품질보증의 의미를 나타내고 있지 않다는 점이 문제시되고 있다. 따라서 Total TPS에서는 '인변 자동화'라는 단어를 쓰지 않고 '자공정완결'이라고 표현하고 있다.

(2) 저스트 인 타임 → 리드 타임 단축

개선 노력의 결과물로서 3대 기둥 중 하나가 바로 '저스트 인 타임(Just In Time : JIT)'이다(〈그림 2-3〉 참조).

〈그림 2-3〉 저스트 인 타임 (JIT)의 기본원칙

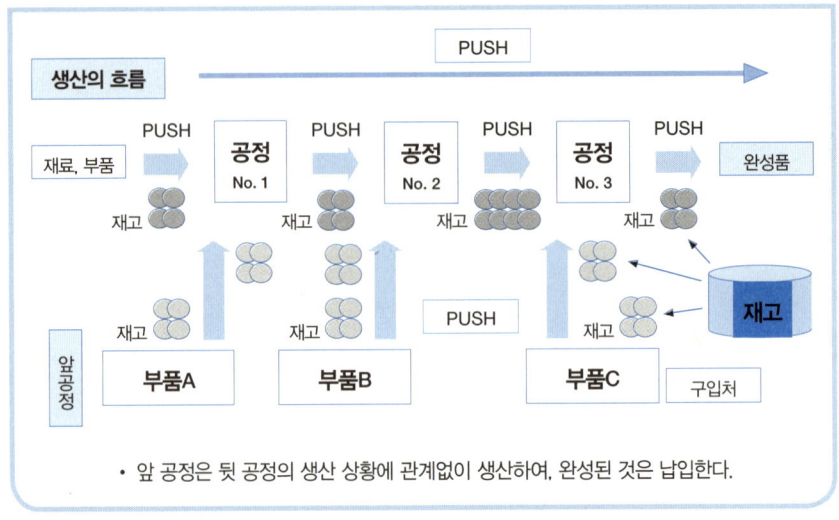

〈그림 2-4〉 일반적인 생산방식 : 밀어내기 방식 (공정 간)

　저스트 인 타임의 핵심은 '필요한 제품을, 필요한 때에, 필요한 양만큼 뒷 공정이 가지러온다'는 것이며, 이에 따라 앞 공정은 '다음에 가져갈 양만큼만 생산한다'는 것이다. 목적은 품질향상, 생산성 향상과 재고절감이다. 왜 품질 향상, 생산성 향상, 재고절감으로 연결이 되며, 품질 향상, 생산성 향상이라고 하는 것은 어떤 것인지를 살펴볼 필요가 있다. 보통은 각 공정, 혹은 각 공장 사이에 재고가 있어서 공장에는 곳곳에 재고가 존재한다고 생각하면 된다.

　먼저 품질 향상인데, '공정1', '공정2', '공정3', 혹은 '공장1', '공장2', '공장3'이 있다고 하면(〈그림 2-4〉 참조), 이 공정 간, 공장 간의 재고를 줄여서 품질이 향상되기 위해서는 먼저 각각의 공정·공장이 좋은 품질의 제품을 만들지 않으면 안 된다. 불량품을 한 개 만들면 재고가 없기 때문에 다음의 공정·공장에서는 만들 수가 없게 되고, 나아가 라인이 정지하게 된다. 따라서 라인이 정지하지 않도록 각 공정과 공장에서는 각자의 품질을 높이고 보증할 필요가 있는 것이다.

만약 공정 간, 공장 간에 재고가 있다면 뒷 공정·공장에서는 그 재고를 사용하여 생산하는 것이 된다. 불량품이 있어도 다른 것을 사용하면 라인이 정지하지 않기 때문에 특별히 문제될 것도 없고, 품질을 높일 필요성도 느끼지 못한다. 다시 말해서 재고가 있으면 품질이 향상되지 않는 것이다.

다음으로 생산성 향상인데, 공정 간, 공장 간에 재고가 없으면 기계 고장 등으로 라인이 자주 멈추게 된다. 계속 멈춰진 상태라면 라인 전체, 공장 전체에 피해를 주기 때문에 생산성을 높여야 한다는 압박이 생기게 된다. 그런 식으로 재고가 없으면 각각의 공정·공장이 튼실해지는 것이다.

이러한 내용을 해외 공장에서 실천하려고 하면 '재고가 없으면 생산성이 떨어지기 때문에 재고는 필요하다', '불량이 많이 나오기 때문에 대처하기 위해서 재고가 있어야 한다'라고 한다. 그렇지만 재고를 가지고 있으면 여유가 있기 때문에 품질을 높이려는 노력을 하지 않으며, 생산성을 향상시키려고 하는 동기도 잃게 된다. 이것을 방지하기 위해서 '재고의 제로(최소)화'를 추구하는 것이다.

예전에는 공장에 오노 다이이치 일행이 와서 현장에 재고가 있는 것을 보면 발로 차거나 밖으로 던져 버리곤 했다. 그렇지만 현장은 아무래도 '보수적'이 될 수밖에 없고, 재고를 필요로 한다. 이것을 그들은 일부러 버림으로써 강제적으로 재고를 줄여나갔다.

재고의 제로화를 실현하기 위해서는 각자가 노력해서 생산성과 품질을 높이지 않으면 안 된다. 즉, 공정 그 자체를 향상시키지 않으면 재고가 적은 상태에서 생산을 계속할 수 없는 것이다. 혹시나 재고가 적으면 라인이 멈춰 버리지 않을까 하는 걱정은 필요 없으며, 오히려 저스트 인 타임을 하는 것이 품질과 생산성을 높일 수 있다. 재고를 줄임으로써 문제가 가시화되어 품질과 생산성을 높이기 위한 개선을 현장에서도 재촉하게 되는 것이다.

여기에서 한 가지 더 보충을 하자면, 재고에 따른 비용이다. 재고와 비용은 큰 상관관계가 있다. 이에 관해서는 도요타 자동차 출신의 다나카 마사토모씨가 'J코스트 이론'을 제창한 바 있다. 이 J코스트 이론은 '재고 금액×시간'을 하나의 단위로 생각해서, 이 면적을 작게 하면 비용이 줄어든다고 설명하고 있다. 이 이론에서는 재고에 따른 비용을 이자로 설정한다. 재고(재고 금액) 보유기간을 1년간이라고 하면 거기에 1년간만큼의 이자가 발생한다. 즉, 다음과 같은 식으로 표시를 할 수 있다.

> **재고에 따른 비용 = 각각의 재고액 × 각각의 시간 × 이율**

'재고×시간'을 하나의 단위로 생각해서, 그 이자를 고려함으로써 재고절감의 중요성을 설명하고 있는 것이다. 최근 은행의 이율(금리)은 2~6% 정도로 비교적 낮다. 그렇지만 공장 재고의 경우에는 은행의 금리만큼이 아니라, 1년간의 금리를 포함해서 재고 금액의 20~30%나 되는 로스가 발생한다. 즉, 다음과 같은 식이 된다.

> **연간 재고 비용(로스) =**
> **전 재고와 전 공정의 중간 재고(리드 타임 전체)의 총 금액 × 손실계수(0.2~0.3)**

여기에서 이야기하는 '각 공정의 재고 총 수'라는 것은 원재료의 재고에서 시작해서 각 공정 간의 재고, 그리고 완성품의 재고까지 포함한 리드 타임 전체에서의 '총 재고'를 의미한다. 왜 0.2~0.3배의 로스가 발생할까. 이 로스는 회계장부에 기록되는 재고에 의한 로스의 항목이 아니기 때문에 대부분 경비로서 지출되고 있다. 따라서 회계장부만 봤을 때는 재고에 따른 로스를 정확히 파악할 수가 없다. 그렇지만 실제는 재고를 가지면 다음과 같은 로스가 발생한다.

① 재고를 운반하고 보관하기 위한 상자의 비용
② 재고를 운반하고 보관하기 위한 포장 재료의 비용
③ 이동하기 위한 리프트나 트럭 등의 운반 기계·기구의 비용
④ 보관 장소의 비용
⑤ 자동 창고나 건물의 비용
⑥ 제품의 진부화에 따른 로스
⑦ 보관하는 동안의 녹슬거나 분실하는 로스
⑧ 설계 변경에 따른 로스

여기에서 손실계수로서 0.2~0.3을 표시했지만, 제품 수명이 짧은 컴퓨터나 휴대폰 등의 제품 손실계수는 더 커서 0.3~0.6이 된다. 그렇게 생각하면 재고를 줄이는 것이 얼마나 원가절감에 도움이 되는지를 잘 알 수 있을 것이다. 회계장부에는 재고의 로스가 제대로 보이지 않는다. 회계장부의 계산방식에 따르면, 재고가 있을 경우 오히려 회사의 재산이나 이익이 있는 것처럼 보이기도 하지만 실제로는 재고가 존재함으로써 여러 가지 경비나 로스가 발생한다. 이자뿐만 아니라, 보관료나 불필요한 운반, 불필요한 운반 기계·기구를 구입하는 비용, 진부화나 설계 변경에 따른 비용 등이 발생한다. 따라서 재고절감에 따른 효과가 상당하다는 것을 회사 전체에서 인식할 필요가 있다.

〈통상의 계획 생산(밀어내기 생산)〉

일반적인 생산계획에서는 한 달의 생산계획을 하루하루의 생산계획으로 나누어서 그것을 다시 한 시간당 필요한 생산수량으로 계산한 다음, 이 계획을 각 공정, 각 공장, 각 물류 부문에 통지한다.

〈그림 2-5〉를 보면, 생산관리만으로는 이러한 그림의 상태가 된다. 이것은 일반적인 생산방식, 다시 말해서 밀어내기(Push) 생산방식이다. 이 방식으로는 반드시 각 공정에 재고가 발생할 수밖에 없다. 예를 들어서 No.2의 공정에서 생산이 늦어지면, No.1의 공정과의 사이에는 반드시 재고가 발생한다. No.3의 공정은 No.2의 공정이 번번이 늦어지는 것을 알면 미리 재고를 확보하고자 할 것이고, 재료나 부품을 공급하는 물류 부문은 한 번에 많은 재료·부품을 라인에 운반하고자 할 것이다.

따라서 생산계획에 따른 생산을 하면 공장의 여러 곳에서 자연스럽

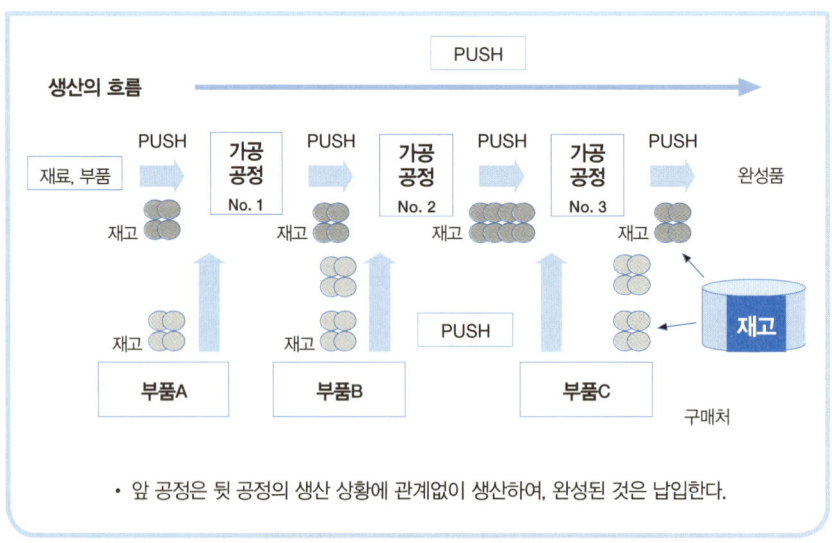

〈그림 2-5〉 일반적인 생산방식 : 밀어내기 방식 (공정 간)

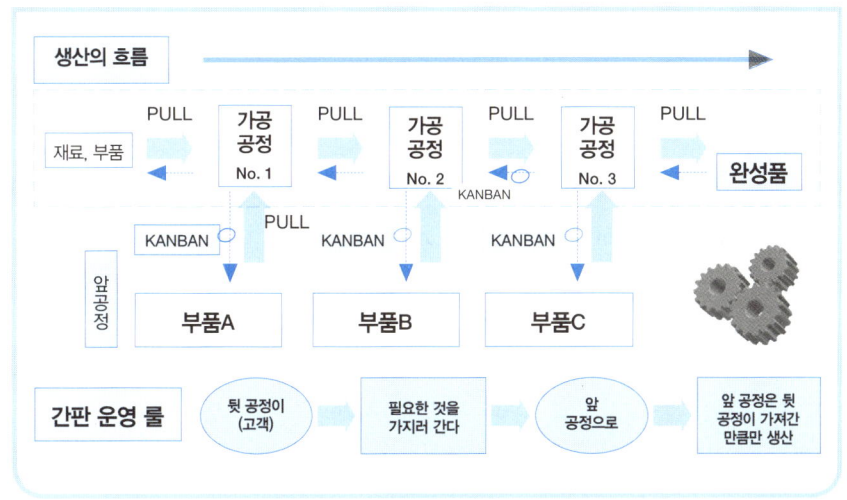

〈그림 2-6〉 TPS : '후공정인수' 방식

게 재고가 발생하고, 어느 정도 시간이 흐른 뒤에는 재고가 산더미처럼 쌓이고 만다. 그렇게 되면 회사는 새로운 창고 건물을 짓거나 자동 창고를 만드는 등 불필요한 곳에 비용을 낭비하게 된다.

〈JIT적 생산(PULL 생산)〉

한편 '저스트 인 타임(JIT)'에서는 다음과 같은 3가지 원칙을 둔다.

① 필요한 제품을, ② 필요한 때에, ③ 필요한 만큼만 생산한다.

이 원칙은 먼저 뒷 공정(고객)이 앞 공정에 필요한 제품을 가지러 가기 때문에 앞 공정은 가지러 온 양만큼을 생산하는 것이다. 이러한 일련의 과정을 '후공정인수' 방식이라고 한다. 앞 공정은 뒷 공정의 주문에 맞추어 생산을 하고, 그것을 뒷 공정에 넘겨준다. 또 하나는 생산라인의 생산계획을 바꾸는 것이다. 필요한 수(팔린 양)에 맞추어서 생산 TACT를 정하는 것이다(〈그림 2-6〉 참조).

'후공정인수'를 좀 더 알기 쉽게 설명하면 다음과 같다. 어떤 제품이 앞 공정에서 뒷 공정으로 넘겨지고 있다고 가정하자. 예를 들어 생산계획에서는 100개당 1시간으로 설정했다면 모든 생산공정 및 물류공정에서도 시간당 100개의 생산계획에 따라 생산하고, 부품을 공급하고 있다. 저스트 인 타임에서는 이 생산계획을 일단 하나의 기준으로 책정한다. 그렇지만 각 공정은 각각의 사정에 의해 뒷 공정의 인수량이 변동한다. 예를 들어 어떤 공정이 '한 시간에 90개를 가지러 간다'고 바꿨을 때, 앞 공정은 뒷 공정의 주문 수인 '시간당 90개'로 생산을 한다. 어디까지나 뒷 공정의 지시에 따라 생산을 하게 되므로 생산계획대로는 움직이지 않는다. 뒷 공정이 '고객'이고, 고객의 지시에 따라 앞 공정이 생산을 한다. 이것이 '후공정인수'의 원칙이다.

'후공정인수'를 공장에 적용해보면, 공장의 경우에는 공장 사이의 거리가 떨어져 있는 경우가 많다. 거기에서 '공장 1'과 '공장 2'의 사이에서 '한 시간 뒤에 100개를 가지러 오도록'이라고 입으로 말해도 제대로 전달되지 않는다. 따라서 그러한 주문을 전달하는 역할을 하는 것이 '간판'이다. 이것은 폐기하지 않고 몇 번이나 사용하는(재활용 가능) 주문서라고 생각하면 된다.

간판은 부품을 넣는 상자 옆에 붙어있다. 예를 들어서 한 상자에 100개라면 100개당 한 장의 간판이 있다. 여기서 뒷 공정이 한 시간에 100개를 사용하면, 앞 공정에 '100개/1시간'의 주문, 즉 한 장의 간판을 내는 것이 된다. 이것을 받은 앞 공정은 이 간판과 함께 뒷 공정으로 납품한다. 이런 식으로 '후공정인수'의 원칙을 실현하는 도구가 간판이다.

앞에서 말한 '필요한 수에 맞춰서 생산 TACT TIME을 정한다'는 것도, 재고절감에 대단히 유효하다. 하루당 생산량(1일 생산량)을 정하는 것은 한 시간당 몇 대 만들까를 정하는 것이 된다. 예를 들어 차 한 대를 만드는 데 60초(1분) 걸린다고 하면, TACT TIME은 1분이다. 매출 정도에 따라 그 1분을 68초로 한다든지, 50초로 한다든지, TACT TIME을 바꿔서 수요에 맞추는 것이다. 잘 팔린다면 TACT TIME을 단축하고, 잘 팔리지 않으면 늘린다. 이에 비해 해외의 회사의 경우는 생산 TACT가 일정한 경우가 많다. 예를 들어 TACT TIME을 60초로 정하면, 그 60초를 기준으로 작업 배분과 공정을 정한다. 그렇기 때문에 1년이 지나도 TACT TIME 60초는 변하지 않는다. 예를 들어, 생산변동이 있을 경우에는 만약 수요가 줄어들면 6시간 조업을 하고, 남는 2시간은 놀게 한다. 반대로 예상 이상의 매출이 있을 경우에는 잔업을 한다든지, 휴일 출근을 하는 것으로 대응을 한다.

TPS에서는 TACT TIME을 바꾸는 것이 기본이다. TACT TIME을 바꾼다는 것은 일의 내용이 변하는 것을 의미한다. 따라서 일의 내용이 변할 수 있는 태세를 항상 준비하지 않으면 안 된다. 예를 들어 표준작업 그 자체도 TACT TIME에 의해서 변한다. 이런 식으로 생산을 컨트롤해서 저스트 인 타임을 실현해 가는 것이다.

그리고 프레스 부품이나 수지 제품 등은 한 대의 기계에서 많은 부품을 생산한다. 각각의 금형을 교체하면서 생산하는 공정이기 때문에 'LOT 생산'이라고 부르고 있다. 이러한 LOT 생산 공정에서는 재고를 줄이기 위해서 '소 LOT 생산'이 필요하게 된다. 소 LOT 생산은 한 번의 생산량을 적게 하는 생산이다. 이렇게 함으로써 재고를 줄일 수 있다. 도요타의 공정 내, 공장 내, 각 부품회사 간의 물류는 이것을 기본으로 각종 원가절감 활동을 펼쳐가며 급속히 발전하고 있다.

(3) 낭비제거 – 공정개선 → 원가절감 → 원가관리

제조공정에서는 운반, 가공, 검사 작업이나 제품의 정체가 있어 여러 가지로 불필요한 작업이나 낭비 동작이 많다. 따라서 낭비제거나 축소, 절감을 철저히 행함으로써 작업 전체의 부가가치를 높이는 것이 중요하다.

낭비를 찾아내기 위한 개선을 진행하는 데 있어서 특히 중요한 것이 눈으로 보는 관리이다. 작업장의 관리 상태나 문제점이 공개되어 있어서 누가 봐도 쉽게 파악할 수 있는 환경을 만드는 것이 중요하다. 예를 들어서 관리 자료가 책상 속이나 컴퓨터 안에만 들어 있다면 일부 관리자나 감독자밖에 알 수 없다. 일반 작업자들의 눈에 보이지 않는다면 하루하루의 작업 개선에 대한 관심이 옅어짐과 동시에 의욕 또한 저하되고 말 것이다.

3

납기·양의 보증

(1) 평준화 생산

많은 종류의 제품을 생산하는 경우에는 하루하루의 생산량과 공수를 일정하게 하기 위해서 '종류·수량'을 평균해서 생산한다.

① 하루하루의 생산량이 변동하면 그 최대 생산량에 맞춰서 설비나 사람을 준비하여야 하고, 또한 장기간 잔업 등도 발생한다. 동시에 앞 공정은 제품의 결함 발생을 걱정해서 많은 재고를 소유하게 된다.

여기에 낭비(과잉생산의 낭비, 재고 낭비, 운반의 낭비 등)가 자연히 발생한다.

② 차량의 조립라인 등에서 혼류(다양한 제품) 생산을 하는 경우, 조립작업 공수가 많은 차량이 연속해서 넘어가게 되면 작업지연이 발생하게 되고, 그러면 작업자는 당황해서 정신없이 작업을 하게 된다. 그리하여

라인정지 등이 발생하고, 표준작업이 지켜지지 않은 탓에 품질 불량이 발생한다.

③ TPS에서는 LOT 생산을 하지 않고, 항상 한 개씩 뒷 공정으로 넘기도록 하고 있다. 평준화 생산의 실시는 낭비를 없애기 위한 대전제라고 할 수 있다.

평준화 생산은 먼저 생산계획을 세운 후(〈그림 2-7〉 참조), TACT TIME을 결정한다(〈그림 2-8〉 참조).

TACT TIME의 결정 방법은 예를 들면 다음과 같다.

> **❶ 연간 계획**
> - 인원 채용 계획
> - 설비 투자 계획
>
> **❷ 월간 계획**
> - 비공개 정보(3개월 전)
>   - 자재(외주 부품 포함), 인원, 설비 부하, 준비
> - 확정 정보(1개월 전)
>   - 자재 발주, 각 공정의 인원, 설비 부하, 계획
>
> **❸ 일정 계획**
> - 평준화 계획
>   - 1일당 생산량 확정
> - 생산 지시
>   - 1일당 생산량, 생산 품목, 생산 순서

〈그림 2-7〉 생산계획

- 1개월의 필요 대수: 9,120대
- 월간 가동일: 20일
- 1일당의 가동 시간: 8시간×2교대 가동=16시간
- 1일당 필요 수=8120 / 20=465대
- TACT TIME=16/456×95% (가동률)=0.033시간/대=2분/대

여기에서 가동률(95%)의 결정방법은 작업장의 실력에 따라 정해진다. 또한 가동률이라는 것은 설비를 운전하고 싶을 때 정상적으로 움직

$$\cdot\ 1일당\ 필요수 = \frac{1개월\ 필요수}{월간\ 가동일수}$$

$$\cdot\ TACT\ TIME = \frac{1일당\ 가동\ 시간 \times 가동률}{1일당\ 필요수}$$

* TACT TIME : 부품1개, 혹은 1대 분을 몇 분, 몇 초로 생산할 것인가를 정한 시간치

〈그림 2-8〉 하루 필요수와 TACT TIME

이는 상태의 확률을 말한다.
- 가동률 : 100% … 라인을 정지시키면 필요한 양을 생산하지 못하여 잔업이 필요하게 된다. 그것을 방지하기 위해서는 라인이 멈추지 않도록 천천히 작업하게 되므로, 결국은 개선이 불가능해진다.
- 가동률 : 90% 이하 … 작업이 힘들고, 빈번한 라인정지를 인정하는 운영이기 때문에 작업 리듬이 흐트러지고 품질불량 발생도가 높아진다. 또한 작업에 여유가 있을 때에는 필요 이상의 생산을 하게 되어 버린다.
- 가동률 : 93~98% … 보통은 이 범위에서 TACT TIME을 설정한다. 작업개선을 통해 가동률이 향상되면, 공수절감을 실시하여 생산성 향상을 도모할 수 있다.

〈평준화 생산〉(〈그림 2-9〉 참조)
- 각 부품의 종류, 양을 평준화해서 생산한다.
- 특히, 최종 공정(조립)은 같은 제품을 뭉쳐서 넘기지 않는다. 한 대 한 대 다른 차를 만드는 것을 전제로 평준화 생산을 한다.

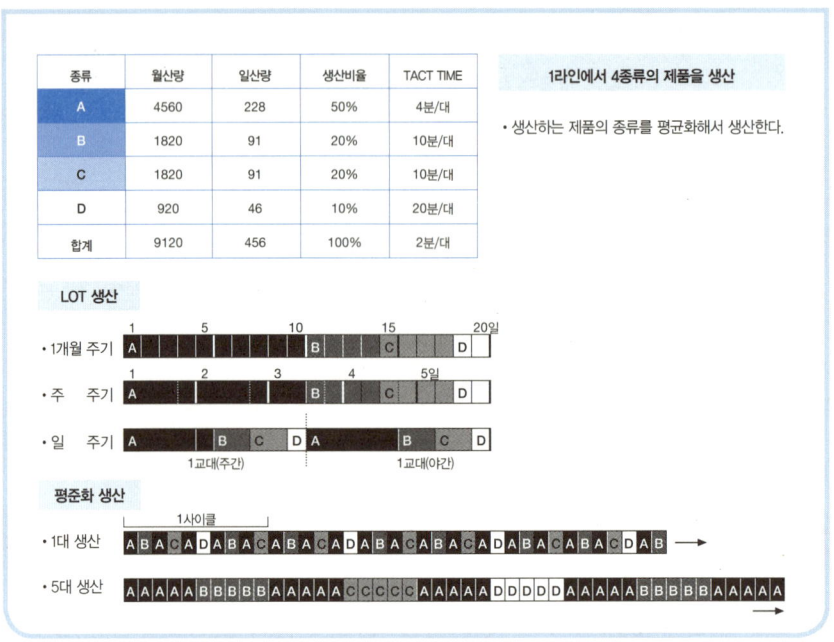

〈그림 2-9〉 평준화생산

- 최종 공정에서 같은 제품을 한꺼번에 생산하게 되면 앞 공정에도 영향을 미쳐서 LOT 생산을 하게 되고, 결국 재고량이 늘어서 낭비가 발생한다.

(2) 소 LOT 생산

LOT 생산을 하고 있는 프레스, 단조, 성형 공정 등에서도 필요한 제품을 적기에 만드는 데는 설비의 금형 교체시간을 단축하여 소 LOT 생산을 하는 것이 중요하다(철저한 저스트 인 타임).

금형 교체시간이 길어지면, LOT 생산을 하게 되어 대 LOT가 된다.

```
① 외(外) 준비 작업    • 설비의 운전을 멈추지 않고 할 수 있는 작업
                     (금형, 공구, 치구 준비, 작업 후 정리 등)

② 내(内) 준비 작업    • 설비, 라인을 멈추지 않으면 불가능한 작업
                     (금형, 공구, 치구 등의 교체 작업)

③ 조정 작업          • 정도 확인, 부대 설비 조정, 트러블 처리 등
                     설비를 멈추고 하는 작업

• 준비 교체 시간 = 내 준비 + 조정 작업 = 설비 정지 시간
```

〈그림 2-10〉 소 LOT 생산(금형 교체시간 단축)

또한 금형 교체를 위해 설비가 정지하면 생산도 중지되므로 가동률이 저하된다. 금형 교체작업은 ① 외 준비 교체(설비의 운전을 멈추지 않고 할 수 있는 준비), ② 내 준비 교체(설비, 라인을 멈추지 않으면 불가능한 준비), ③ 조정 작업의 3가지로 나누어진다(〈그림 2-10〉 참조). 금형 교체시간 단축의 개선은 다음과 같이 한다.

① 내 준비 작업, 외 준비 작업을 명확하게 하여 작업분담을 철저히 한다.
   내 준비 작업을 외 준비 작업으로 이행하여 개선한다.

② 내 준비 시간 단축의 개선

   - 작업 순서의 표준화

   - 공구 종류 줄이기, 또는 기계화 실시

   - 필요 이상의 부품 탈착 작업의 폐지

   - 부착 볼트 수 줄이기

   - 단품 교환 → Assembly 교환

③ 조정 작업의 폐지

  - 게이지(Gauge)화, 스페이서(Spacer)화에 따른 개선

> ① **싱글 금형 교체**
>   • 금형 교체 시간이 10분 이하인 것
>
> ② **원터치 금형 교체**
>   • 금형 교체 시간이 1분 이하인 것
>
> ③ **공기 보내기 금형 교체**
>   • 다공정 설비의 경우 : 1~2개 분을 공기(제품 없음)를 보내서 라인을 멈추지 않고 순차 금형 교체를 실시한다.

〈그림 2-11〉 금형 교체 명칭

- TRY횟수 절감
- 정도 확인, 측정 시간의 단축 개선 추진 등

금형 교체의 명칭은 〈그림 2-11〉에 나타낸 바와 같다.

(3) 간판 방식

간판의 기능은 〈그림 2-12〉에 제시했으며, 그 역할은 다음과 같다.
① 현품표 : 제품이 무엇인가를 표시한다.
② 작업지시서 : 무엇을 언제까지 몇 개 만드는가를 지시한다.
③ 이동표 : 어디에서 어디로 운반하는가를 표시한다.

간판방식의 운영에 따라 공정개선과 작업개선이 원활해진다. 특히, 현장의 운영이나 관리 상태의 문제점을 쉽게 파악할 수 있으므로 개선 또한 진척된다. 앞 공정과 뒷 공정의 관계는 다음과 같다.

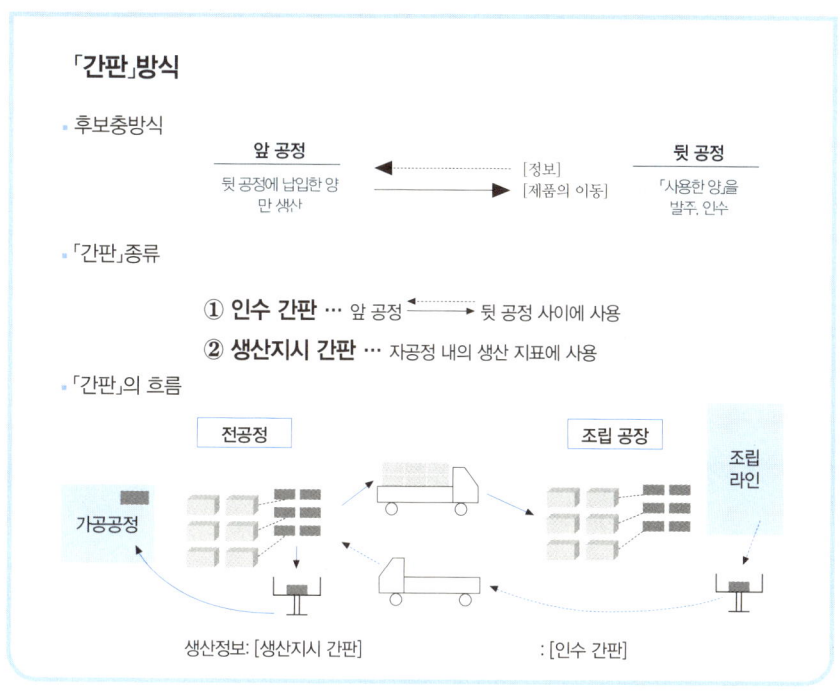

<그림 2-12> 간판 방식

앞 공정	뒷 공정
– 뒷 공정에서 수요가 있는 만큼만 생산하여 보충한다. – 양품만을 뒷 공정에 공급한다.	– 필요한 '제품'을 – 필요한 '때'에 – 필요한 '양'만큼만 인수한다.

간판의 종류와 사용 방법은 다음과 같다.

① 인수 간판 : 운반 지시를 행한다

- 공정간 인수 간판 : 사내의 공정 간의 운반 지시에 사용한다.
- 외주부품 납품 간판 : 외주 부품의 발주, 납품 지시에 사용한다.

② 생산지시 간판 : 생산 지시에 사용한다.

- 공정 내 간판 : 공정에 대한 생산 지시에 사용한다.

- 신호 간판(삼각간판이라고도 한다) : LOT 생산을 하고 있는 공정에 대한 생산지시 혹은 준비지시에 사용한다.

간판 운영의 전제 조건은 다음과 같다.
① 불량품은 뒷 공정으로 보내지 않는다.
- 뒷 공정은 필요한 양만큼만 가지러 간다. 인수한 제품에 불량품이 있으면 품질의 결함 때문에 뒷 공정은 당황하게 된다.
- 품질은 공정에서 완성하여 불량품의 발생, 유출을 철저히 방지한다.
② 뒷 공정이 앞 공정에 가지러 간다.
- 뒷 공정은 필요한 때, 필요한 양만큼 인수한다.
- 뒷 공정이 필요로 하지 않으면 앞 공정은 필요 이상으로 제품을 만들지 않는다.
- 앞 공정의 상태에 맞추어서 제품을 만들면 불필요한 재고가 발생하거나, 필요한 제품이 필요한 때에 없는 결품이 발생한다. 그에 따라 장기간 잔업이 필요하게 되고, 설비 보강을 위해서 과잉설비를 구축하게 되기도 한다.
a. 간판 없이는 가지러 가서는 안 된다.
b. 인수 간판의 매수 이상 제품을 인수해서는 안 된다.
c. 현물에는 간판을 반드시 붙인다. 간판이 없는 부품은 '미아 부품'이라고 한다.
③ 앞 공정은 뒷 공정이 인수하는 양만큼만 생산한다.
- 인수할 양 이상의 생산을 해서는 안 된다.
- 인수할 순서로 생산을 한다.
②와 ③의 규칙이 엄밀하게 준수된다면 전·후의 생산공정이 하나의

라인으로 연결되는 것과 같기 때문에 생산도 동기화된다.

④ 생산을 평준화한다
- 뒷 공정의 생산에서 종류가 많은 것들은 LOT 생산을 없애고 평균화(평준화) 생산을 해야 한다. 평준화 생산을 하지 않으면 앞 공정은 과잉재고를 보유하게 된다.

⑤ 생산 변동 시에는 간판을 조정한다
- 간판의 필요 매수는 생산량에 따라 변동한다. 따라서 생산변동 시에는 반드시 간판 발행 매수의 조정이 필요하다. 간판의 조정을 하지 않으면 결품이나 재고가 과다하게 발생한다.

⑥ 공정의 안정화
- 작업 표준화와 준수가 확실하지 않으면 작업방법과 작업시간이 분산되어 작업지연 및 품질불량이 발생하므로 인수한 제품을 제 때에 생산할 수 없다. 간판방식을 도입할 경우에는 항상 작업의 표준화와 준수, 설비보전 등 공정의 안정화와 계속적인 개선이 필요하다.

〈간판의 실제 운영〉

간판 방식을 운영할 때의 기본 규칙은 다음과 같다.

① 사용하는 부품을 꺼낼 때는 처음 한 개를 사용할 때, 부품 상자에 붙어 있는 간판을 반드시 떼어내고, 소정의 회수함에 넣는다.
② 간판의 회수 : 떼어 낸 간판은 정해진 시간마다 반드시 회수한다.
③ 부품 인수 : 정해진 시간마다 간판의 매수만큼 부품을 인수한다.
④ 앞 공정의 부품을 인수할 때에는 앞 공정에서 사용하고 있는 '생산지시 간판'을 떼어내고, 뒷 공정이 사용하고 있는 '인수 간판'을 붙여서 인수

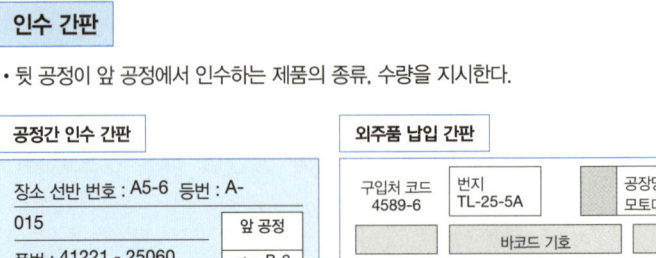

〈그림 2-13〉 간판 방식

한다.

간판의 실시 계획에 있어 '외주부품 납품 간판'에 관해 설명하기로 하겠다(〈그림 2-13〉 참조).

① 부품의 납품사이클을 정한다.

    a. 부품의 납품(인수)일 간격

    b. 납품일의 납품 횟수: 납품일에 몇 번 납품하는가.

    c. 지연 횟수: 간판을 몇 번째에 납품하는가에 대한 지연 횟수

② 간판 발행 매수를 정한다

예 : a-b-c (1-4-3)

a   : 납품일 간격 … 매일 납품한다

b   : 납품일의 납품 횟수 … 매일 4회 납품 받는다

c   : 지연 횟수 … '간판'을 가지고 가서, 3번 지연해서 입하한다

注 : 부품의 인수는, 뒷 공정이 간판을 가지고 인수하러 간다. 외주품의 경우에는, 부품 운반을 외주 업자에게 의뢰한다. 그렇기 때문에 설명문에서는 '인수'가 아니라 납품'이라는 표현을 사용한다.

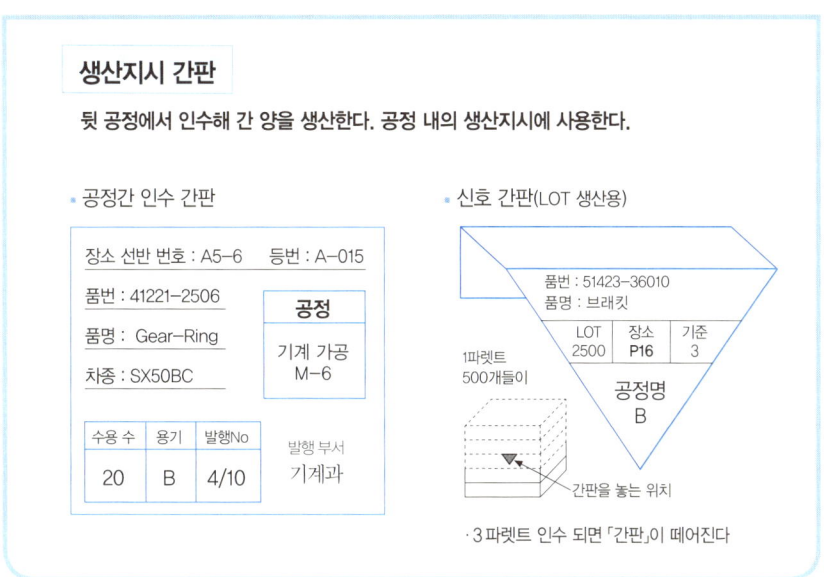

〈그림 2-14〉 간판의 실제 운영

- 간판의 발행 매수는 1일당 사용량·납품 사이클(a-b-c)과 안전 재고로 정한다.
- 간판 매수=이번의 납품 분량+이번에 가지고 가는 분량+이미 가지고 간 분량+안전 재고
- 간판 매수의 계산식

간판 매수=1일당 사용량/수용수×(납품일 간격+납품의 리드 타임+안전계수)=1일당 사용수/수용수×(A×(1+C)/B+안전계수)

다음은 '신호 간판'에 관해서 설명하기로 하겠다(〈그림 2-14〉 참조).

신호 간판은 삼각 간판이라고도 한다. 동일 공정에서 여러 종류의 제품을 생산할 경우, 금형교체 등 생산전환에 시간이 걸리는 공정에서 생산지시 간판으로 사용한다. 예를 들어, LOT 생산을 하는 프레스, 단조, 다이 캐스팅, 수지 성형 공정에서 사용한다. 또한 생산개시의 신호로 이

4

공정 삭감

용하기도 한다.

(1) 표준작업

표준작업이라는 것은 사람, 제품, 기계(설비)를 유효하게 조합하여 낭비 없는 효율적인 순서로 작업을 진행하는 방법이다. 표준 작업을 정할 때에는 반드시 다음의 3요소를 정하는 것이 중요하다(〈그림 2-15〉 참조).

① TACT TIME
  - 부품 한 개, 혹은 한 대 분을 몇 분 몇 초에 생산하는가를 정하는 생산관련 수치이다. 생산 대수와 가동시간, 조직역량, 설비고장 등을 고려한 가동률로 결정된다(보통은 93~98% 정도다).

② 작업 순서
  - 작업 순서가 정해져 있지 않으면, 같은 사람이라도 작업할 때마

❶ **TACT TIME** … 실행 TACT TIME = $\dfrac{\text{가동 시간(H/日)}}{\text{1일당 필요 수}} \times$ 가동율

❷ **작업 순서** … 작업자가 제품을 만들 때, 제품의 운반, 기계에의 탈착, 품질 확인 등, 사람이 작업하는 순서를 정한다

❸ **표준재고** … 작업 순서를 반복하기 위해, 공정 내에 가지는 최소 중간 재고품.(설비에 붙어 있는 제품도 포함)

〈그림 2-15〉 표준작업의 3요소

다 순서가 바뀐다. 때문에 작업 도중 잊어버리거나 실패, 품질불량, 더 나아가서 재해가 발생하는 경우도 있게 된다.
- 동일 작업은 누가 작업해도 혹은 몇 번을 반복해도 같은 작업 순서로 진행되므로, 문제점을 파악하기 쉽고 개선도 가능하다.
- 작업순서를 제품의 가공순서와 착각하는 경우가 있는데, 정확하게 말하자면 공정순서이다.

③ 표준 재고(작업을 계속하기 위해서 최소한도로 필요로 하는 공정 내의 중간 재고)
- 공정 내의 표준 재고를 정하지 않으면, 공정별로 재고품(중간 재

❶ **공정별 능력표** … 각 공정의 생산 능력을 나타낸다
❷ **표준 작업 지도(수순)서** … 표준 작업의 수순을 정한 장표
❸ **표준 작업요령서** … 작업시 「특히 주의할 항목」기재
❹ **표준 작업조합표** … 각 공정의 수작업, 보행 시간 등을 명확히 하여 TACT TIME 내에서의 작업 내용을 나타낸 장표
❺ **표준 작업표** … 작업자의 작업 범위를 표시한 장표

· 작성 : 담당 현장의 감독자(반장·조장)
· 승인 : 담당 과장, 기술원

〈그림 2-16〉 표준서류

고)이 쌓이게 된다. 표준 재고 이상으로 제품을 만들지 않도록
한다.
- 표준 재고는 가능한 한 적게 책정한다.

표준서류에 관해서는 〈그림 2-16〉에 정리하였다. 이 중 ④와 ⑤는 문제점을 파악 할 수 있도록 위한 표이다.

① 공정별 능력표

부품을 각 공정에서 가공할 때, 각 공정(기계)의 생산능력을 나타내는 표이다(〈그림 2-17〉 참조). 수작업 시간, 기계의 자동 가동시간, 치구 교환시간을 기재하여 가공능력을 산출한다. 공정별 능력표를 작성하면 그 공정의 문제점이 명확히 드러나 개선의 단서가 된다.

② 표준작업지도서(순서 표)

작업자가 행하는 표준작업의 수순, 순서를 정한 표이다(〈그림

승인		부품별 공정별 능력표		품번	13612-88210		형식	RT75-M	소속	작성자
				품명	드라이브 샤프트		개수	1		
공정순서	공정명칭		기번	기본시간			치구 교환		가공능력	비고
				수작업시간 분 초	자동이동시간 분 초	완성시간 분 초	교환개수 개	교환시간 분 초	1개당 초	(250)
1	외형 애벌깎기		LA125	8	87	95	10	1 30	9.00	260	
2	외형 중 마무리깎기		LA126	8	84	92	10	1 30	9.00	270	
3	외형 마무리깎기		LA233	9	92	102	40	3 0	2.25	250	
4	틈새 깎기		M176	5	23	28	150	1 40	0.66	960	
5	구멍 뚫기		DR235	5	7	12	150	2 0	0.80	2100	
6	나사 절단		TP118	17	10	27	150	1 40	0.66	990	
7	품질 확인			3		3				9200	

주1) 1일2교대, 1교대당 가동시간 7시간40초
주2) 각 기계의 가공물은 1개씩

〈그림 2-17〉 공정별 능력표

신규 · 개정 2006년 9월25일 작성 | 전 페이지 중 페이지

승 인	표 준 작 업 지 도 서	품 번	41331-62010	필 요 수	500개/교대	소 속	작 성 자
		품 명	8인치 피니언	분 해 번 호	1/1		

No	작 업 내 용	품질 체크	품질 게이지	급 소 (정 확 하 게 · 안 전 하 게 · 손 쉽 게)	실작업시간 분	실작업시간 초	택트 타임	45 초
							소지소지량	4개
1	소재 꺼내기					2		·●표준소지량
2	톱니 애벌 절삭			·● ·+ 안전고글 착용		5		·+안전주의
3	톱니부분 대소선단 면 자르기			·●		6		·◇품질확인
4	톱니부 전진면 마무리절삭	전부		·● ·◇ 한도견본 참조할 것		6		
5	톱니부 후퇴부 마무리절삭	전부		·● ·◇ 한도견본 참조할 것		6		
6	핀 둘레 측정	전부	P1	· ◇ 링 게이지 검사		5		
7	완성품을 파렛트에 넣기			·교대로 두기		2		
8	1로 돌아감							
				총시간		32	변경	년 월 일

〈그림 2-18〉 표준작업지도서 : 기계공정

2-18〉 참조). 한 사람 분의 작업에 대해서 작업순서, 작업시간, 표준 재고, 품질 확인방법을 정한다. 작업자는 표준작업지도서대로

신규 · 개정 2006년 10월 5일 작성 | 전1페이지 중 1페이지

승 인	작업 요령서	공정명	8˚링기어 가공라인			작 성 자
		공정No	3	기번	LA-253	
		작업명	내형 중 마무리			

No	작 업 순 서	작 업 급 소	안 전	작업시간	1분 30초
1.	치구, 조임볼트 풀기	5밀리 L형 렌치 사용	미끄럼 조심	도형, 사진	
2.	치구 해체				
3.	치구 홀더부 청소				
4.	새로운 치구 설치	치구는 안쪽까지 넣을 것	미끄럼 조심		
5.	설치 상태 확인	느슨하지 않을 것			
				변경	년, 월, 일

〈그림 2-19〉 작업요령서 : 기계가공공정

작업을 하면 신속하고 안전하게 작업을 할 수 있고, 품질도 확보할 수 있다. 따라서 표준작업을 철저하게 준수해야만 한다.

③ 작업요령서
작업자가 작업 시에 특별히 주의할 사항이나, 복잡한 작업을 할 때에 작성하는 표이다(〈그림 2-19〉 참조). 작업요령서에는 기계, 설비의 조작, 치구 교환, 준비 교체, 부품의 가공, 조립, 검사, 운반 등의 작업에 대해서 작업의 급소, 품질 확인방법, 안전한 작업방법 등을 기입한다.

④ 표준작업조합표
각 공정의 작업에 대해서 수작업 시간이나 보행 시간을 명확히 하여, TACT TIME 내에서 어떤 작업을 하고 있는가를 실제로 조사, 측

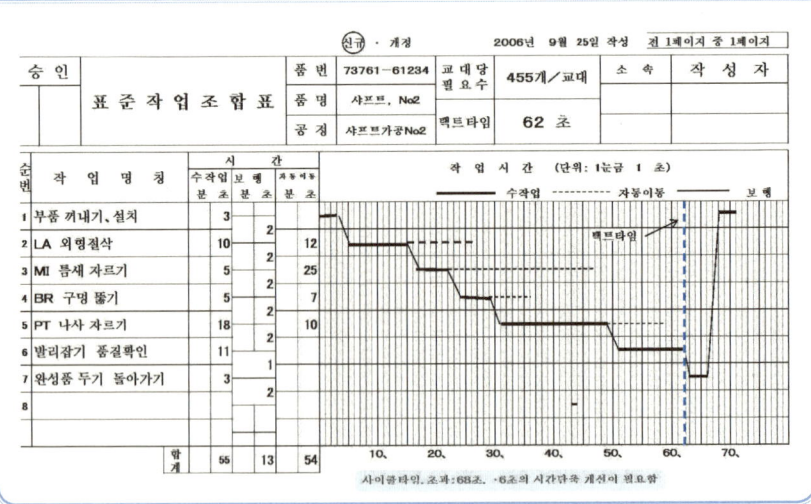

〈그림 2-20〉 표준작업 조합표

정하여 기입한다(《그림 2-20》참조). TACT TIME과 비교하여 대기시간(작업이 빨리 종료되어 발생한 시간 - 역자 주)이 발생하고 있는지, TACT TIME을 초과하는지를 명확히 한다. 표준작업조합표에는 (1) 표(表)표준: 개선을 위해서 현재 실제로 작업하고 있는 상황을 나타낸 것, (2) 정(正)표준 : 개선이 완료된 정식적인 표준작업을 나타낸 것, 이 두 가지가 있다.

⑤ 표준작업표
작업자 별로 작업범위(사람의 움직임)를 그림으로 나타낸 표이다(《그림 2-21》, 〈그림 2-22〉 참조). 사람의 움직임, 설비 배치, 부품 배치, 품질 확인, 안전 주의 등을 기입한다. 특히 사람의 움직임에 주목하여, 동선의 낭비가 없도록 개선한다.

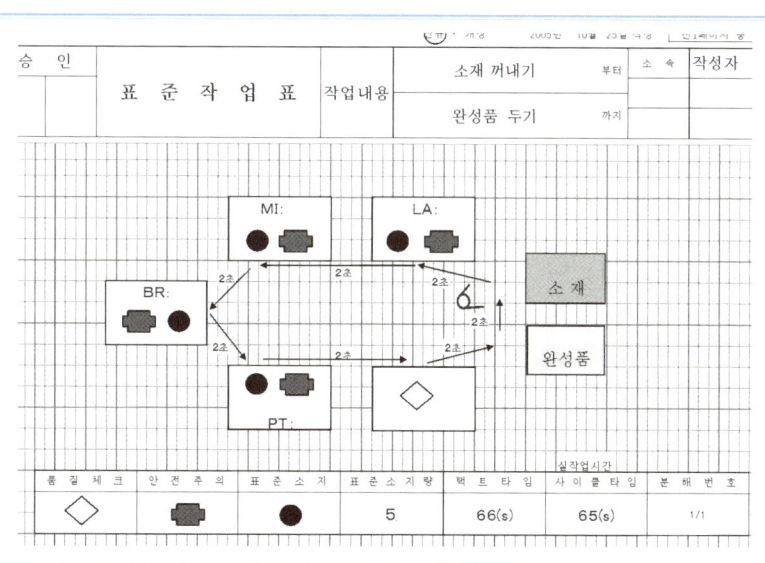

〈그림 2-21〉 표준작업표

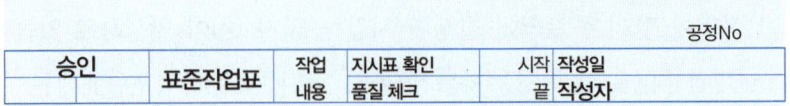

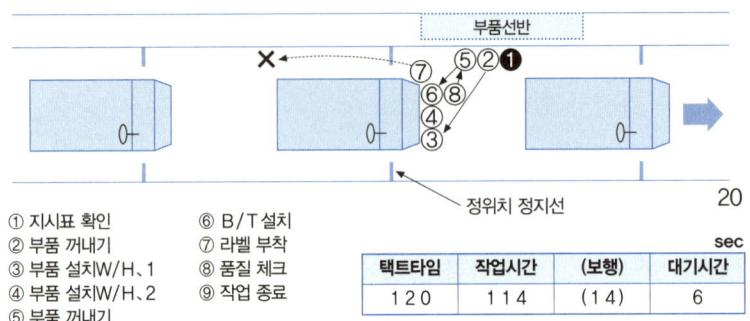

〈그림 2-22〉 표준작업표 : 조립공정

(2) 낭비의 삭감

낭비는 크게 7개로 나누어진다(〈그림 2-23〉 참조). ① 과잉생산, ② 대기, ③ 운반, ④ 가공 자체, ⑤ 재고, ⑥ 동작, ⑦ 불량품, 수정 발생의 낭비이다.

낭비의 절감이나 제거를 실시하고자 해도 무엇이 낭비인지 모르는 작업현장에서 낭비절감과 제거를 위한 개선은 제대로 진행되지 않는다. 누가 보아도 낭비라고 확실히 알 수 있어야 개선을 할 수 있기 때문에 낭비의 발견이야말로 개선을 위한 첫걸음이다.

낭비 작업을 쉽게 파악하기 위해서는 모든 낭비를 '대기의 낭비'로 전환시키는 것이다. 그렇게 하면, 낭비절감과 제거의 개선을 용이하게 진행시킬 수 있다. 포인트는 아래의 4가지이다.

낭비 발생의 종류(7대 낭비)   낭비=작업-부가가치

① **과잉 생산** … 예상해서, 선행 생산한다
② **대기** … 작업에 여유, 지시 대기, 재료 대기, 간섭 등
③ **운반** … 체류, 우회 운반, 다시 쌓기
④ **가공 그 자체** … 부가가치를 낳지 않는 가공
⑤ **재고** … 보관공간 증가, 운반구 증가, 시간변화 경과(품질 열화)
⑥ **동작** … 부가가치를 낳지 않는 움직임(보행, 집기, 놓기)
⑦ **불량품, 수정 발생** … 원재료, 공수, 에너지 손실

〈그림 2-23〉 낭비 절감 및 배제

① 표준작업지도서를 정비하여 표준작업을 준수시킨다. 표준작업 이외의 작업은 시키지 않는다.
② 컨베이어라인에서는 작업지역을 명시하여, 정 위치 내에서 작업을 한다.
③ 표준재고를 명확히 하여, 작업의 지연이나 진전을 명확히 한다.
④ 현장의 4S(정리, 정돈, 청소, 청결, 그 중에서 특히 정리와 정돈)를 장려한다.

(3) 개선의 추진 방법

개선을 할 때에는 현장작업을 잘 관찰하여 문제점을 발견하는 것이 중요하다. 그렇게 하기 위한 포인트를 〈그림 2-24〉에 표현하였다.

'개선은 무리이다. 할 수 없다'가 아니라, 어떻게 개선을 해야 하는가를 생각하는 것이 중요하다. 개선을 하는데 있어서 돈은 가능한 한 사용하지 않고, 머리를 사용하여 지혜를 짜낸다. 기존의 방법을 바꾸어 타성에 젖지 않도록 해야 한다.

현장을 관찰하여 현상을 잘 파악할 것

① 현장 작업 내용을 조사한다
② 각종 낭비를 제거한다
③ 작업의 재배분
④ 작업개선 → 설비개선
⑤ 개선을 위한 도구
⑥ 개선의 추진 방법 「공수 절감 활동」 낭비를 줄임 → 작업을 재배분 → 인원 삭감

〈그림 2-24〉 개선의 추진 방법

〈현장작업의 내용을 조사한다〉

현장작업의 내용을 조사하기 위해서는 표준작업조합표, 표준작업표를 작성하여, 현재의 작업실태를 분석하는 것이 중요하다(〈그림 2-25〉

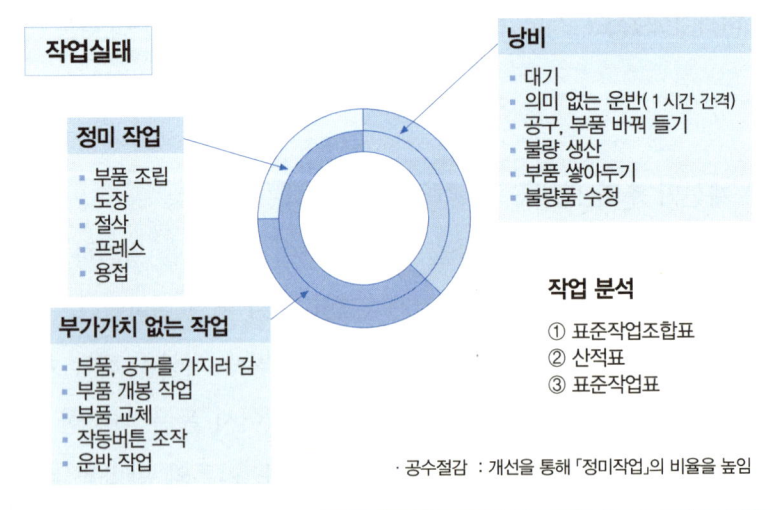

〈그림 2-25〉 현장작업의 내용조사 (사례)

참조). 그 포인트는 다음과 같다.

① 낭비 : 작업을 하는데 있어서 필요 없는 것. 개선 대상이다.

② 부가가치가 없는 작업 : 현재의 작업 조건에서 필요한 작업을 가리킨다.

③ 정미작업 : 부가가치를 높이는 작업으로, 부품을 직접 가공하거나 조립하는 작업이다.

개선이라는 것은 낭비를 없애고 '정미작업'의 비율을 얼마나 높이는가 하는 것이다. 이것이 공수절감으로 연결된다.

〈작업의 재배분〉

다음과 같은 순서로 진행한다.

① 산적표를 만들어서 작업자 전원이 각각의 작업공수를 명확히 한다.

② 개선을 진행하여, 각 공정의 작업시간이 짧아지면 작업을 재배분하여

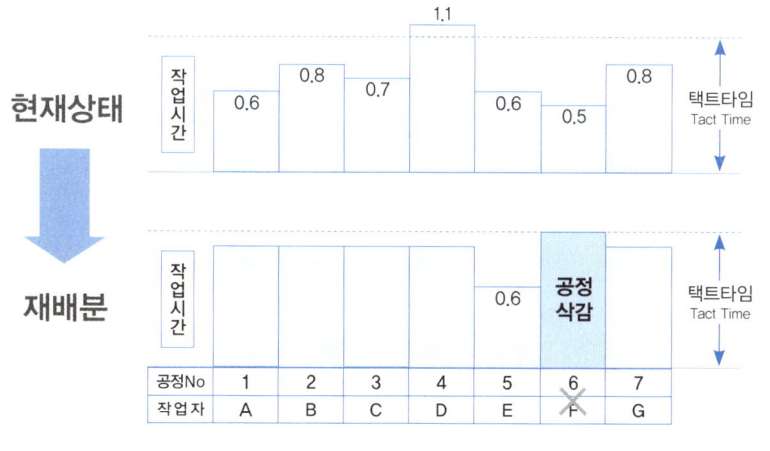

〈그림 2-26〉 작업의 재배분

작업의 공정 감축을 행한다. 〈그림 2-26〉에 나타난 예에서는 7공정에서 6공정으로 줄였다(공정 No.6의 감축).

③ 작업 재배분시, 작업의 여력은 하나의 공정에 집약한다(공정 No.5).
④ 작업 재배분시, 지금까지 작업에 여유가 있었던 사람이 TACT TIME이 꽉 찰 정도로 작업량을 높이면, 작업이 어려워진다(노동 강화)는 심리적인 저항을 갖게 된다. 그렇게 되면 개선에 협력하지 않게 되므로, 일의 양은 TACT TIME보다 약간 적게 책정하여 조금 여유를 두도록 한다.
⑤ 한층 나아간 개선을 시도한다. 공정 No.5의 감축에 도전한다.

〈작업개선과 설비개선〉

설비개선(설비개량)의 포인트는 다음과 같다(〈그림 2-27〉 참조).
① 돈이 든다. 개선의 주목적은 공수절감(인원을 줄이는 것)이다. 작업개선으로 가능함에도 불구하고, 돈을 들여서 설비 개량이나 신규 설비를 구

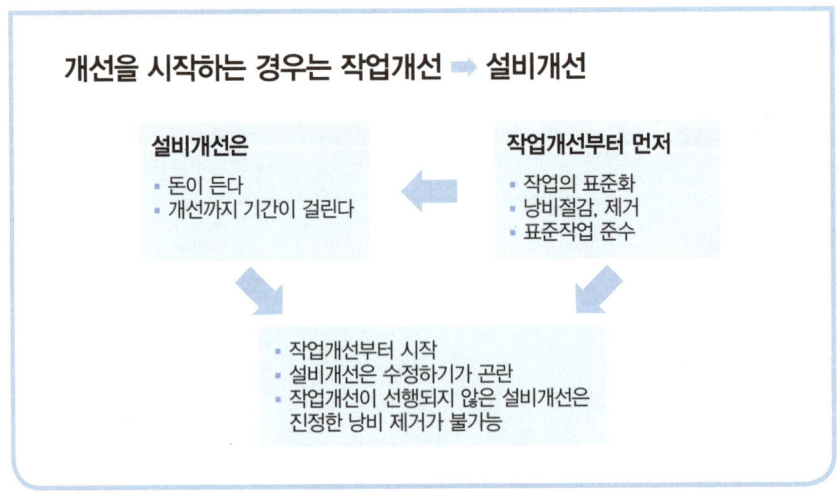

〈그림 2-27〉 작업개선과 설비개선

입하면 결국은 투자 낭비가 된다.
② 설비개선은 수정하기가 어렵다. 개선은 계획단계에서는 '이것이 최선'이라고 생각되어도, 실제로는 실패하는 경우가 있다. 작업개선이라면 간단히 고쳐나갈 수 있지만, 설비개선의 경우에는 수정을 하려고 하면 더 많은 돈이 든다.
③ 작업개선이 완료되지 않은 현장에서의 설비개선은 실패사례가 많고, 설비개선을 한 설비 자체를 사용하지 않는 경우도 있다.
④ 개선을 시도할 경우에는 작업개선, 표준작업의 준수를 하고 나서 설비개선을 한다

〈개선을 위한 도구(가시화)〉

개선을 위한 도구로서 가시화가 중요하다(〈그림 2-28〉 참조). 제조공정은 생산실태(생산의 지연, 진전, 이상 발생 공정 등)를 누구라도 금방 파악할 수 있도록 작업장을 정비한다. 생산관리판은 제조공정의 마지막에 표시한다(〈그림 2-29〉 참조). 특히 이상 발생 상황은 그 원인을 조사

- **눈으로 보이는 관리를 철저하게**
- **현장 상황을 누가 봐도 금방 알 수 있음**

1. 구획선(흰 선) 표시
   · 설비의 위치, 부품, 대차 놓는 곳, 작업장 범위, 통로 등, 구획선을 긋는다.
   · 4S를 철저히 지킴으로써, 이상이 생긴 것을 쉽게 파악할 수 있다.
2. 생산관리판
3. 안돈(생산관리 표시판)
4. 품질관리판

〈그림 2-28〉 개선을 위한 도구 (가시화)

- 제조 공정의 생산 상황을 나타낸다.
- 생산 실적, 이상 상황을 기입한다

기입자 :

〈예〉 〈생산 관리판〉

시간	생산 계획		실적		차이±		비고
08:00	—		—		—		
09:00	50,	50	45,	45	-5,	-5	· 설비 고장
10:00	60,	110	60,	105	0,	-5	
11:00	60,	170	60,	165	0,	-5	
12:00	60,	230	55,	220	-5,	-10	· 내경 불량품 발생
14:00	60,	290	62,	282	+2,	-8	
15:00	60,	350	61,	343	+1,	-7	

이하 생략   누적수

〈그림 2-29〉 생산관리판

하여 재발 방지를 한다.

〈안돈·품질 관리판〉

'안돈(지시등)'은 제조공정의 이상발생 정보를 신속하게 관리자, 감독자에게 알리기 위한 도구이다(〈그림 2-30〉 참조). 또한, 작업장의 품질 상태를 누가 봐도 알 수 있도록 품질관리판을 작성하여 품질 코너에 표시한다. 품질관리판의 내용은 다음과 같다.

① 문제 발생 추이표
② 이상 발생 상황과 재발 방지 보고
③ 품질 확인표
④ 불량품 전시
⑤ 뒷 공정에서의 문제 상황

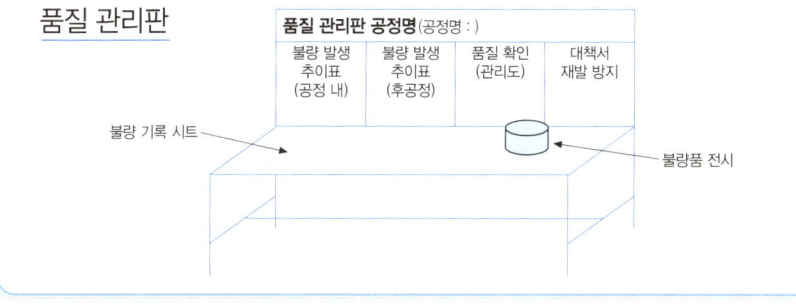

<그림 2-30> 안돈

① 작업자의 개선
- 대기 시간 삭감
- 보행 거리 단축
- 부품 취출 용이화
- 수작업 시간 단축(반자동)
- 설비의 감시자를 폐지

② 설비의 개선
- 낭비, 무리, 산포,배제
- 이송, BACK시간의 단축
- 가공시간이외의 작업 단축
- 순간 정지 대책

③ 재고절감의 개선
- 최대, 최소 재고량 관리
- 공정 재고 삭감(표준 재고)
- 순서 반입
- 다회 반입

④ 품질 향상
- 철저한 재발 방지
- 직행율 향상(라인외 수정 축소)
- 공정 내 보증 확립

<그림 2-31> 개선 착안점 (라인 정지를 두려워하지 않는다)

〈개선의 착안점〉

개선의 착안점을 〈그림 2-31〉에 정리하였다. 포인트는 '사람을 줄이는 방법'과 '라인 정지를 두려워하지 않는 것', 이 두 가지이다.

〈사람을 줄이는 방법〉

아무리 좋은 개선이라 해도, 작업자의 협력 없이는 실시하기가 어렵기 때문에 작업자의 충분한 협력과 이해를 얻을 필요가 있다. 더욱이 상사의 적극적인 대처가 없으면 개선이 진행되지 않는다.

① 개선 후에도 작업자의 작업에 여유시간이 있다는 것을 설명한다. 예를 들어, TACT TIME이 120초인데 자신의 일이 100초로 끝날 경우, 여유시간 20초는 매번 아무것도 하지 않고 대기한다. 선행 작업을 시키지 않으면 그 사람은 20초간의 여유가 있다는 것을 깨닫는다.

② 공정 감축으로 사람을 줄이는 경우에는 우수한 사람부터 빼낸다. 때때로 공정 감축을 위해서 작업을 잘 못하는 사람이나 작업하기 힘들어하는 사람, 익숙하지 않은 사람부터 빼내는 경향이 있다. 그렇게 해서는 공정에서 나와서 다른 공정에 간 사람이 숙련공으로 성장하는 것은 좀처럼 힘들다. 또한 성적이 나쁜 사람을 우선해서 빼내면 그 작업장의 분위기도 나쁘게 된다. 오히려 성적이 좋은 사람을 빼내면 그 사람은 성장한 것을 인정받은 것이 되고, 작업자의 적극적인 협력을 얻는 경우도 많다.

〈라인 정지를 두려워하지 않는 것〉

라인이 멈추지 않는 공정은 '훌륭한 라인'이거나 '상당히 나쁜 라인' 중 한 쪽이다.

① 상당히 나쁜 라인

대부분의 경우, 멈추지 않는 라인은 많은 사람을 데리고 있어 여유가 많으므로 문제가 가시화되지 않는다.

② 훌륭한 라인

개선을 위해 라인을 정지하는 것을 두려워하지 않고, 필요한 때에 과감히 라인을 멈춰서 항시 개선을 진행하고 있다.

5 품질의 개선

(1) 품질은 공정에서 달성한다

품질개선의 기본은 ① 뒷 공정은 고객이다, ② 뒷 공정에는 불량품을 보내지 않는다, ③ 품질확보를 위한 모든 책임은 품질을 결정하는 제조 부서에 있다(각 공정별로 품질을 확인해서 양품을 넘긴다) 등의 3가지이다. 작업자 한 사람 한 사람이 표준작업을 준수하고, 작업별로 품질을 확인하여 양품만을 뒷 공정에 넘기는 것이다.

〈불량품을 유출하지 않는다·만들지 않는다〉

불량품이 나오지 않게 하는 것이 최종목표이지만, 실제로는 불량품이 발생하는 경우가 있다. 이 불량품이 발생했을 때, 불량품이 확실히 검출될 수 있도록 하여 뒷 공정에 불량품을 넘기지 않는 것이 중요하다(〈그림 2-32〉 참조). 품질을 공정에서 확보하는 원칙은 다음과 같다.

- **불량품을 보내지 않고, 만들지 않는다**

목적		방식	도구, 수단
· 불량품을 보내지 않는다 · 양품만 만든다	· 이상을 판단	· 이상 시에 램프, 소리로 표시 · 자동 검사 장치로 판정 · 품질 체크 공정 설치	· 풀프루프장치 · 안돈 · 정위치, 정지 작업 · 자동 검사 장치 · 품질 체크 표준서
	· 이상이 생기면 멈춤	· 설비, 기계가 자동 정지 · 이상 시에는 사람이 멈추다	

- **공정 내에서의 품질보증 : 4원칙**
  ① 작업 순서 준수
  ② 자기 체크실시
  ③ 품질 상호확인 실시
  ④ 하기 힘든 작업 개선

- **검사 부서의 역할**
  ① 완성차 검사
  ② 제조공정 감사 업무
  ③ 재발 방지 활동
   (공정 내 검사원은 없음)

〈그림 2-32〉 불량품을 보내지 않고, 만들지 않는다

① 작업순서의 준수
  - 작업은 반드시 정해진 표준작업지도서의 작업순서대로 행한다.
  - 작업순서 위반의 경우에는 지도를 실시하고, 또한 표준작업지도서를 개정한다.
② 자기 체크 실시
  - 작업 실패가 많다.
  - 품질 불량이 자주 발생한다.
  - 작업순서를 지키기 어렵다.

이러한 경우에는 작업 종료 후에 반드시 품질에 대한 자기 확인 작업을 넣도록 한다.

③ 품질 상호확인
  - 불량이 자주 발생하는 작업항목은 뒷 공정 이후에 품질확인 작업을 실시하여 불량이 뒷 공정으로 유출되지 않도록 한다.

- **품질관리판** … 누구나 쉽게 품질 파악 가능
- **초물 검사** … 생산 조건이 변한 경우
  ① 작업을 개시할 때
  ② 작업자 교대
  ③ 금형 교체
  ④ 기계 수리 후

  생산을 시작한 뒤, 첫 제품에 대해 품질을 확인한다.

- **검사원의 진정한 목적** … ① 불량품 찾아내기
  ② 불량 재발 방지 활동을 스스로 실시 … 이것이 중요
  ③ 제조공정의 공정 감사 실시

〈그림 2-33〉 품질은 공정에서 달성한다

④ 어려운 작업의 개선
- 작업 순서를 지키기 힘든 공정
- 작업 자세가 나쁜 작업
- 작업실패가 나오기 쉬운 작업
- 품질불량이 발생하기 쉬운 작업
- 정 위치 정지 작업을 지키기 어려운 공정

등은 품질불량이 많이 발생하기 때문에 작업개선의 실시가 필요하다.

〈품질은 공정에서 달성한다〉 (〈그림 2-33〉 참조)

생산 상황이 바뀔 때에는 반드시 초기검사를 통해 품질확인을 실시해야 한다. 상황이 바뀌었음에도, 지금까지와 마찬가지라고 판단하여 검사를 실시하지 않은 탓에 불량품을 대량으로 생산하는 경우가 종종 있다. 또한, 초기검사품은 가능하다면 다음 품질확인 시까지 보관한다.

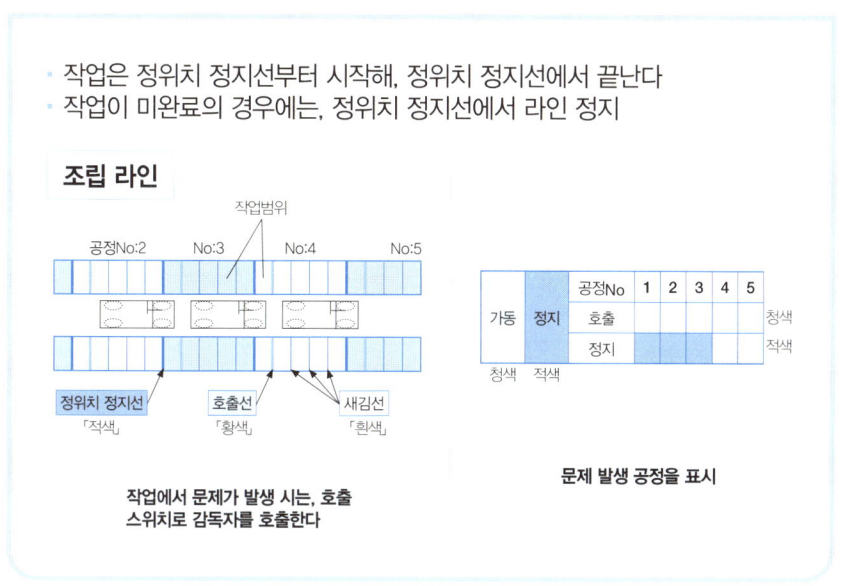

〈그림 2-34〉 정 위치 정지 작업방식

(2) 정 위치 정지 방식

정 위치 정지작업 방식의 포인트는 다음과 같다(〈그림 2-34〉, 〈그림 2-35〉 참조).
① 컨베이어라인에서의 작업은 정 위치에서 작업을 시작하고, 다음의 정 위치에서 작업을 완료한다.
② 작업이상이나 작업지연이 발생했을 때에는 작업자는 담당자를 부른다. 동시에 공정관리반(안돈)에 호출하고 있는 작업자의 번호(위치)가 표시된다.
③ 작업이상이나 작업지연의 처리가 다음 정 위치까지 멈추지 않으면 컨베이어라인은 자동으로 정지한다.
④ 표준작업을 준수하여 불량품은 뒷 공정으로 넘기지 않는다.

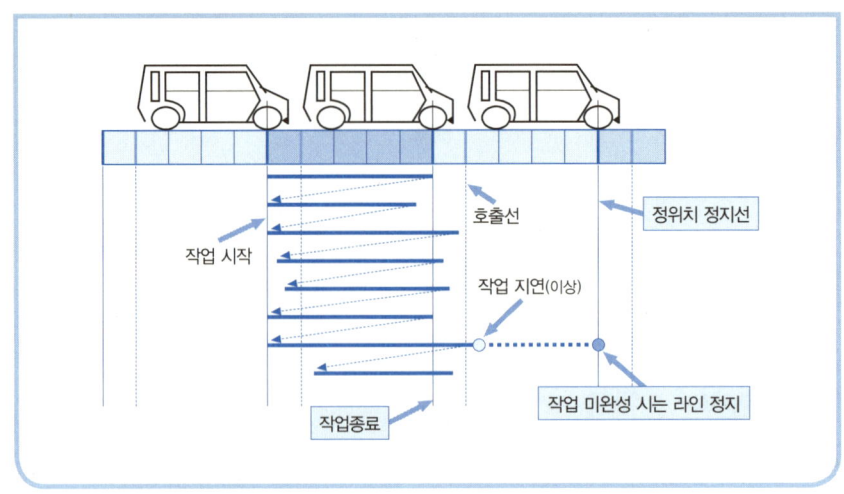

〈그림 2-35〉 정 위치 정지작업 (표준작업의 준수)

(3) 공정능력

공정능력의 포인트는 다음과 같다(〈그림 2-36〉 참조).
① 설비기계의 가공, 조립 정도의 분산 상태를 반드시 조사하여 공정능력을 파악한다.
② 공정능력에 따라 설비기계의 관리방법을 정한다.

판정	공정 능력 지수	대응 방법
○	$Cp \geqq 1.33$	안정 상태, 양호
△	$1.33 \geqq Cp \gg 1$	· $Cp ≒ 1$ 불량품이 흐름 · 불시 검사 · 중요 품질은 전수량 검사
×	$1 \geqq Cp$	· 전수량 검사 · 설비 기계의 정비, 교체

〈그림 2-36〉 공정능력의 확보

③ 공정능력지수는 다음과 같은 식으로 표시한다.

$$CP = T/6\sigma p \text{ (양측 규격의 경우)} \quad (T = 공차, \sigma p = 표준 편차)$$

(4) 풀프루프장치

품질불량, 설비기계의 문제나 고장, 작업의 순간적인 미스 등에 대해서 작업자가 매 번 신경 쓰지 않아도 자연스럽게 알 수 있도록 만들거나 미리 제거하는 선순환 구조(원리, 장치)이다(《그림 2-37》 참조).
① 작업자의 순간적인 미스를 방지하는 선순환 구조, ② 설비기계나 제품에 문제가 있으면 검사 후 인식하여 가공을 하지 않는 선순환 구조 등 두 종류가 있다.

불량품의 유출 방지

인간의 오감으로 인식

〈예〉 ① 색 표시, 식별 마크를 붙인다
② 유사 부품, 재료의 위치는 구분판, 공간을 만든다
③ 손 감각으로 식별 가능하게 한다
④ 주의사항 표시(크게, 눈에 띄게)

기계 장치에 의한 방법

① 오품의 경우는 치구에 부착하지 않는다
② 불량 발생시는 기계가 멈춘다
③ 작업 미스가 있으면 설비가 움직이지 않는다
④ 작업누락의 경우는 뒷 공정에서 설비가 멈춘다

풀프루프 장치가 작동한 경우 : 기계·설비의 정지, 램프 점등, 경고음 발생

〈그림 2-37〉 풀프루프장치 (Failsafe Devices)

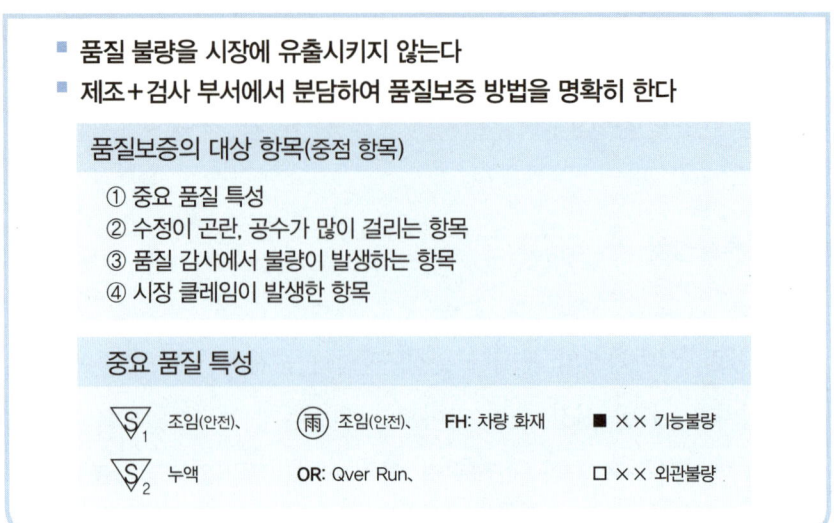

〈그림 2-38〉 품질합격 공정 만들기

(5) 품질 합격 공정 만들기

품질문제를 뒷 공정이나 시장에 보내지 않기 위해서 제조공정 내에서

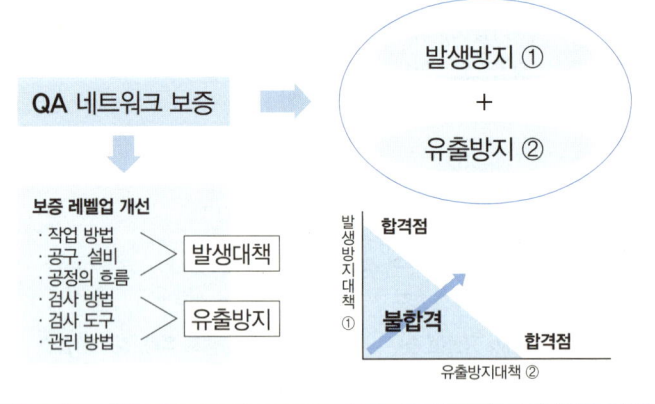

〈그림 2-39〉 네트워크로 공정보증

보증도	제조 공정의 보증 내용
◎	· 풀프루프 장치가 설치되어 있다 · 가공, 조립 공정 도중에서 꼭 발견된다
○	· 자주+상호 검사 : 전체 수량 품질확인 공정이 있다
△ (원)	· 자주 검사 혹은 상호 검사 공정만 실시
△	· 불시로 품질 확인 · 조건 관리를 실시하고 있다 * *조건 관리 : 작업순서의 일련화, 선두 작업 등을 실시함
×	· 특별히 없다

〈그림 2-40〉 발생방지 : 보증방법

의 품질보증 방법을 명확히 하기 위한 선순환 구조이다(〈그림 2-38~2-42〉 참조).

작업방법에서의 품질의 보증도를 명확히 한다. 보증도가 낮은 작업은 보증도 향상의 개선이나 품질확인 방법의 보증도를 향상시킨다. 품질확인방법의 보증도가 낮을 때에는 작업방법의 보증도를 높인다. 또한, 일

- 제조에서 품질 불량을 유출한 경우, 검사 공정에서 발견할 수 있는가?

보증도	제조 공정의 보증 내용
◎	· 검사 설비에서 전량 확인하고 있다
○	· 검사구, 혹은「시선, 손 감각」+확인 도장을 찍는다. (불량은 100%발견 가능)
△	· 시선만, 손 감각만, 체감만으로 실시하는 검사
×	· 검사 공정(항목)없음

〈그림 2-41〉 유출방지 : 보증방법

- 아래 기준을 만족할 수 있도록, 개선한다

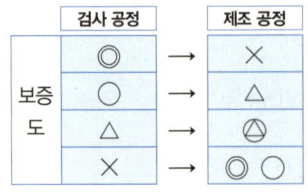
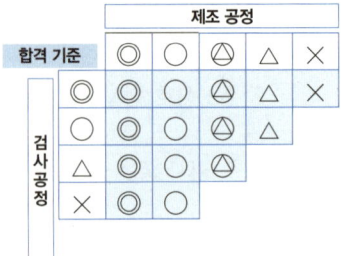

품질 보증도 일람표

No	검사공정						제조공정							판정
	검사항목	중요도	◎	○	△	×	작업명	요령서	공정No	◎	○	△	×	

〈그림 2-42〉 품질합격 공정만들기

람표를 작성하여 문제점을 명확히 하고, 보증도가 낮은 항목은 개선을 실시한다.

(6) QC서클 활동

QC서클의 정의와 목적은 〈그림 2-43〉과 같다. 또한, QC서클의 마음가짐은 다음과 같은 10개의 항목으로 나타낸다.
　①자기계발에 노력한다.

QC서클
- 동일 현장에서 주로 품질 향상 개선을 자주적으로 실시하는 것
  소 그룹(5~10명)으로 구성

QC서클 활동의 목적
① 현장의 체질 개선, 강한 현장을 만든다
② 일하는 보람이 있으며, 밝고 활력 넘치는 현장을 만든다
③ 활동을 통해서, 각자의 능력을 높인다
   * 활동은 자주적, 전원 참가가 원칙

〈그림 2-43〉 QC서클 활동

②자주성을 존중한다.
③그룹으로 활동한다.
④전원이 참여하는 활동이다.
⑤QC수법을 활용한다.
⑥활동은 적극적으로 한다.
⑦상호개발에 노력한다.
⑧창의적인 생각을 하기 위해 노력한다.
⑨조직에서 상시적으로 운영하는 정착한 활동이다.
⑩품질의식, 문제의식, 개선의식을 가진다

QC서클에서 채택한 과제를 〈그림 2-44〉처럼 나타낸다. 현장직원들의

기존에는 품질 관계 개선이 중점이었지만, 현재는 현장의 문제도 대상이 되고 있다.
① 품질불량 대책, 품질 향상
② 생산원가 절감
③ 생산량 증가
④ 현장 도덕 향상
⑤ 현장 내 안전, 교통 안전 확보
   * 과제는 각 서클이 자주적으로 정해, 상사의 승인을 받는다

〈그림 2-44〉 QC서클 활동의 과제

① 테마(과제) 선정 ‥ 전원의 합의로 결정
② 현황 파악과 목표설정
③ 활동 실시계획서 작성 ‥ 활동기간 : 3~6개월
④ 요인해석 ‥ QC수법 활용
⑤ 개선내용 검토
⑥ 개선 실시
⑦ 효과 확인
⑧ 개선결과의 표준화
⑨ 성과 발표회
⑩ 다음 테마 선정

1 : 파렛트도
2 : 특성 요인도
3 : 층별
4 : 체크 시트
5 : 히스토그램
6 : 관리도
7 : 도수 분석표(산포도)

〈그림 2-45〉 QC서클 활동 실시내용

작업장에 있는 모든 문제점을 파악해서 개선하는 활동을 통해 개개인의 성장과 능력의 향상을 도모할 수 있다.

활동실시 내용을 나타낸 것이 〈그림 2-45〉이다. 선정된 테마 별로 테마 리더를 결정하여 활동을 추진한다. 테마 리더는 팀 내에서 순서로 정하고, 멤버 전원이 경험할 수 있도록 하는 것이 중요하다.

6

안전·보전

(1) 안전은 모든 것에 우선한다

작업장을 확보하는 활동의 기본을 정리한 것이 〈그림 2-46〉이다. 설비기계는 망가져도 돈을 들이면 복원할 수 있지만, 사람의 몸은 다치면 완전하게 회복할 수 없는 경우가 있다. 사망사고 등의 재해에 이르면 돈으로는 해결할 수가 없다(엎질러진 물은 다시 담을 수 없다). 작업장의

작업장 안전을 확보하는 활동
① 작업장의 4S(정리·정돈·청결·청소) ② 위험 예지 활동 ···교육, 훈련
③ 위험 상황의 경험, 제안 제도   ④ 안전 우량부서 인정 제도
⑤ 안전에 관한 「풀프루프장치」설치

〈그림 2-46〉 안전은 모든 것에 우선한다

안전 확보는 그 무엇보다 우선시 되어야 한다.

공수절감과 안전 확보는 얼핏 보면 상반되는 것처럼 보이지만 매우 깊은 관련이 있다. 하지 않아도 좋은 일, 하기 어려운 일, 무리한 작업, 급하게 하는 작업 등에서 재해가 발생하는 경우가 많다. 따라서 그러한 작업개선을 통해서 공수절감도 도모할 수 있다.

안전을 확보하는 작업장에서의 활동 포인트는 다음과 같다.

① 작업장의 4S(정리, 정돈, 청소, 청결)
  - 작업장의 4S는 생산현장의 안전을 확보하기 위한 기본요소이다.

② 위험 예지 활동
  - 안전한 작업장을 만들기 위해 작업수행자가 전원 참여하여 위험한 곳이나 위험한 행위를 사전에 발견하고 대책을 세우는 것이다.

③ 재해가 발생하기 전에 그 잠재원인을 없애는 차원에서 작업을 수행하다가 '뜨끔했다'던지, '진땀을 뺐다'는 위험을 느낄 때에는 해당 사항을 수정하기 위해 제안하는 제도를 만든다.

④ 안전 우량부서 인정 제도
  - 제조부장이 각 작업장을 심사하여 표준작업을 준수하며 안전한 작업을 실시하고 있고, 안전에 관한 상황이 유지·개선되고 있다고 판단될 경우에는 안전 우량부서로 인정한다(인정기간은 6개월로 하여, 6개월마다 재확인 심사를 실시한다).

⑤ 안전에 관한 '풀프루프장치' 설치
  - 아무리 주의를 해서 작업을 해도 실패하거나 착각, 또는 깜박하는 일들이 발생하는 경우가 있다. 그렇기 때문에 재해가 발생할 위험이 있는 설비에 대해서는 '풀프루프장치'를 설치한다. 예

를 들면, 세이프티 플러그(Safety Plug), 세이프티 스위치(Safety Switch), 양손 올리기, 도어 기동 스위치, 안전대책 등이다.

(2) 설비보전

설비보전은 설비사용부서와 보전전용부서가 협력하여 실시하는 것이 중요하다(〈그림 2-47〉 참조). 설비보전은 자주보전과 전문보전의 2종류로 나눌 수 있다.

〈자주보전〉
① '자기가 사용하는 설비는, 자기가 지킨다'는 것이다. 작업장에서 사용하고 있는 설비는 사용부서에서 보전활동을 한다.
② 설비의 청소, 일상점검, 급유, 나사 조임 확인, 설비고장의 복귀 작업, 간단한 예방보전, 부품의 사전교체 등의 개선을 실시한다.

설비보전을 확실하게 실시, 가동률(可動率) : 100%목표

❶ **자주보전** … 제조부서에서 실시

제 1단계	제 2단계	
① 청소 ② 일상 점검 ③ 정기 점검 ④ 정비, 조정 ⑤ 일시정지, 복귀작업	① 작은 개선 ② 정기 급유 ③ 정기 교환 ④ 일상 수리(부품 교환)	· 설비 기능, 성능을 안다 · 정상인지 이상인지를 안다 · 보전의 지식 습득, 기능을 몸에 익힌다

❷ **전문보전** … 보전전문부서가 행한다
- 예방보전 … 계획적으로 실시한다
- 사후보전 … 수리시간 단축(KY훈련, 예비품 정비)

〈그림 2-47〉 설비보전

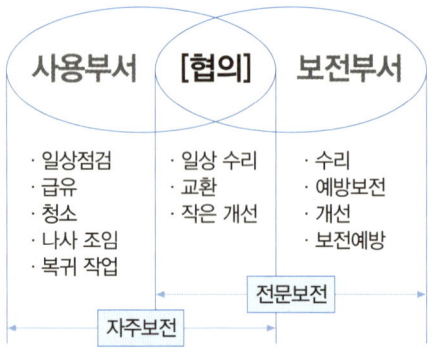

〈그림 2-48〉 사용부서와 보전부서의 관계

〈전문보전〉

① 예방보전 : 설비보전을 계획적으로 실시하여 고장이나 이상 발생을 미연에 방지한다.

② 사후보전 : 설비가 고장 나서 사용불가능하게 되었을 때 수리를 하여 원래 상태로 복원시키는 것. 수리시간을 단축하기 위한 개선이 필요하다. 설비보전의 담당항목은 사용부서와 보전부서의 협의에 따라 결정하지만, 사용부서에서 실시한 항목은 가능한 한 많은 것이 중요하다(〈그림 2-48〉 참조).

7
일하는 보람이 있는 **현장 만들기**

(1) 관리·감독자의 역할

일하는 보람이 있는 현장을 만들기 위해서는 윗사람의 역할이 중요하다(《그림 2-49》 참조). 관리자, 감독자는 아래와 같은 6가지의 마음가짐이 필요하다.
① 항상 현장을 관찰한다.
- 담당 작업장의 현장에 대해서는 모두 파악해야 한다.
- 매일 현장에서 무엇이 일어나는지를 파악하고 있어야 하며, 동시에 문제점에 대한 대책, 개선을 진행해야 한다.
② 항상 부하직원을 지도하고, 육성한다.
- 부하직원의 일이나 작업 상황을 잘 보고, 필요한 지도나 교육을 계획적으로 실시한다. 특히 작업의 감각, 요령, 이상 처리 방법에

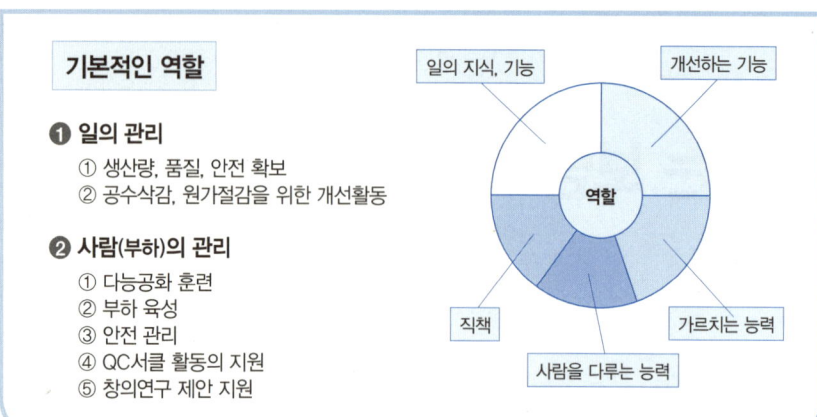

〈그림 2-49〉 관리, 감독자의 역할

　　대해서 지도한다. 표준작업을 준수하지 않을 경우에는 즉시 주의시킨다.

③ 넓은 시야로 보고, 지시는 전체적으로 판단한다.
- 현장에서 발생한 여러 문제에 대해서 항상 해당부서의 관점으로만 생각하고 판단해서는 안 된다. 앞 공정과 뒷 공정, 외주 등과의 영향을 잘 파악하여 판단하고 지시해야 한다.

④ 감독자가 현장작업에 참여한다.
- 감독자가 현장작업에 참여하는 경우는 (1) 작업자가 결근하여 잔업시간에 요원부족이 발생했을 때에 실시한다, (2) 문제공정의 개선을 위해서 실제로 작업을 하는 작업 순서나 하기 어려운 작업을 확인한다, (3) 작업자의 작업지연이나 이상이 발생했을 때 보조작업을 한다.
- 감독자는 단순히 할 일이 없다고 해서 적당히 현장에 참여하여 일을 도와서는 안 된다.
- 감독자가 현장에 들어가서 일을 하는 데 있어서는 항상 문제점

을 발견해서 작업개선을 하겠다는 진취적인 자세가 필요하다.
⑤ 새로운 지식, 기술의 흡수
- 제품, 설비, 공법 등은 계속하여 진화하고 있기 때문에 항상 새로운 지식과 기술을 흡수하여 대응할 수 있도록 한다.
⑥ 일하는 보람이 있는 현장 만들기
- 작업자와 상호교류를 하는 것이 중요하다.
- 항상 작업자의 기술향상(다능공화)을 어떻게 시킬 지 고민해야 한다.
- 하기 어려운 작업, 낭비절감 또는 제거에 있어서 작업자와 일체가 되어 대응하고, 더 나아가 작업자의 의견을 생각해서 개선하면, 작업자들로 하여금 하고자 하는 의욕이 높아지도록 만들 수 있다.

(2) 다능공화

작업자가 담당하는 공정을 계획적으로 교대시켜서 각 작업자에게 여러 작업을 습득시키는 직무순환을 실시할 수 있다. 이를 통해 작업자의 기능과 능력의 향상을 도모할 수 있다(《그림 2-50》 참조). 또한, 작업자들끼리 서로가 수행해 온 작업들을 경험함으로써 하기 어려운 작업이나 품질불량 발생의 요인을 발견하고 개선을 추진할 수 있다.

작업자들 사이에 협력이 가능한 것과 작업의 타성을 방지하는 것도 중요하다. 생산량이 변동했을 때는 TACT TIME도 변하고 작업내용도 변한다. 이에 쉽게 대응할 수 있도록 작업자들의 다능공화가 필요하다.

目標 : 3공정 이상 / 인(人)

No	공정명, 작업 내용	이름				
1	엔진 탑재					
2	Rr 액셀 탑재					
3	배기관 부착					
4	타이어 부착					

평가
- 전혀 할 수 없음
- 조금 할 수 있음
- 거의 할 수 있음
- 혼자서 할 수 있음
- 다른 사람에게 가르칠 수 있음

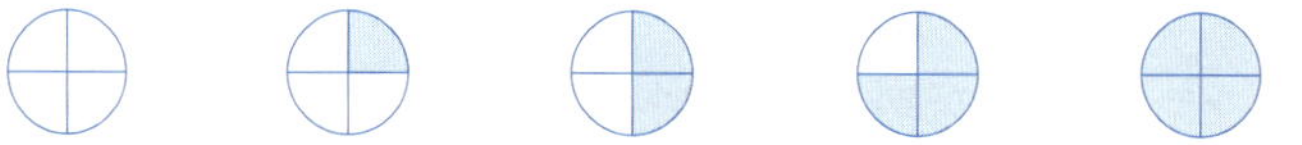

〈그림 2-50〉 다능공화를 위한 직무순환 실시

(3) 창의연구 제안제도

창의연구 제안제도는 기존의 제안제도가 개선의 실시를 마친 내용이

작업원이 일상 업무 중에서 생산성, 품질, 안전성의 향상, 원가절감에 대해서 개선결과를 제안하는 제도

제안 평가 내용
① 효과A(유형) ·· 인원 삭감, 원가절감, 설비투자 삭감
② 효과B(무형) ·· 공수 및 공간 축소, 안전성, 환경, 품질의 향상
③ 이용도 ·· 다른 공장이나 부문으로 확대가 가능한가
④ 독창성
⑤ 착상성
⑥ 노력도

· 상금액 : 500円~200,000円
· 연간 표창 : 직장 표창, 개인 표창 있음

〈그림 2-51〉 창의연구 제안제도

나 아이디어만으로는 효과의 판정이 불가능하기 때문에 부서 내에서 창의적 시각을 가지고 협동하여 아이디어를 구체화한 다음, 개선을 실시하고 제안하는 것이 중요하다(〈그림 2-51〉 참조).

part 3

품질보증

1

품질보증의 **기본**

Total TPS에서는 특히 품질보증에 중점을 두고 있다. 앞서 살펴본 바와 같이, 기존의 TPS에서 품질은 해당공정에서 완성한다는 포인트는 '인변 자동화'에 있었다. 필자를 포함해서 Total TPS를 수행하고 있는 사람은 그 인변 자동화의 개념을 출발점으로 해서 20년간 품질향상을 위해 진지하게 노력을 해 왔다. 품질향상에 대한 생각도 함께 바뀌어 발전해 온 것이다.

여기서 다시 한 번 확인하면, 품질의 기본은 '고객 제일주의'이다. 제품을 개발, 제조해서 고객에게 전달하면 고객이 품질을 평가, 판단한다. 여기에서 말하는 품질이란 품질 자체의 성능뿐만 아니라, '이 정도의 품질이라면 이 가격으로'라는 고객의 판단, 즉 상품가치도 존재한다.

특히 자동차의 경우에는 사람의 목숨이 달려 있으므로 품질이 더욱 중요하다. 불량품 하나가 경우에 따라서는 인적·물적으로 피해가 발생하여 고객에게 커다란 피해로 이어지기도 한다. 불량이 발생함으로써 고객에게 피해를 끼칠 경우에 제조회사는 고액의 손해배상을 해야 하는 등의 여러 비용도 발생한다. 나아가서, 그 회사의 부품·제품의 신뢰를 무너뜨리게 되고, 회사는 이미지에 큰 타격을 받게 된다. 자동차는 고가의 상품이며 사용기간도 10년 이상이기 때문에, 내부적인 품질에도 중점을 두어 여러 측면에서 개량을 하여야 한다. 도요타는 그 덕분에 고객으로부터 높은 신뢰를 얻었지만 신뢰가 높은 탓에 불량을 냈을 때의 이미지 하락은 그만큼 커다란 타격이 되는 것이다.

품질에 대해서 고객은 당연히 좋은 품질, 나아가 매력적인 품질을 요구한다. 반면에 기업에서는 사내에서 만든 품질의 규격이 전부이다. 그 사내규격에 준하여 모든 것을 판단한다. 이것을 〈그림 3-1〉에서 설명하고자 한다. '마이너스 품질'은 규격의 하한선 이하를 나타낸다. 이는 일반적으로 품질불량이라 일컫는다. 사내에서 결정한 품질의 합격범위는 규격의 하한에서 규격의 상한까지 전부 포함하는 것이다. 이 규격의 범위에 들어가면 양품, 즉 합격이며 품질은 좋다고 판단한다.

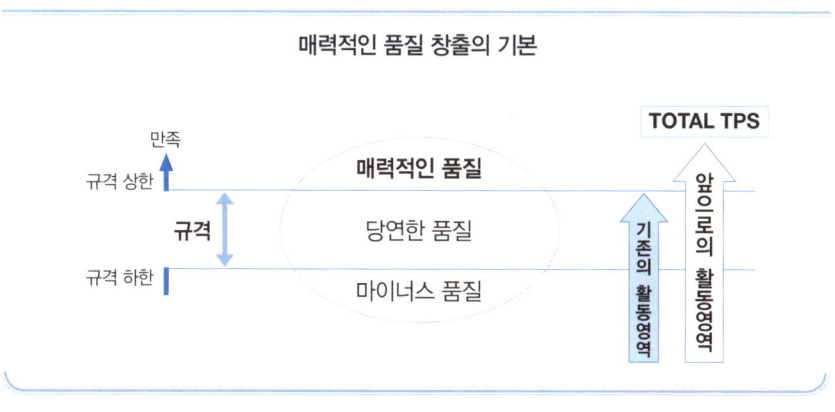

〈그림 3-1〉 품질평가에 대한 고객의 입장

이러한 품질보증은 중요한 것이지만 소비자는 그 이상의 매력적인 품질을 원하는 경우가 종종 있다. 그래서 소비자들의 요구를 수시로 파악하고, 사내 품질규격을 소비자의 기대사항에 맞추어 나가기 위해서 항상 소비자가 요구하는 수준까지 품질을 끌어올려야 한다. 이것이 훌륭한 품질보증 활동인 것이다.

대부분의 기업들은 품질에 대한 사내규격을 만들고, 그 규격에 안주하여 규격을 지키는 것만이 회사의 품질보증 활동이 되는 경우가 대단히 많다. 그러나 다만 품질규격에 적합한지의 여부를 넘어서 그 이상의 품질을 추구하는 것도 중요한 품질보증 활동이다. 결국, 항상 고객의 관점에서 품질을 생각할 필요가 있는 것이다.

2 도요타의 품질보증

도요타의 품질향상 활동의 목표는 불량제로이다. 실제로 불량제로 달성은 대단히 어렵다는 것을 잘 알지만, 불량제로를 목표로 하지 않는 이상에는 불량발생을 최소한으로 줄이기 어렵다. 도요타에서는 불량제로를 달성하기 위해서 여러 활동을 계속해 왔다. 도요타의 품질향상 활동은 앞에서 설명한 기존의 TPS 사상 중에서 '인변 자동화'에서 시작하여 계속 발전해 왔다(〈그림 3-2〉 참조).

도요타의 품질보증은 아래의 ①~⑤의 자공정완결시스템에서 이루어진다.

① 공정 내에서의 품질보증 – 인변 자동화(Jidouka)
② 품질보증 네트워크(QM Matrix, QA Network)
③ 자공정완결(Quality Moduled, Quality Built In Process)
④ 선행 품질보증(QA in Advance)
⑤ 종업원과 현장의 활성화(Quickening Factory; QF)에 의한 품질 향상

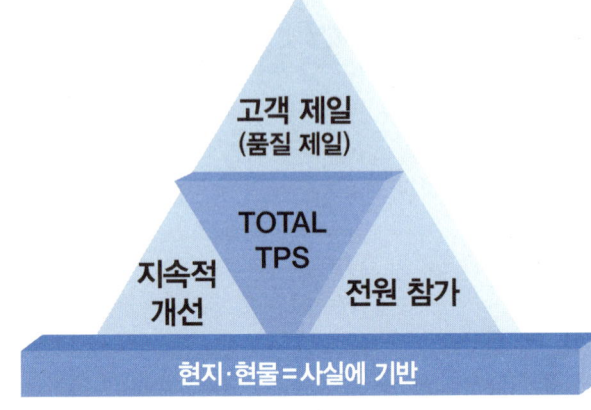

〈그림 3-2〉 도요타의 품질보증 (품질목표 = 품질불량 제로를 추구)

    기존 TPS의 3대 기둥인 인변 자동화는 사람을 줄이는 측면보다는 품질 측면에 특화해서 발전해 왔다. 기본적으로는 자주연구(자주연)의 활동에 의해 실질적인 자주적, 민주적 개선활동이 시작되었고, 품질보증 활동 또한 활발하게 진행, 발전하였다.

    품질을 확보하기 위해서는 품질개선을 지속적으로 실시하는 것이 중요하며, 전원이 품질개선에 참가해야만 한다. 가장 중요한 것은 현지·현물을 기본으로 하여 사실을 바탕으로 한 원인 탐색과 해결방안을 모색하는 것이다(〈그림 3-3〉 참조).

    일반적으로 품질관리는 이론적이며, 숫자나 데이터 등의 통계적 해석에만 중점을 두고 있다. 그러나 취득한 데이터는 실제 생산현장에서 현지·현물의 실태를 정확히 나타내지 못하며, 여러 현상·사실의 일부만을 표시할 뿐이다. 따라서 데이터만을 처리하다보면 현지·현물을 바탕으로

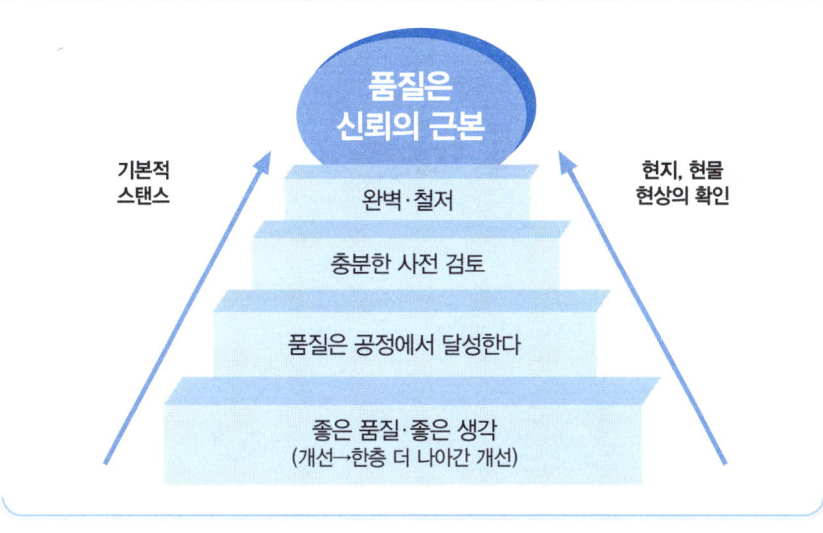

〈그림 3-3〉 고객제일, 품질제일

한 품질관리가 이루어지지 못할 소지가 충분히 있다. 분석자에 의해 자료가 왜곡되거나 잘못 해석될 수도 있다. 그렇기 때문에 항상 현지·현물에 준하여 문제점을 조사·해석하고, 원인을 추구해 가는 것이 중요하다.

현지·현물에 가장 가까운 사람은 생산부문의 작업자다. 이들이 품질향상의 열쇠를 쥐고 있기 때문에 현지·현물에 가장 가까운 작업자 전원이 참가하는 품질향상 활동이 중요하다. Total TPS의 품질보증의 기본사상은 검사단계에서 품질을 완성하는 것이 아니라 제조공정에서 완성된다는 것이다. 그렇기 때문에 품질보증부나 품질관리부가 품질을 보증하는 것이 아니라 생산의 관리자 한 사람 한 사람이 품질을 보증해야만 하는 것이다.

3

자공정완결에 따른
품질보증

(1) 공정 내의 품질보증

　Total TPS의 품질보증 사상은 품질이 각 제조공정에서 완성된다는 것이다. 이러한 사상이 나중에 설명할 QM Matrix(도요타에서는 QA Network라고 함)나 자공정완결 등의 품질보증 사상·시스템으로 연결된다.
　품질보증의 기본은 먼저 불량을 만들지 않는 시스템을 조성하는 것이다. 불량이 발생했을 경우, 뒷 공정으로 불량이 넘어가지 않고 불량을 넘겨받지 않는 것이다. 다시 말하자면, 불량을 만들지 않고, 불량을 넘기지 않으며, 불량을 받지 않는 시스템을 만들어 가는 것이다(《그림 3-4》 참조). 이렇게 하여 품질이 보증되고 불량률이 줄어들게 되는데, 이것이 품질보증의 기본이다. 도요타는 이 품질보증 사상을 다음과 같은 표어로 나타내고 있다.

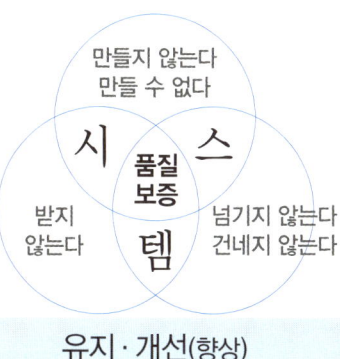

〈그림 3-4〉 품질보증이란 무엇인가

표어1 : 좋은 제품, 좋은 생각

이 표어는 예전부터 공장에 붙어 있었고 공장에 근무하는 전원이 이 표어를 보도록 하고 있다. 가시화 관리의 일환이기도 하지만, 이렇게 전원의 의식을 높임으로써 전원 참가형으로 품질을 완성해 가고자 하는 것이다. 도요타에서는 이것을 기본으로 제조공정에서 품질을 완성하는 품질개선을 활발히 전개해 왔다. 물론, 제조부·검사부(작업자도 포함)를 대상으로 한 품질관리 교육도 실시했다. 품질개선을 위해서 여러 사항을 검토하고, 시행착오를 거쳐서 오늘에 이른 것이다.

한편, 품질 개선의 기본이 되는 표어는 이것이다.

표어2 : 현지·현물

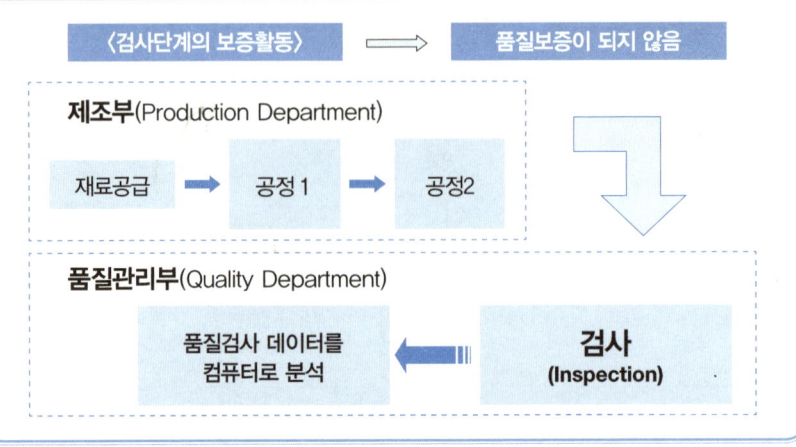

〈그림 3-5〉 기존의 품질보증 (Old Type)

이 표어가 도요타 품질개선의 기본이다. 이것을 실제 공장에 맞춰서 설명해 놓은 것이 〈그림 3-5〉이다. 대부분의 공장 제조부서는 이 그림처럼 되어 있으며, 공정의 순서는 재료 공급, 공정 1, 공정 2와 같이 진행된다. 여기까지는 제조부서가 담당한다. 다음은 만들어진 것을 검사(Inspection)한다. 여기에서 품질관리부나 품질보증부, 경우에 따라서 검사부가 담당한다.

다시 말해, 제조부와는 다른 부문인 품질관리부가 담당하는 것이다. 이 검사의 작업원은 검사부에 속해 있다. 한편, 각 공정의 작업원은 제조부에 속해 있다. 품질관리부는 이 검사의 데이터를 분석해서 컴퓨터에 보관하고 해석하는 경우가 대부분이다. 그렇지만 이러한 방법(일반적인 품질보증 시스템)으로는 좀처럼 불량이 줄어들지 않는다. 도요타도 긴 시간 동안 제조부와 품질관리부의 역할 분담을 해 왔지만, 제대로 성과가 나타나지 않았다.

왜냐하면 항상 제조부와 품질관리부가 충돌해서 싸움이 일어나기 때

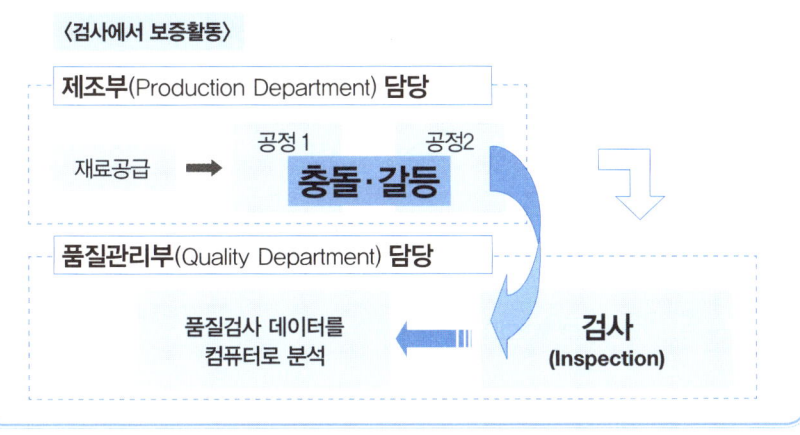

〈그림 3-6〉 기존 품질보증의 문제

문이다(〈그림 3-6〉 참조). 제조라인은 많든 적든 품질불량을 낼 수밖에 없다. 불량이 나왔을 때, 품질관리부는 제조부에 대해서 '어이가 없다', '불량을 내지마', '출하정지다', '라인을 정지시킬 테다'라고 협박을 한다. 제조부는 제조부대로 '출하를 정지한다고? 말도 안 돼', '이 정도면 괜찮지 않은가'라고 반발하면서, 양자가 대립하게 되는 것이다. 결국 제조부는 '품질관리부는 이해력이 없다', '원래라면 우리 제조부가 잘못된 게 아니라, 설비를 만든 생산기술부가 나쁜 건데……', '설비가 불량을 내는 건데, 품질관리부는 그걸 모른다', '외주의 재료나 부품의 불량이 원인인데, 품질관리부는 전혀 이해해 주지 않는다' 등등 변명을 하게 되고, 여러 공정의 제조부가 품질관리부에 대해서 불신감을 갖게 된다. 도요타에서도 제조부와 품질관리부는 이러한 관계가 지속되었다.

그러나 이런 상태로는 해결이 불가능했으므로, 20년 전부터 이 관계를 바꾸어 왔다. 기존의 TPS에서는 '인변 자동화＝품질'이었지만, 이것을 더 발전시켜 공정에서 제품의 품질을 보증하기 위해 제품의 품질보증은

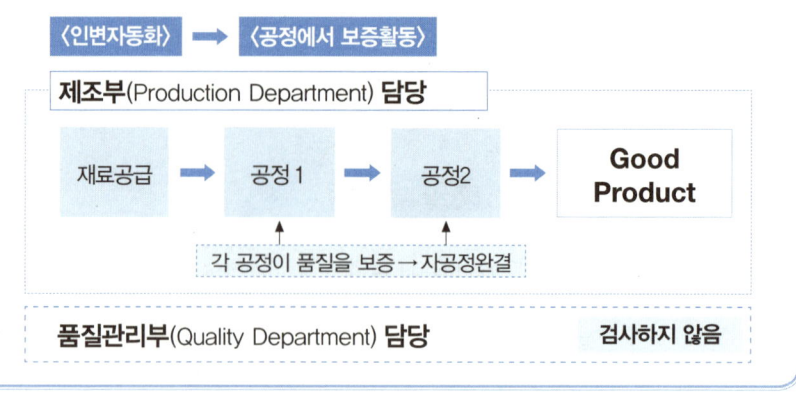

〈그림 3-7〉 완결공정에 의한 품질보증 (New Type)

제조부가 모두 담당하게 했다. 품질관리부(검사부)는 손을 떼고 제조부에 모든 책임을 묻는 것이다.

그때까지 각 제조부에 있는 생산라인 공정의 중간과 마지막에는 품질관리부 소속의 검사원이 배치되어 검사를 실시해왔다. 검사원은 제조부의 작업자와 구분하기 위해서, 노란색 모자를 착용했다. 제조부의 작업자는 파란색 모자다. 따라서 노란색 모자를 쓴 이 검사원을 제조부에 이적하도록 했다. 검사원 전원의 모자 색이 노란색에서 파란색으로 바뀌었던 것이다.

제조부가 품질에 대해서 책임을 진다는 것은 각각의 공정에서 품질을 보증한다는 것이다. 해당 공정은 스스로 품질을 보증하지 않으면 안 된다. 검사 없이도 좋은 제품이 만들어지도록 하기 위해서는 각 공정에서 검사원 없이도 품질을 보증할 수 있는 체계를 갖추어야 한다.

품질관리부는 내부제조 공정의 검사를 담당하지 않게 되면서 외주를 준 재료의 품질 확인이나, 부품 메이커로부터 납품된 부품의 품질보증 활동이 주요 업무가 되었다. 재료나 부품의 무검사 인수를 할 수 있는 수준까지 품질보증의 능력을 높이기 위하여 재료 메이커나 부품 메이커를 지도한 것이다.

현재는 재료 메이커나 부품 메이커의 품질보증 능력이 충분히 향상되었기 때문에 납품 받은 재료나 부품의 인수검사를 도요타가 실시할 필요가 없어졌다. 따라서 품질관리부는 품질보증 활동에 전념할 수 있게 되었다. 이러한 생각으로 바뀌게 된 제조부와 품질 관리부의 조직이나 인원의 배치를 나타낸 것이 〈그림 3-7〉이다.

앞에서 이야기한 것처럼, 제조부가 제품의 품질보증에 대해서 전 책임을 지며, 다른 부서에 책임을 전가할 수 없다. 그렇기 때문에 품질을 한층 더 보증하기 위해서 각 공정에서 품질을 완성한다. 즉, 다음과 같은 표어로 나타낼 수 있다.

① 불량을 만들지 않는다
② 불량을 후공정으로 보내지 않는다
③ 불량을 인수하지 않는다

〈그림 3-8〉 완결공정을 통한 품질보증

이 중에서 ①과 ②를 철저히 지키고 품질보증을 하기 위해, 〈그림 3-8〉와 같은 품질보증 시스템을 확립했다. 각 공정이 품질을 보증한다는 것은 각 공정에서 불량을 발생시키지 않고, 불량 발생 방지책에 대해서 여러 수단을 모색하는 것 등이다. 더 나아가 각 공정에서 불량이 나오면 뒷 공정으로 넘기지 않는다.

즉, 각 공정은 불량인지 아닌지를 스스로 확인하고, 검사해야만 한다. 각 공정에서 불량 유출을 방지하기 위해서는 해당 공정에서 만들어진 제품이 양품인지 불량품인지를 확인하지 않으면 안 된다. 각 공정이 자주적인 검사를 통해 '검사에서 합격하면 뒷 공정으로 넘겨라', '만일 불량이면 거기서 멈춰라'는 것이다.

공정을 멈춘다는 것은 그 공정이 불량이라고 인식했다는 것을 의미한다. 즉, 다른 부서인 품질관리부로부터 불량을 지적받은 것이 아니라 제조부 스스로 불량을 자각하고 있으며, 불량이 발생하면 라인을 멈춰 바로 대책을 취한다는 것이다. 이러한 방식에서는 불량 발생공정 자체가 원인공정이기 때문에 불량의 실제 원인을 빠르고 정확하게 파악할 수 있고, 신속한 품질개선 대응이 가능한 것이다.

기존의 품질보증 방식에서는 모든 공정이 종료한 다음에 제품을 검사했다. 이 방법으로는 각 공정을 통과한 라인의 마지막 부분에서만 불량이 발견된다. 예를 들어, 실제 원인이 '공정 p-1'에 있다고 하자. 검사공정에서 불량을 발견했을 때는, 이미 공정 p-1에서부터 검사에 이르기까지의 시간이 경과된 상태이다. 공정 p-1의 작업자도 언제 작업한 제품인지, 어떤 식으로 작업을 한 것인지, 이미 다 잊어버린 상태이기 때문에 불량 발생의 원인 해석이 곤란할 수밖에 없다.

게다가 전체 공정을 끝낸 후에 검사 공정을 설치한 회사에서는 불량의 원인해석에 금방 착수하는 경우가 드물다. 이런 회사에서는 검사공정에서 품질데이터를 만들어 컴퓨터에 입력하고, 입력된 품질수치를 품질관리부의 엔지니어가 해석한다. 그렇기 때문에 공정 p-1에서 불량이 발생한 시점으로부터 원인해석까지의 시간이 하루, 혹은 경우에 따라서 일주일까지도 걸린다.

이렇게 늦어지게 되면 원인해석에 아무리 힘을 쏟아도 진짜 원인을 파악하는 것은 힘들게 된다. 시간이 경과할수록 원인해석은 어려워지는 것이다. 많은 경우 문제를 충분히 해결하지 못하고 똑같은 품질 불량을 반복하게 된다. 품질 불량이 발생했을 경우, 바로 현지·현물에서 확인하지 않으면 불량원인 해명이 불가능하게 되는 것이다.

즉, ① 불량 발생 방지를 도모, ② 불량 유출 방지를 도모. 라고 하는 공정 품질보증 시스템을 Total TPS에서는 '자공정완결'이라고 한다.

(2) QM Matrix (QA Network)

품질보증 상태를 가시화한 것이 'QM Matrix'(도요타에서는 'QA Network'라고 함)다. 또, 불량의 ① 발생 대책과 ② 유출 방지 대책의 두 가지를 구분하여, 품질보증 방법을 명확히 하기 위해서 조합한 표를 'Quality Management Matrix'라고 하고 있다. 이렇게 불량의 발생 방지와 유출 방지를 조합하여 품질을 보증하고자 하는 것이 기본적인 생각이다(〈그림 3-9〉 참조).

〈그림 3-10〉을 사용하여 QM Matrix를 자세히 설명하고자 한다. QM Matrix라고 명명한 것은 그림에서와 같이 매트릭스를 사용하여 품질보

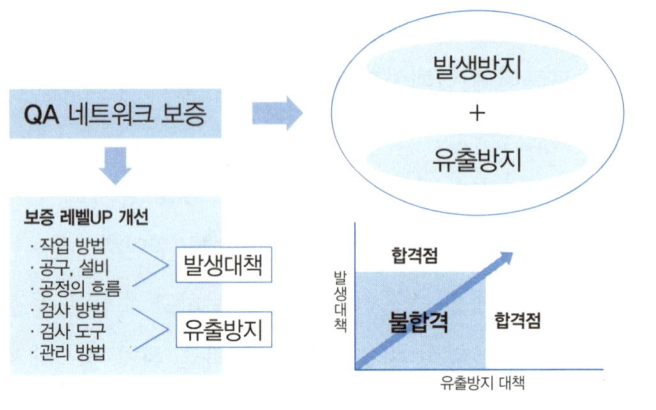

〈그림 3-9〉 QM Matrix (QA Network) 개념

증을 해석하기 때문이다. 이 매트릭스는 가로로는 발생 방지 관점에서의 품질보증, 세로로는 유출 방지 관점에서의 품질보증을 의미한다. 이렇게 가로와 세로의 두 가지 관점에서 품질을 생각한다는 것이다.

공정에서의 불량 발생을 방지한다는 것은 불량을 발생시키지 않게 하는 작업 방법이나 공구, 설비, 공정의 흐름을 만드는 것이다. 한편, 불량의 유출 방지를 위해서는 공정에서 발생한 품질불량을 제대로 검출할 필요가 있다. 양품인가 불량품인가를 그 공정에서 정확하게 판단하는 것이다. 즉, 검사 방법이나 도구, 품질관리 방법 등을 개선해 가는 것이 유출 방지로 이어진다.

공장의 생산라인을 보면 여러 공정의 마지막 부분에 검사를 실시하는 기존의 시스템과는 달리, 새로운 시스템에서는 각각의 공정에 검사기능을 갖추고 있다. 다시 말해, 작업공정의 작업자는 품질 불량의 발생을 방지하면서 작업하고 작업을 종료한 다음에는 작업자 자신이 검사원이

❶ **기술적인 사항**(제품·도구·공정·순서 등)
❷ **일상관리**(무엇을·언제·누가·방법·빈도 등 … QC공정표)
❸ **공정편성**(이상처리·변동시 관리 등)

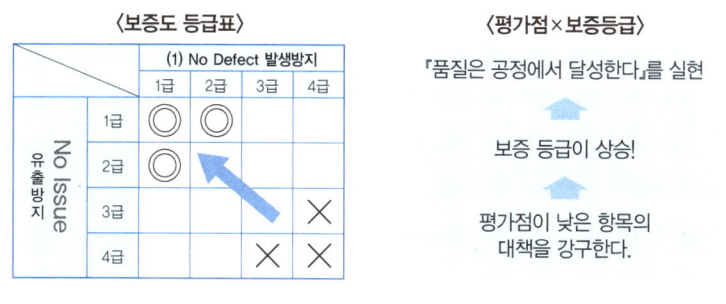

〈그림 3-10〉 QM Matrix (QA Network)의 구성

되어 검사를 실시한다.

  자동기계 공정에서는 자동으로 가공한 다음, 가공상태가 좋은지 어떤지를 확인한다. 즉, 가공에 있어서의 품질불량 발생 방지와 품질확인(품질불량 유출 방지)이 하나의 세트로 되어 있다. 생산공정에 있어서의 이러한 품질보증 방법이 QM Matrix(QA Network)이다.

  〈그림 3-11〉의 예에서는, 가로축의 품질불량 발생 방지의 품질보증도를 최상급인 1급에서 4급까지 4개의 순위로 평가하고 있다. 세로축에서는 품질불량 유출 방지의 품질보증도를 마찬가지로 4단계로 평가하고 있다. 예를 들어서 가로축의 발생 방지 평가결과가 3급, 세로축의 유출 방지 평가결과가 2급으로 보증도가 별로 높지 않을 경우에는 '△'라고 평가된다. 이 경우에는 순위를 한 단계 이상 높일 필요가 있다. 예시에서는 발생 방지의 순위를 2급으로 한 단계 올리는 대책을 취하고 있다. 이렇게 가로와 세로, 양쪽에서 품질의 보증도를 평가하는 것이다.

이러한 평가를 공장 내의 모든 공정에서 실시할 수 있도록 한다. 그런 식으로 품질보증도의 레벨을 최대한으로 높여나가는 것이 중요하다. 어떤 공정에서는 발생 방지의 보증도를 높이고, 또 어떤 공정에서는 유출 방지의 수준을 높인다. 물론 양쪽 다 높이지 않으면 안 되는 공정도 있다.

이렇게 QM Matrix(QA Network)를 활용하여, 발생 방지와 유출 방지의 관점에서 각 공정을 철저하게 평가한 후, 품질보증도를 높이는 대책을 마련한다. 이런 활동(평가와 대책마련)이 공정의 품질보증도 향상으로 이어지는 것이다.

〈그림 3-11〉에서는 불량 발생 방지와 유출 방지의 보증도를 4단계로 평가하고 있지만, 공장이나 공정에 따라서는 5단계로 나눌 수도 있다. 또한, 도요타의 한 엔진 공장의 경우에는 발생 방지와 유출 방지의 보증도를 100점 만점으로 평가하고 있기도 하다. '100점 만점에 65점' 등 점수제로 평가하는 것이다. 공장이나 공정에 따라서 채점 방법은 다르더

		No Defect 발생방지			
		1급	2급	3급	4급
No Issue 유출방지	1급	◎	◎		
	2급	◎	◎ ← △		
	3급				✕
	4급			✕	✕

〈그림 3-11〉 QM Matrix (QA Network)

라도 불량 발생 방지와 유출 방지의 두 관점에서 평가하고 대책을 생각하는 품질보증의 기본이념은 동일하다고 볼 수 있다.

〈그림 3-12〉에서는 불량발생 방지 보증도의 평가수준을 더 세세히 분류하고 있다. 예를 들어서, '토르크 검지', '공구점검', '표준작업', '이상처리' 등의 보증도이다. 이러한 각 항목에 0~3의 점수를 설정하여 4단계로 나누어 평가하고 있다. 예를 들어, 불량의 발생 방지 항목에 있는 토르크 검지의 보증도 평가를 보자. 볼트 조임의 품질에서는 볼트의 조임 토르크가 대단히 중요하기 때문에 항상 지정된 토르크 보증 공구를 사용하는 경우에 가장 높은 점수인 3점으로 평가한다. 예를 들어 임팩트 타입의 조임 공구의 경우는, 토르크의 상한과 하한을 검지하여 조이는 EC 렌치라면 3점이다. 토르크 관리의 보증도 관점에서 사용하는 공구의 종류에 따라 0, 1, 2, 3점으로 평가되는 것이다.

평가항목	(1) NO Defect 발생방지												(2) NO ISSUE of Defect 유출방지		
	토르크 검지				공구점검				표준작업		이상처리		검사요령		
	EC 렌치(상하한 토르크 검지)	임팩트렌치+QL렌치	타이머임팩트 또는 QL	임팩트렌치	1/M실시·기록 있음	1/3M실시·기록 있음	1/6M실시·기록 있음	미실시	작업표준서 있음 준수화인 규칙과 기록 있음	작업표준서는 있으나 준수화인 규칙 없음	규칙 있음 처리책임자 명확함 기록 있음	규칙 있음 처리 책임자 명확함	없음	요령서 있음 순서 명확	구두 지시만	지시 없음
점	3	2	1	0	3	2	1	0	3	2	0	3	2	0	3	1	0

〈그림 3-12〉 QM Matrix (QA Network)

마찬가지로, 공구점검도 표준작업에 대해서는 발생 방지 관점에서 품질보증도를 4단계로 평가한다. 더 나아가서, 만일 이상이 발생했을 때는 어떠한 처리 방법이 있는가에 대해서도 평가한다. 이러한 관점에서 점수가 높을수록 발생 방지책이 제대로 정리되어 있다고 간주되는 것이다. 유출 방지 항목에 대해서는 〈그림 3-12〉의 예시에서 나타낸 것처럼 '검사요령' 등을 들 수 있다. 이 경우, 검사 방법을 아무것도 적어 놓지 않은 경우는 0점, 구두로 통해 지시하는 경우는 1점, 요령서가 있어서 순서가 명확히 제시되어 있는 경우는 3점을 매긴다.

이 외에도 검사에 사용하는 도구의 보증도에 따라 검사도구를 평가하기도 한다. 이런 식으로 불량의 발생 방지, 유출 방지의 양면에서 품질보증도를 평가해 가는 것이다.

〈그림 3-13〉은 조임 공정의 예이다. 현재 불량의 발생 방지는 3급, 유출 방지는 2급으로 되어 있다. 따라서 조임 토르크의 공구를 바꿔 더

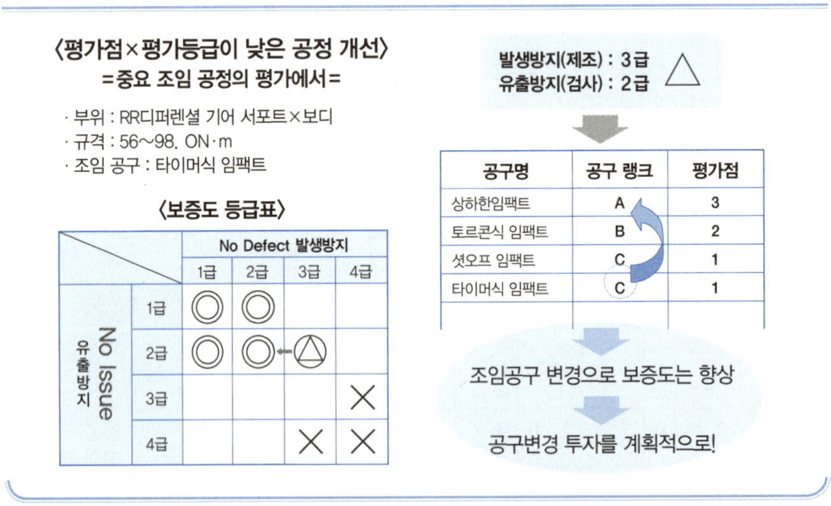

〈그림 3-13〉 QM Matrix (QA Network)의 구성

높은 품질보증도를 받고자 노력한다. 그 외에도 보증도를 높이는 방법은 여러 가지가 있지만, 기본은 현재의 평가인 1점의 영역에서 더 높은 영역으로 옮겨 감으로써 발생 방지의 보증도를 높여가는 것이다. 공정의 품질보증도를 높이기 위해서는 발생 방지와 유출 방지 둘 다 고려하여 대책을 세워가는 것이 중요하다.

〈그림 3-14〉는 '사인펜 본체의 캡을 씌워서 기계로 인쇄하는' 공정에 QM Matrix 품질보증도의 평가 방법을 적용한 사례다. 하나의 공정 내에 사람의 수작업과 기계 자동인쇄 과정 등 1~8까지의 요소 작업이 있다. 하나의 공정 내에서도 여러 요소작업이나 가공설비가 있으므로 그것을 요소별, 단계별로 불량의 발생 방지와 유출 방지 관점에서 품질보증도를 분석한다. 예를 들면 다음과 같은 방식이다.

제1요소 : 파렛트에서 사인펜의 본체 부분을 꺼낸다.
제2요소 : 사인펜의 캡을 꺼낸다.

〈AA 공정〉　「사인펜 본체에 캡을 씌워서, 기계에 글자를 새긴다」

	구분 사람, 기계	요소 작업 요소 가공	품질불량 발생방지	품질불량 유출방지	종합적인 품질 보증도	품질개선
1	사람	파렛트에서 부품을 꺼낸다	○	○	○	
2	사람	캡을 꺼낸다	△	○	△	풀프루프장치
3	사람	캡을 씌운다	○	○	○	
4	사람~기계	기계에 세팅한다	×	△	×	위치결정 개량
5	기계	기계에 인쇄 가공을 한다	◎	○	○	
6	사람~기계	꺼낸다	○	◎	○	
7	품질확인	인쇄 품질 확인	○	○	○	
8	사람	후공정으로 넘긴다	○	○	○	

〈그림 3-14〉 AA공정의 QM Matrix 품질보증도 평가 사례

제3요소 : 작업에서는 사인펜의 본체에 캡을 씌운다.

제4요소 : 씌운 후, 기계에 세트한다.

제5요소 : 기계가 나머지를 가공한다. 즉 자동적으로 인쇄한다.

제6요소 : 부품을 기계에서 꺼낸다.

제7요소 : 인쇄의 품질을 확인한다.

제8요소 : 뒷 공정에 넘겨준다.

이렇게 하나의 공정에서도 여러 요소가 있다. 사람이 작업하는 요소도, 기계가 작업하는 요소도 있지만 사람의 요소든 기계의 요소든 관계없이, 불량의 발생 방지와 유출 방지의 양 관점을 기본으로 하여 하나의 요소 단위에서 품질보증도를 평가한다.

제1요소의 사인펜 본체의 부품을 보자. 이 부품에는 여러 종류가 있다. 예를 들어서 색깔이 5~6종류가 있는데, 그 부품의 지정된 색을 틀림없이 꺼낼 수 있는지, '풀프루프장치' 방지책이 되어 있는지, 지정된 색의 부품을 잡았을 때, 예를 들어 '파란색을 잡아라'라는 지시를 내리는 선순환 구조가 되어 있는지 등을 평가한다.

불량을 발생시키지 않도록 '풀프루프장치' 방지책이 있다면 '○'이다. 한편 유출 방지라는 것은, 꺼낸 사인펜 본체의 색에 지시된 색이 있는지, 이 사례의 경우 지시대로 '파란색'으로 되어 있는지를 확인한다. 이것은 자동으로 확인하는 경우와, 사람이 눈으로 확인하는 경우가 있다. 눈으로 확인을 하더라도 색 견본을 작업자가 들고 비교한다. '정확하게 파란색을 잡았습니다'라는 확인 방법의 신뢰도를 평가하는 것이다.

계속해서 제2요소의 캡을 꺼내는 것은 같은 색의 종류가 있어 색을 잘못 꺼낼 가능성이 있다. 이런 경우, 발생 방지 평가에서는 '△', 유출 방지 평가에서는 'O', 종합 평가에서는 '△'가 된다.

제4요소에서 잡은 부품을 인쇄기계 설비에 세트하는 경우는 세팅 위치가 중요하다. 이런 경우는 발생 방지에서는 '위치가 정확히 맞도록 되어 있는가', 유출 방지에서는 '정확히 맞도록 되어 있는지 확인할 수 있는가'를 평가한다.

이렇게 발생 방지와 유출 방지의 양면에서 종합적으로 각 요소의 품질보증도를 판단해 가는 것이다. 〈그림 3-14〉의 사례를 보면, 종합판단에서는 제2요소가 '△', 제4요소가 'X'로 평가되어 있다. 제2요소에서는 품질개선이 필요하다. 실제로는 캡을 꺼낼 때 풀프루프장치 대책을 취해서 불량발생 방지 수준을 높인다. 제4요소에서는 긴급 대책이 필요하다는 것을 알 수 있다.

QM Matrix를 사용함으로써 각 공정별 품질보증의 강점, 약점, 그리고 품질개선의 포인트까지도 간단히 알 수 있게 된다. 이것은 각 공정의 품질보증도를 가시화하여 관리하는 방법이기 때문에 품질개선이 확실히 진행된다. 생산라인에는 많은 공정이 있으므로, 각각의 공정을 평가하고 품질 향상의 대책을 세워가는 것이 중요하다. 그러나 요소별로 조사, 평가, 대책을 세우려고 하는데 각 공정에 대해서 자세히 알고 있지 못하면 대응할 수 없다.

현재의 도요타에서는 작업자가 QM Matrix를 사용하고 있지만, 여기에 제조부의 기술원이 참가하거나 품질관리부가 함께 참가해서 평가를 진행하고 있다. 품질보증의 책임은 기본적으로 제조부에 있으나 품질보증부가 그것을 지원하는 시스템이다. 이렇게 하여 품질개선 대책을 실시하고 품질을 향상시키는 것이다.

QM Matrix의 도입에는 확실히 시간이 걸린다. 그렇지만 각 공정의 작업자나 보전원 등, 관련된 사람들이 그 제품의 품질 요구수준이나 설비에 대해서 공부할 수 있고, 이해도 높여갈 수 있다.

(3) 자완결공정에서 자공정완결로

앞에서 '자완결공정(Quality Moduled, Quality Built In Process)'이라는 단어를 단편적으로 사용해 왔으나, 여기에서 다시 설명 하고자 한다. 먼저 자완결공정이라는 단어의 탄생 경위를 살펴보자.

예를 들어, 앞서 얘기한 QM Matrix를 사용해서 품질보증도를 평가하고자 한다. 그렇지만 ① 공정이 분할되어 있는 탓에 단독 공정으로 품질을 확인할 수 없다, ② 몇 개의 공정 뒤가 아니면 품질을 확인할 수 없다, ③ '조'가 달라서 옆 조의 품질을 확인할 수 없다는 등의 문제가 발생한다. 즉, 품질을 보증하는 관점에서 공정이 계획되어 있지 않은 것이

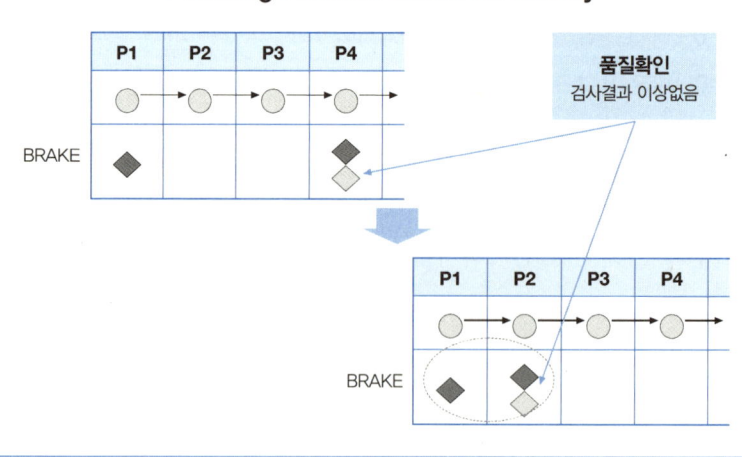

〈그림 3-15〉 완결공정 (Kariketsu Process)

다. 제품의 조직도 품질의 관점에서 구성되어 있지 않은 것이다.

예를 들어, 브레이크에 튜브를 장착하는 공정을 보자(〈그림 3-15〉 참조). 이 공정에서는 공정 1에서가 아니라, 공정 4에서 장착한다. 따라서 공정 1에 있어서 브레이크를 장착한 튜브의 품질을 확인하려고 해도, 공정 4까지 끝나지 않으면 튜브의 종합적인 품질(예를 들어, '누출' 등)은 확인할 수 없다. 그렇지만 이 공정 4에서 품질 불량이 발생해서 앞 공정에 피드백하려고 해도 연락 불통, 예상치 못한 시간 지연 등으로 재빠르게 피드백할 수 없는 문제가 생기게 된다. 조직적으로 다른 '조'이기 때문에 얘기하기가 힘든 것이다. 이 때문에 품질보증이 불가능한 경우도 많이 있다.

그렇다면 공정 그 자체를 품질보증하기 쉬운 형태로 바꾸면 되지 않을까라는 생각이 나온다. 예를 들어 브레이크 튜브의 경우, 공정 1과 공정 2의 담당자를 같은 조로 하여 검사하면 금방 전달이 된다. 그렇기 때문에 공정 2까지 장착 작업을 완결시킨 후, 그대로 이 공정 2에서 검사를 한다. 이런 식으로 품질보증을 위해 공정을 새롭게 정비시키는 것이 자완결공정이 의미하는 바이다.

그렇지만 현재까지 자완결공정의 의미는 계속해서 바뀌어 왔다. 최근에는 '하나의 공정 내에서 품질을 완결시킨다'는 의미로 사용되고 있다. 즉, 하나의 공정 내에서 그 공정의 가공과 품질의 확인을 완결시킨다는 것이다.

이 자완결공정은 도요타의 제조부를 대상으로 공정의 품질보증을 높이는 활동으로서 시작되었다. 그 후 도요타의 간접부문인 설계부와 판매부, 구매부도 이러한 생각을 도입했다. 지금은 간접부문에 있어서 일의 질이나 완성도를 높이는 중요한 수단이 되어 있다. 앞서 말한 바와 같이, 품질보증은 불량의 발생 방지와 유출 방지를 조합함으로써 이루어진다. 이러한 생각은 제조부문뿐만 아니라, 간접부문과 사무직의 업무에도 적용할 수 있는 것이다.

예를 들어 설계자가 도면을 작성할 때, 어떤 한 부분까지 그리면 거기까지 품질과 성능이 보증되었는지를 확인한다. 즉, 설계품질의 확인을 그 자리에서 완결시키는 것이다. 그렇게 도면의 완성도를 체크하는 것 또한 자완결공정이라고 불리고 있다. 지금은 직종에 관계없이, 한 사람 한 사람의 일을 완결시켜 품질보증도를 높인다는 의미에서 자완결공정이라는 말이 사용되고 있다. 자완결공정은 회사 경영의 중요한 기둥이라고 할 수 있다.

그 외에도 소프트웨어의 프로그램 제작공정에서도 사용될 수 있을 것이다. 지금까지는 어느 정도 커다란 프로그램으로 패키지가 되어있지 않으면 품질을 확인할 수 없었다. 하지만 이러한 자완결공정 방식을 도입한다면, 프로그램의 블록별로 품질을 확인하게 되고, 그 결과 프로그램의 신뢰성 또한 대단히 높아질 것이다. 이렇듯 자완결공정은 각종 분야에 적용 가능하며, 앞으로도 응용 전개가 진행될 것으로 기대하고 있다.

(4) QCMS

QCMS(Quality Chain Management System)라는 것은 중요한 품질문제의 발생을 미연에 방지하거나 유출을 방지하는 시스템이다(《그림 3-16》 참조).

특히 자동차의 중요한 특성인 '주행', '회전', '정지'는 사람의 목숨과도 연결되는 품질이다. 이 경우에는 각 공정의 QM Matrix나 개개의 자완결공정만으로는 전체의 품질보증도를 제시하기에 불충분한 부분이 있다.

> **S 중요 품질 특성 추출 … DR1·2에서도 전개**
>
> **관리공정의 추출과 일람화 …** (예 : 완성차량)
>
> ① 부품가공·유닛가공·차량조립간에서의 **차량 관리 특성의 가시화**
> ② **구입처를 포함한 보증도 평가**
> ③ ①·②의 약점 개선
> ④ 중요 공정을 **관문**으로 한 관리 강화
>
> 〈관리도구〉
> QA맵 ─┬─ 계통도
> └─ QA시트
>
> **QCMS: Quality Chain Management System**
> S 중요한 품질문제 발생의 미연방지·유출방지 시스템
> (각 공정의 S 중요 품질 특성 관리의 일람화)

〈그림 3-16〉 QCMS

이것을 보완하는 시스템이 QCMS이다. QCMS는 품질 불량을 절대로 발생시키지 않고, 또 절대 뒷 공정으로 넘기지 않기 위해서, 설계에서 제조까지 전체의 흐름을 생각하여 품질불량 발생을 미연에 방지하고자 하는 시스템이다.

예를 들어 엔진에는 실린더 헤드, 실린더 블록, 흡·배기 밸브 등 여러 부품이 있다. 이러한 부품의 공정과 흐름을 파악하여 지도로 만든다. 각 부품의 QM Matrix를 작성한 다음, 각 공정이나 흐름에서 중요한 품질에 대해 공장 전체의 QM Matrix적인 '관계(유출 방지)'를 명확히 하여, 품질보증의 유출 방지를 도모한다.

즉, QCMS는 어디에 약점이 있는가, 어디에 문제가 있는가를 쉽게 파악하기 위해 전체를 가시화한 품질보증 시스템이다. 따라서 자사의 공정 내뿐만 아니라, 부품회사를 포함한 QCMS가 필요하다.

(5) 선행 품질보증

선행 품질보증은 TPS의 개선활동에서 발전해 온 것이다. 제조부는 여러 제조활동을 해 왔다. 그렇지만 대량생산을 시작하기 전에 개선을 미리하면 더 효과적인 것도 있다는 사실을 깨닫게 되었다. 즉, 현장에서의 수많은 개선활동을 통해 제조부의 작업자, 기술원, 보전원들의 인식 레벨까지 높아진 것이다.

제조부에서는 불량 발생률의 절감이나 품질향상 등 여러 불량의 원인을 추구해 왔다. 그 중에서 생산에 들어가서부터 불량이 나오는 것은 도면에 문제가 있거나, 설계·개발단계에서 대책을 해 두었어야 한다는 지적도 나왔다. 이렇게 개발단계에서 만들기 쉽고, 품질을 보증하기 쉬운 설계와 구조를 만들어 가고자 하는 활동이 시작된 것이다(〈그림 3-17〉 참조).

① 설계·개발단계 : 회사 전체의 선순환 프로세스로, 설계 구성에서부터 검토·품질보증(QA)하기 쉬운 설계 구조를 만든다.

설계·개발 ~ 제조까지 일관 품질보증 활동

1 설계·개발단계 : 전사적인 시스템으로 설계 구상부터 검토
→ **QA하기 쉬운 설계구조**

2 생산 기술단계 : 설계구상을 설비·공법으로 실현
→ **QA하기 쉬운 설비·공법**

3 제조 준비단계 : 표준작업을 준수하기 쉬운 공정관리
→ **QA하기 쉬운 작업순서**

기초(설계)가 잘 된 제품은 후공정작업이 편리!
기초(설계)가 나쁜 제품은 설계변경이 많고 작업이 어려움!

〈그림 3-17〉 Total TPS 선행 품질보증

② 생산기술단계 : 설계 구상을 설비·공법으로 실현. 품질보증(QA)하기 쉬운 설비·공법으로 한다.

이것들은 생산기술부가 담당하고 있어서, 제조부는 생산 중에 개선한 사례와 경험에서 얻은 품질향상의 개선 제안을 생산기술부에게 한다.

③ 제조준비단계 : 표준 작업을 지키기 쉬운 공정관리, 품질보증(QA)하기 쉬운 작업 순서로 한다.

이 단계에서 생산라인의 레이아웃이나 부품의 배치, 설비의 배치 등을 개선하여 작업의 표준화와 작업의 훈련 등 제조를 위한 모든 준비를 하고 품질을 확인한다. 양산을 시작할 때까지 품질을 보증하도록 마무리 한다. 이 제조준비의 일은 현재는 제조부의 중요한 업무로 되어 있다.

그 후, 공정관리나 표준 종류를 충분히 검토하여 전개해 간다. 이렇게 설비·개발에서 제조까지 일관된 품질보증 활동을 행하는 것이 선행 품질보증의 사상이다. 사전에 품질을 보증하고자 한다면, 앞서 이야기한 것처럼 공정 작업자는 설계 부문에 대해서 여러 가지 주문을 요구할 수밖에 없다.

종래에는 3차원 CAD가 충분히 발달하지 않았기 때문에, '원도(原圖)'라고 불리는 3차원의 도면으로 자동차의 3차원 곡면을 표현해 왔다. 그렇지만 이 도면을 해독하는 것은 베테랑 기술자조차도 대단히 어려웠다. 그렇기 때문에 작업자는 그 도면을 보기만해서는 이해할 수 없고, 시험제작차량이나 시험제작 부품을 보고 검토하여 설계에 피드백을 해 왔다.

그것에 비해서 지금은 설계도 자체가 3차원 데이터로 되어 있기에 CAD로 입체화한 디스플레이에 수정을 가할 수 있다. 도요타의 경우에는 'V-Comm(브이콤)'이라고 하는 시스템을 사용함으로써 실물 크기의 3차원 입체상을 표현할 수 있기 때문에 작업자도 대단히 알기 쉽도록 되어 있다.

이것으로 시험제작차량을 제작하기 전에 여러 가지 검토를 할 수 있게 되어 설계·개발 단계에서 품질을 보증할 수 있게 되었다. 제조부가 여기까지 품질을 보증하고자 노력함에 따라 화이트 컬러인 설계자 자신도 자신이 그린 도면에서 불량이 발생하지는 않는지, 유출하지는 않는지를 확인할 수 있게 되었다.

앞서 말한 QA Network나 공정완결도 선행 품질보증이라는 면에서 중요하다. 〈그림 3-18〉에 나타난 것처럼 DR1(설계 심사, Design Review)의 제품설계 단계와 DR2의 생산준비 단계도 중요하지만, 특히 제조부에 있어서 대단히 중요한 것이 DR3의 제조준비 단계이다. DR3은 제조부가 주관하고 있는 영역으로, 이 단계에서 철저하게 품질보증을 할 수 있도

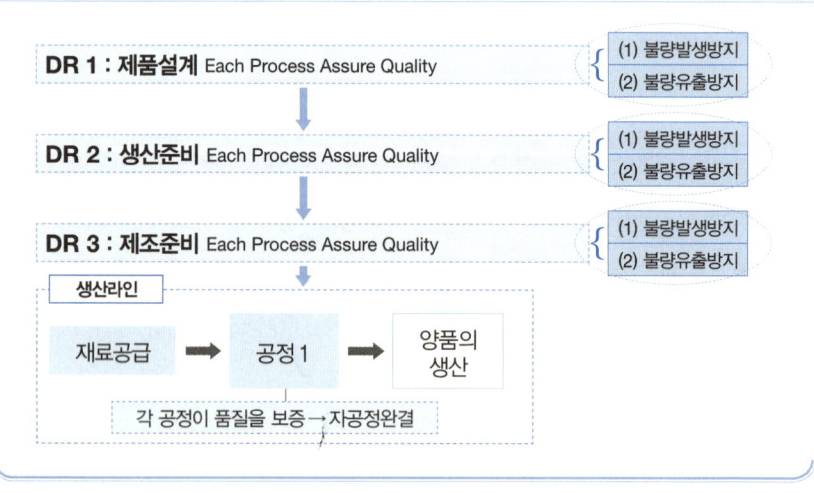

〈그림 3-18〉 신제품의 선행 품질보증

록 생산라인의 공정을 마무리한다. 공정은 소위 '4M', 즉 사람(Man), 기계(Machine), 재료(Material), 방법(Method)으로 구성되어 있다. 이것을 통해서 이 제조준비 단계에서 품질의 보증을 높이는 활동을 한다. 앞서 말한 QM Matrix도 이용하고, 실제로 생산하여 현지·현물에서 제품의 품질도 확인한다. 이 과정에서 불충분한 점이 많이 나오기 때문에 품질 향상을 위한 개선을 실시한다. 또한 이 단계에서 표준 작업을 검토하여, 확실히 품질을 확보할 수 있는 작업과 공정을 확립한다. 이 표준 작업을 확립한 후, 양산시에는 많은 작업자가 필요하다. 그러므로 이 라인에서 작업에 종사할 예정인 작업자들의 훈련은 이 표준 작업을 기준으로 행한다.

　이러한 활동을 DR1: 제품설계, DR2: 생산준비, DR3: 제조준비의 각 단계에서 전개하여, 품질의 개선을 실시한다. 이 과정을 거친 다음에 양산 단계로 넘어간다. 양산에 들어가기 전에 이만큼의 것을 제대로 해 두었다는 것을 선행 품질보증이라고 부른다(〈그림 3-19〉 참조).

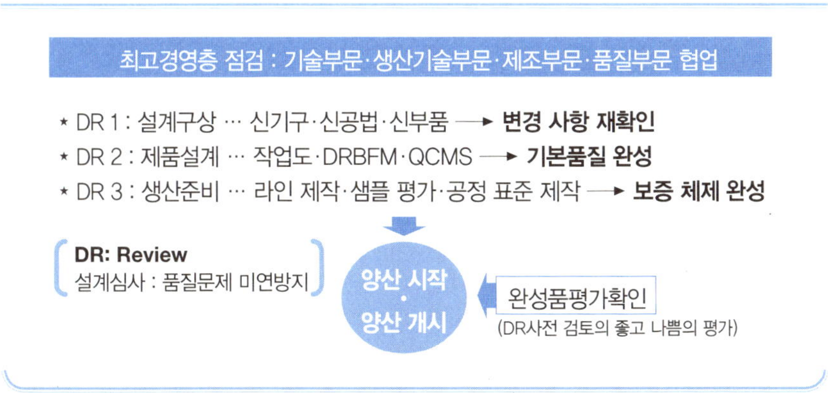

최고경영층 점검 : 기술부문·생산기술부문·제조부문·품질부문 협업

* DR 1 : 설계구상 … 신기구·신공법·신부품 ➞ **변경 사항 재확인**
* DR 2 : 제품설계 … 작업도·DRBFM·QCMS ➞ **기본품질 완성**
* DR 3 : 생산준비 … 라인 제작·샘플 평가·공정 표준 제작 ➞ **보증 체제 완성**

DR: Review
설계심사 : 품질문제 미연방지

양산 시작·양산 개시

완성품평가확인
(DR사전 검토의 좋고 나쁨의 평가)

〈그림 3-19〉 DR 설계심사

(6) 종업원과 현장의 활성화에 따른 품질향상

Quickening Factory(Q.F)에 따른 품질향상에 대해서 살펴보자. 공장 전체에서 품질을 보증하기 위해서는, 종업원과 현장의 활성화가 반드시 필요하다(《그림 3-20》 참조). 지금까지 설명한 것처럼 품질개선은 현지·현물에서 실제로 행함으로써, 처음으로 효과가 나오기 때문에 현지·현물에 직접 관련된 작업자가 주체가 되어 실행해야 한다.

여기에서 종업원활성화와 현장의 활성화에 따른 작업자가 주체가 된 품질개선활동이 공장 전체 품질향상의 기본이 된다. 이러한 기본이 없으면 품질개선은 불가능하고, 품질향상 또한 기대할 수 없다. 하나의 공정에서만도 품질이 결정되어 버리거나 품질에 영향을 주는 요인이 많이 있다. 이러한 각 공정을 담당하는 것이 작업자이다. 작업자 한 사람이 공정을 3~4개 담당하는 경우도 있다. 작업자 한 사람 한 사람이 품질에 대해서 제대로 품질을 보증하는 선순환 구조를 만드는 것이 필요하다. 그 원동력은 바로 종업원과 현장의 활성화이다.

■ 사원 전원의 능력·의욕을 이끌어내어 개선활동을 지속시키기 위해서는 현장의 활성화가 필요

(1) Q.C서클 활동
(2) 다능공화(작업 로테이션)
(3) 창의연구 제안제도
(4) 안전위생
(5) 자주설비보전
(6) 보합 회의(생산부문 회의)
(7) 인재육성(교육)
(8) 관리·감독자의 역할
(9) 후생시설완비

· 현장의 규율
· 일하는 보람 만들기
· 개인 능력 향상

〈그림 3-20〉 Quickening Factory (현장의 활성화)

$$\text{QUALITY 품질} = \sum_{i=1}^{n} (\text{Personality 개성} \times \text{Ability 능력} \times \text{Motivation 의욕})_i$$

- n= 종업원 수(현장작업자 + 스탭직원)

〈그림 3-21〉 품질계산 공식

따라서 품질은 〈그림 3-21〉에 나타난 방식으로 표현할 수 있다. 품질보증에도 종업원의 활성화가 필요한 것이다. 그렇지 않으면, 각각의 공정에서 품질을 보증할 수 없다. 종업원과 현장의 활성화에 대해서는 다음 장에서 자세히 설명하도록 한다.

여기에서는 종업원과 현장의 활성화 활동 가운데, QC서클 활동에 대해서 소개하고자 한다(〈그림 3-22〉 참조). QC서클이라고 하면, 이전에는 글자 그대로 QC(품질)향상을 위한 활동으로 한정되어 있었지만, 지금은 품질향상뿐만 아니라, 생산비용이나 원가절감, 생산능력 향상, 생산

(1) 활동 목적
- 현장의 체질 강화
- 활동을 통한 개인 능력 향상
- 자주활동, 전원참가가 원칙

(2) 활동 내용   활동시간 : 2시간/월 잔업수당 지급
- 현장의 모든 문제점을 의식하고 개선한다
  (품질향상, 생산 코스트 절감, 생산량 증감대응, 안전 위생, 도덕 향상 등)

(3) 발표, 포상
- 과 → 부 → 공장 → 전사 대회
- 표창 : 금상, 은상, 동상(표창장 + 상패 + 상금)

〈그림 3-22〉 QC서클 활동

성 향상 등 여러 테마를 가지고 있다. 이렇게 발전해 왔기 때문에 사실 QC서클 활동이라는 이름을 바꿔야 할 필요성이 있다. QC서클 활동의 본질은 종업원과 현장의 활성화 활동이기 때문이다. 즉, QC서클 활동의 목적은 개개인의 능력 향상을 도모하고, 자주적 활동으로 전원이 참여하는 것을 원칙으로 한다. 그러면 품질에 관한 활성화 활동(QC서클 활동)의 실제 예를 소개해 보겠다.

〈사례1 : 시간 단위의 중간 재고의 가시화〉

〈그림 3-23〉은 어느 부품 메이커의 부품 하치장을 가시화한 상태의 그림이다. 위쪽에 '1:00'이나 '3:10' 등 시간이 표시되어 있다. 이 부품의 종류는 다수지만 시간당의 용접 품질·외관의 품질이 어떻게 바뀌었는가를 게시하고 있다. 그렇게 함으로써 품질면에서 중요한 용접이 품질기

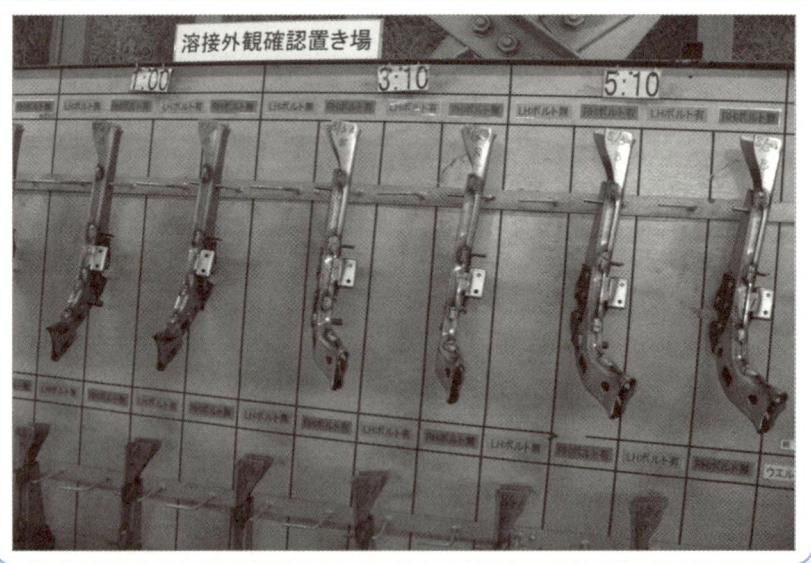

〈그림 3-23〉 사례 : 시간 단위의 보관품 가시화

준대로 행해지고 있는지를 확인할 수 있다. 용접은 대부분 로봇이 작업하는 무인 공정에서 이루어지기 때문에 불량이 나와도 발견하지 못한 채, 계속해서 불량을 뒷 공정으로 보낼 위험성이 있다. 그것을 막기 위해 품질을 확실히 확인하고자 하는 것이다.

〈사례2 : 용접 칩 교환의 가시화〉

〈그림 3-24〉는 용접 칩(전극)의 교환을 가시화한 예이다. 교환 전의 신품의 전극은 구리색을 띄고 있다. 예를 들어서 이 '전극 관리판'의 월요일 부분을 보면, 여기에는 원래 새로운 전극이 있었다는 것을 알 수 있다. 월요일 오후를 보면 교환을 끝낸 전극이 게시되어 있다. 이것은 오전 중에 신품을 바꾸어 낡은 전극을 여기에 세트했다는 것을 알 수 있다. 따라서 '확실하게 용접의 전극을 바꾸었다'라는 증거가 되는 것이다. 제

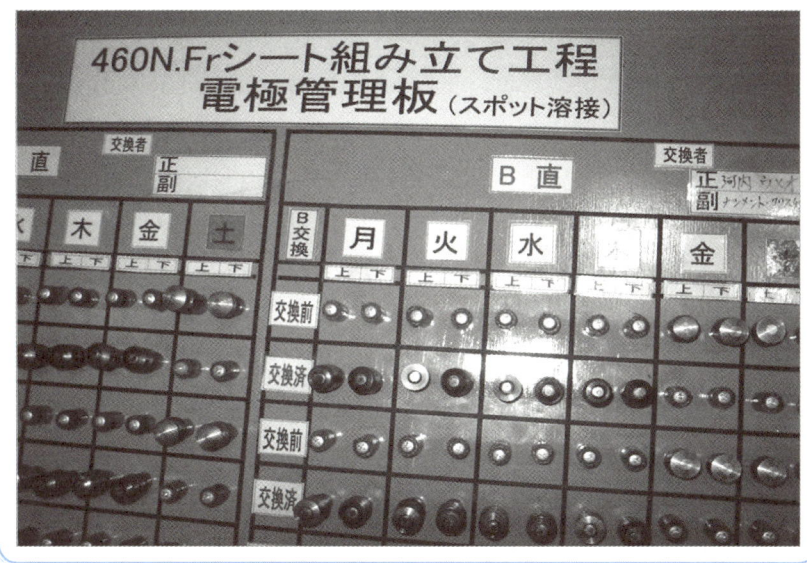

〈그림 3-24〉 사례 : 용접 칩 교환의 가시화

대로 조사해 보면, 이 전극이 어떤 상태까지 사용되었는가도 해석할 수 있다. 이 전극 관리판에 의하면 월~목요일은 확실히 하루에 2번 교환하고 있으며, 금요일에는 아직 교환하지 않았다. 실은 이 사진을 목요일의 종료시점에 찍었기 때문이다. 금요일 오전이 지나면 신품으로 교환하고, 다 쓴 전극을 이 전극 관리판에 세트하게 된다.

  이렇게 함으로써 전극을 확실히 교환하고 용접의 품질을 보증할 수 있다. 현지·현물에서 품질을 보증하는 이러한 방법은 현장의 지혜에서 고안되었다. 제조부의 반장이나 조장들이 중심이 되어 생각한 아이디어다. 아마도 품질관리부가 공정의 품질관리를 담당하면 이러한 발상은 나오지 않을 것이다. 어디까지나 제조부가 품질을 담당하기 때문에 이러한 발상이 떠올라 개선으로도 이어진 것이다.

part

4

종업원과 현장의 활성화

1

종업원과 현장의 활성화 총론

(1) 도요타 제조부의 업무

〈그림 4-1〉은 도요타 자동차 제조부의 일을 그림으로 나타낸 것이다. 제조부에는 엔지니어 관리자들도 소수 있지만, 업무수행의 주체는 제조부의 작업자이다. 왼쪽 아래쪽에 표시한 생산활동은 어느 나라, 어느 회사라도 제조부에 필수적인 일이다. 점선의 안쪽에 있는 일이 기존의 TPS 개선활동(공정개선, 물류개선, 품질확보)이다.

이에 비해 전체를 둘러싸고 있는 실선 안에 있는 일이 넓은 의미의 활성화 활동이 된다. 자동차의 설계·개발 단계에서는 Simultaneous Engineering(SE) 활동이 이루어진다. 제조부의 작업자가 설계 단계의 일까지 담당하는 회사는 세계 어디를 가더라도 도요타 이외에는 찾아보기 힘들다.

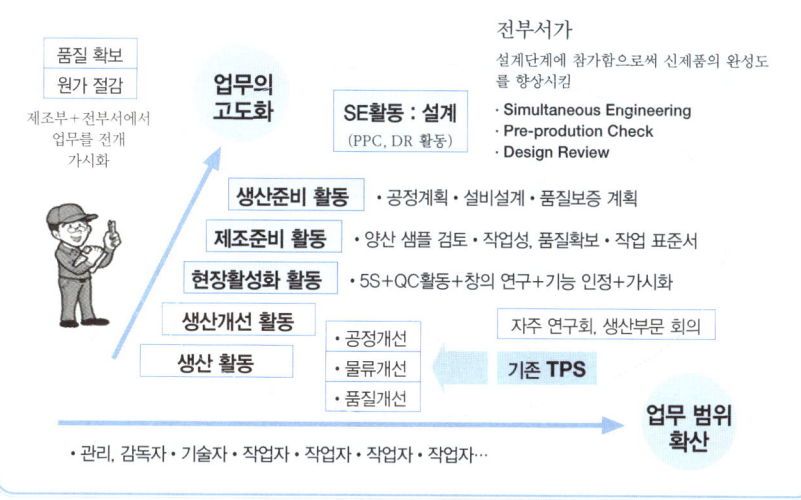

〈그림 4-1〉 Total TPS에서 생산부의 업무

그에 반해 미국 공장의 제조부에 있는 작업자는 엔지니어가 작성한 매뉴얼에 준하여 일을 한다. 작업자는 그 매뉴얼을 개선하는 것조차 허락 받지 못한다. 그 때문에 몇 년이 지나도 똑같은 작업을 반복한다. 그래서는 능력과 기력을 소유한 작업자라 하더라도, 점차 의욕을 상실하고 능력 또한 떨어지게 된다.

(2) 종업원과 현장의 활성화 목적은 무엇인가?

종업원과 현장의 활성화 목적은 무엇인가. 매일매일 활성화 활동 및 개선활동을 함으로써 직원들은 일하는 보람을 느끼게 된다. 작업의 앞 공정(원류, 설계 등)에 참여하는 등 갖가지 활동이 있지만, 결국은 자신의 직장 자체를 활기차게 만들기 위한 모든 활동이다. 그렇게 함으로써

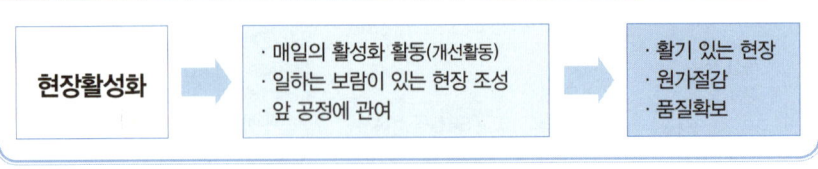

〈그림 4-2〉 종업원과 현장활성화란?

갖가지 효과적인 개선활동으로 연결된다.

　종업원과 현장의 활성화 목적은 일하는 보람이 있는 조직을 만들고, 개인이 보람을 느끼면서 일을 하는 것이다(〈그림 4-2〉 참조). 그리고 이것이 원가절감과 품질확보라는 최종 목적으로 연결된다. 종업원과 현장의 활성화 활동은 〈그림 4-3〉에 보이는 바와 같이, 능력을 높이고 보람(의욕)을 고무시키는 활동이다.

　5S 활동과 QC서클 활동, 창의연구 제안제도 등 여러 활동이 있으나, 이러한 좁은 의미에서의 활성화 활동을 제대로 실천함으로써 사람도 현장도 활기와 의욕으로 넘쳐나며, 공정개선 및 물류개선 또한 원활하게 진척된다.

　기존의 TPS에서는 활성화 활동 등을 생각하지 않고, 갑자기 현장에서 공정개선과 물류개선을 실시하려고 했다. 회사의 경영자 또는 TPS 컨설턴트가 갑자기 '개선하라'고 현장에 강요를 하고, 개선이 안 되면 화를 낸다. 이러한 방법을 사용했을 때, 현장직원들은 반감을 품고 개선의지를 상실하게 되거나 목적을 충분히 이해하지 못한 채 억지로 개선을 진행하게 되어, 의욕도 솟지 않으며 효과 또한 나타나지 않는다. 이러한 상황을 방지하기 위해서는 종업원과 현장의 활성화 활동을 제대로 실천하는 것이 중요하다.

$$\text{QUALITY 품질} = \sum_{i=1}^{n} (\text{Personality 개성} \times \text{Ability 능력} \times \text{Motivation 의욕})_i$$

- n= 종업원 수(현장작업자 + 스탭직원)

〈그림 4-3〉 품질의 공식

(3) 종업원과 현장의 활성화 활동이란?

협의의 '종업원과 현장의 활성화 활동'은 제품 생산의 기본이다. 제품 생산의 정신은 현지·현물에 입각하여 창의적인 생각과 연구를 통해 종업원과 현장을 개선하고 육성하는 것이다.

(1) 종업원과 현장의 활성화 활동 (협의)
  [1] QC서클 활동
  [2] 다능공화
  [3] 창의연구 제안제도
  [4] 안전 위생
  [5] 자주보전
  [6] 생산회의
  [7] 인재육성제도(공장)
  [8] 작업장의 정비
    (1) 공장의 5S 개선
    (2) 제조공정의 가시화
    (3) 표준작업의 준수

이러한 종업원과 현장의 활성화 활동(협의)을 제대로 실천하면 사람이 바뀌게 되고, 나아가 회사도 바뀐다. 종업원과 현장이 바뀌면 '개선활동 - ① 양산 라인의 개선'은 자동적으로 가능해진다. 양산 라인의 개선은 다음과 같이 정리할 수 있다.

(2) 개선활동 - ① 양산 라인의 개선
    [9] 설비개선
    [10] 작업개선
    [11] 품질개선
    [12] 원가개선

이러한 개선활동을 제대로 하면 종업원은 활성화되고, 능력이 향상되며, 한층 더 높은 수준의 선행 개선(Advanced Kaizen)이 가능해진다. 선행 개선에는 SE 활동, 생산준비 활동, 제조준비 활동이 있으며, 원류로 돌아가서 개선을 전개한다. 선행 개선을 정리하면 다음과 같다.

(3) 개선활동 - ② 선행 개선
    [13] SE활동
    [14] 생산준비 활동
    [15] 제조준비 활동

선행 개선은 앞 공정(일의 원류)에 대한 제조부의 피드백이다. 제조부에서 여러 가지 개선을 경험함으로써, 설계부문의 생산기술까지 거슬러 올라가 개선을 제안한다. 예를 들면, 품질개선이나 원가절감과 관련된 제안이다. 특히 원가절감은 설계 단계에서 80% 정도 결정되기 때문에 양산에 돌입한 후 원가절감을 시도하더라도 효과는 한정될 수밖에 없다. 따라서 설계단계에서 미리 원가절감을 할 필요를 느끼고 활동하는 것이다. 품질의 개선 또한 마찬가지인데, 양산 단계에서는 품질문제를 해결할 수 없는 경우가 많으므로 설계도면을 그리기 전에 품질개선을 제안한다. 이것도 넓은 의미에서의 현장의 활성화로 볼 수 있다.

(4) 왜 활성화 활동은 유효한가

이러한 활성화 활동이 왜 유효하며, 왜 활성화 활동은 종업원을 활성화 시키는지를 살펴보자. 활성화 활동을 실천하면 효과를 볼 수 있는 것은 확실하다. 그렇지만 필자는 체험적으로는 대단히 유효하다고 느끼면서도 그 이유에 대해서는 오랫동안 의문을 품고 있었다. 도요타에서도 유효성에 대한 이유는 분석하지 못하고 있다.

거기서 필자 나름대로 생각해서 해석을 해 보았다. 그 중 가장 설득력 있는 것이 뇌 과학자에 의한 최근의 연구성과로부터 얻어진 논리다. 최근 인간의 뇌 연구에 관한 책이 다수 출판되고 있다. 필자는 그것을 읽고, 어떻게 하면 더 좋게 사람을 활성화시킬 수 있는가에 대해 연구해 왔다.

활성화 활동 중에 5S를 예로 들어 생각해 보자(〈그림 4-4〉 참조). 먼저 5S의 상태를 점수제로 한다. 5점 만점에 가장 나쁜 것은 1점, 가장 좋은 것은 5점이다.

A조(조장과 그 부하로 사람은 10명 정도)의 작업장의 5S의 상태를 평가한다. A조의 5S 평점이 1.5점이라고 하자. 물론 최종적인 목표는 5점

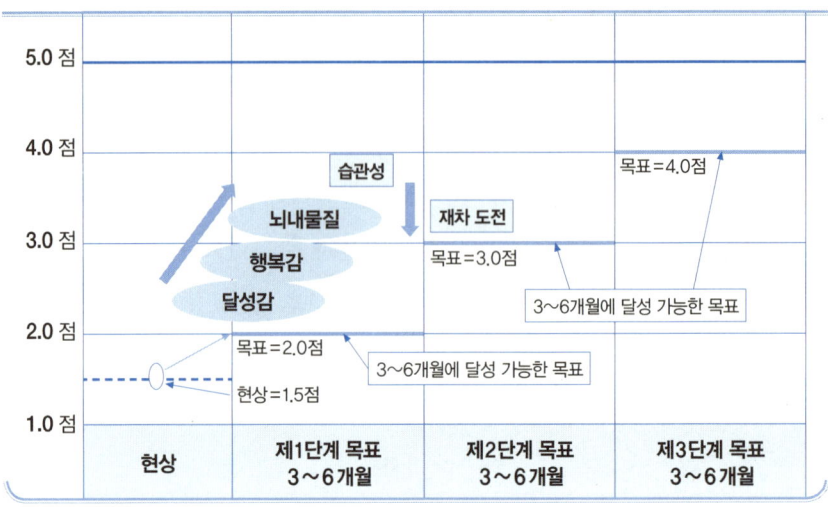

〈그림 4-4〉 왜 종업원은 활성화되는가?

이지만, 처음부터 5점을 목표로 하지는 않는다. 이 조의 능력, 조장의 능력, 조의 상태를 고려해서 보통은 3~6개월 안에 달성가능한 목표를 설정한다. 먼저 2.0점 정도를 목표로 하는 것이다.

5S가 2.0이라는 것은 여전히 낮은 점수의 목표이지만, A조로 하여금 확실히 달성할 수 있도록 만들기 위해서 설정한다. 조금만 노력하면 달성할 수 있는 목표이기 때문에 A조는 긍정적으로 활동에 임하여 목표를 달성할 수 있게 된다. 그렇게 되면 '달성을 통한 성취감'이라는 것을 느낀다. 이 성취감을 강하게 체험하기 위해서 가장 효과적인 방법은 상사가 칭찬해 주는 것이다.

또는 다른 조가 칭찬을 하는 것도 좋은데, 주위로부터 인정을 받는 기회를 만들어 주는 것이 중요하다. 발표의 장을 만들어 주는 것도 효과적이다. 그들의 활동을 발표하도록 하고, 그 성과를 상사와 주위 사람들이 칭찬한다. 그러면 A조의 사람들은 한층 더 강한 성취감을 맛볼 수 있다. 이러한 성취감을 A조의 사람들에게 체험하도록 하는 것 자체가 중요한 것이다.

　뇌 과학자에 따르면, 인간은 성취감을 맛볼 때에 행복을 느끼는 메커니즘이 명확히 드러난다고 한다. 인간은 행복을 느낄 때, 뇌 속에 있는 물질(도파민)이 분비된다고 한다. 이 뇌 속 물질은 습관성이 있어서, 인간이 만드는 일종의 '뇌 내 마약'이라고도 칭해진다.

　A조의 사람들은 습관성의 뇌 내 물질에 의해 다시 한 번 행복감을 느끼고 싶다고 생각하고, 다음 목표를 향해 도전하고자 할 것이다. 이때, 다시 달성 가능한 목표를 설정한다. 스스로 목표를 설정할 수 있는 것이 가장 좋지만, 처음에는 상사가 유도하는 것이 좋을 것이다. 여기에서도 3~6개월 정도로 달성 가능한 목표를 세우는 것이 중요하다.

　5S에서 처음에 2.0의 목표를 달성하면, 다음은 3.0점 정도의 목표를 세운다. 그렇게 하면 반드시 달성할 수 있기 때문에 앞에서와 마찬가지로 성취감과 행복감을 기억하고 뇌 내 물질이 분비된다. 이것은 습관성이기 때문에, '또 실현하고 싶다'는 좋은 방향으로 반복되어 간다.

　이러한 활동을 계속하는 것이 중요하다. 계속해 나가면, 이 A조는 차례로 여러 체험을 하고, 보람을 느끼며, 더 나아가서 삶의 보람까지도 느끼면서 5S 활동을 전진시킬 수 있다. 그 결과, 최종적으로는 5점을 달성할 수 있게 되는 것이다.

　이 활동에서 중요한 것은 끊임없이 활동하여 꾸준히 개선해 나가는 것이다. 예를 들어서 3.0의 단계에서 상사가 '현상유지로 충분하다'고 하면, 그 활동은 정지하고 순간적으로 의욕은 저하되고 말기 때문에 결국에는 현상유지가 안 되는 것이다. '현상유지'라는 것은 실질적인 의미로 '저하'를 의미한다. 따라서 반드시 플러스를 목표로 하고, 개선을 계속한다. 활동을 계속함으로써 5S의 참가자는 성취감을 느끼고, 행복을 느끼고, 다시 한 번 다음 목표에 도전하고자 한다.

이것을 지속하면, 사람은 향상심을 가지고 하고자 하는 의욕을 갖게 된다. 새로운 목표를 향해 도전하는 것, 그 자체가 의욕과 보람을 이끌어 내는 것이다. 또한 사람은 보람으로 가득 찬 상태에 있을 때 모든 것을 긍정적인 방향으로 생각하고, 적극적으로 대처하게 된다.

반대로 상사가 혼을 낸다든지, 주위가 모두 자신을 무시하고 비난한다면, 하고자 하는 의욕이나 향상심은 떨어지거나 없어지게 된다. 상사는 5S의 활성화 활동을 실제로 체험할 수 있는 기회를 만들어 주어야만 한다. 사람은 실제 체험을 통해서 처음으로 성취감을 맛볼 수 있다. 목표에 대한 향상심과 하고자 하는 의욕이 있는 상태를 개인활성화라고 한다.

종업원과 현장이 활성화되면 일에 대한 보람을 느끼게 된다. 여기서 중요한 것은 일련의 모든 과정이 실제로 체험하지 않으면 안 된다는 것이다. 머리만 움직여서 생각하는 것만으로는 행동으로 실천할 수 없으며, 오히려 실천하지 않기 위한 논리를 만들어낼 뿐이다. 고대 사람들은 식량을 얻기 위해 몸을 움직여서 먹이를 찾고 행동함으로써 그 대가를 획득했다. 이때 성취감이나 충실감을 맛보고 행복을 느꼈다. 이러한 DNA가 인간의 몸에 그대로 녹아 있다고 필자는 생각하고 있다.

하고자 하는 의욕은 개선행동으로 이어지는 중요한 원동력이 된다. 실제로 이러한 활성화 활동을 실천함으로써, 처음으로 성취감과 행복감을 느낀다. 일을 통해서 행복과 보람을 느끼며, 한층 더 반복해서 개선을 하게 된다. 이러한 과정의 반복으로 의욕이 향상되는 것이다. 돈을 얻는 것을 목적으로 하지 않아도 좋다. 인간의 의욕이나 향상심을 높이는 방법은 의외로 적다. 돈을 얻는 것보다 성취감을 기억하는 것이 의욕이나 향상심을 높이는 데 효과가 있다.

반복하지만, 이 5S 등의 현장의 활성화 활동 중에서 설정하는 목표는 간단히 달성할 수 있는 것으로 충분하다. 달성 가능한 목표를 설정하여, 그 목표를 실현하는 성취감이나 행복감을 맛보게 하는 것이 중요하다. 그것이 사람을 한 발 더 앞으로 나아가게 만든다.

이러한 시스템은 게임업계에서도 응용되고 있다. 너무 어려운 문제를 내면, 도중에 게임을 포기하고 마는 사람들이 나온다. 그렇기 때문에 처음에는 조금만 노력해도 완료할 수 있는 수준으로 설정해야 한다. 그리고 그것을 달성하면 다음은 조금 더 어려운 단계에 도전하게 한다. 이에 따라 인간의 뇌는 활성화 되어 간다.

2

종업원과 현장의 활성화 활동 (협의)의 사례

(1) QC서클 활동

　QC서클 활동에 대해서는 제3장에서 일부의 내용을 설명했지만, 여기에서는 설명하지 않은 부분을 보충하고자 한다. QC서클 활동의 테마는 품질향상만이 아니라 생산성 향상과 생산능력의 향상, 원가절감, 생산량의 증감에 대응 등 매우 다양하다. 따라서 QC서클 활동이라고 명명한 내용보다 오늘날의 실제 활동의 내용이 훨씬 더 크다. 실제 이러한 모든 활동은 활성화 활동이기 때문에, 이제는 '소집단 활성화 활동'이라고 이름을 붙이는 것이 적합하다.

　〈그림 4-5〉는 QC서클 활동의 내용을 나타내고 있는데, 여기서 중요한 것은 (3)의 발표, 포상이다. 이 소집단의 직속 상사는 아무리 성과나 효과가 작아도 어느 정도 달성하면 칭찬해 주는 것이 중요하다. 주위 사

(1) 활동 목적
- 현장의 체질 강화
- 활동을 통한 개인 능력 향상
- **자주활동**, **전원참가**가 원칙

(2) 활동 내용　활동시간 : 2시간/월 잔업수당 지급
- 현장의 모든 문제점을 의식하고 개선한다
  (품질향상, 생산 원가절감, 생산량 증감대응, 안전 위생, 현장의 모럴 향상 등)

(3) 발표, 포상
- 과 → 부 → 공장 → 전사 대회
- 표창 : 금상, 은상, 동상(표창장 + 상패 + 상금)

〈그림 4-5〉 QC서클 활동

람들에 대해서도 그 성과나 일을 인정해 준다. 그렇게 함으로써 이 소집단은 성취감과 행복감을 깊고, 강하게 기억한다. 도요타에서는 과 단위, 부 단위, 공장, 회사 전체에서 이러한 활동성과를 발표하는 장을 만들어서 표창하는 제도를 운영하고 있다. 금상, 은상, 동상 등의 표창상이 있고, 일부 상금도 나온다. 이렇게 함으로써 성취감을 깊이 맛볼 수 있다.

　때때로 회사의 경영자나 관리자들은 이러한 활동의 발표를 듣고나서 하는 질문이 '얼마나 득이 됐나?', '한 대당 몇 엔 벌었나?' 등 금전적인 효과부터 기대하면서 질문을 한다. 원가절감의 금전적인 면만을 평가하고, '한 대당 2엔이라면 이런 활동의 의미가 없다', '뭐야, 겨우 이런 효과밖에 나오지 않는가' 등 얕보는 경영자도 많이 있다. 이러한 경영자나 관리자는 종업원과 현장을 활성화한다는 이념이 결여되어 있어서 낙제점이다. 회사의 힘을 끌어내기 위한 리더십이 없는 잘못된 경영자이다. 이러한 종류의 발언을 하면 부하는 의욕을 잃고 그 뒤에는 작은 개선활동에도 적극성을 잃고, 더 나아가서 커다란 효과와 연결되는 개선에는 도전조차 하려고 하지 않는다.

회사의 경영자나 관리자는 다음과 같은 것에 주의하지 않으면 안 된다. 그것은 활동의 성과가 생각보다 작고, 회사의 업적이나 목표에 대해 공헌도가 정해져 있다 하더라도, 그러한 활동에 따라 그 조가 활성화되고 있다는 것을 평가해야만 하는 것이다. 예를 들어, 활동을 실제로 행하는 것이 A조라 하더라도, 다른 조나 공장도 이 A조의 발표나 그에 대한 상사의 반응도 보고 있다.

A조의 활동을 좋게 평가하면, 다른 공장도 자극을 받아서 이러한 활동에 몰입하려고 할 것이다. 거꾸로 A조의 활동을 상사가 마이너스로 평가한다면, A조는 물론 다른 조나 공장이 활동을 하려고 하는 마음도 순식간에 위축되어 버린다. 부하직원의 기분이 일단 위축되어 버리면 만회하기가 쉽지 않다.

(2) 다능공화·작업 로테이션

〈그림 4-6〉은 생산공장에 있어서의 작업자의 다능공화에 대해서 정리한 것이다. 가로축에 이름을, 세로축에 공정 이름을 기록한다. 구체적으로는, '호리키리', '오자와', '다나카', '하라다', '카노'의 5명을 대상으로, '1. 엔진 탑재', '2. 리어 액셀 탑재', '3. 배기관 장착', '4. 타이어 장착' 등, 4공정의 작업에 대해서 평가한 것이다. 일반 공장의 생산 라인의 경우, 각 담당자는 어느 한 공정 전임으로 작업을 한다. 이에 대해 다능공화라는 것은 한 명의 작업자가 자신이 맡은 공정 이외에 다른 공정을 마

- 작업자의 능력 향상
- 상호 작업내용 이해·협조
- 작업 로테이션 실시 : 매일 실시
- 개선 추진 (힘든 작업, 품질 향상)
- 계획적 훈련 추진

다능공화 … 작업 로테이션 실시

목표: 3공정 이상 / 인(人)

No	공정명, 작업 내용	성명				
		호리키리	오자와	다나카	하라다	카노
1	엔진 탑재					
2	Rr 액셀 탑재					
3	배기관 부착					
4	타이어 부착					
평가		전혀 못함	조금 가능	거의 가능	혼자서 가능	지도 필요

〈그림 4-6〉 다능공화, 잡 로테이션 실시

스터하는 것이다.

이 경우에서는 한 사람이 3공정을 할 수 있는 것을 목표로 하고 있다. 그림에서 나타낸 것처럼, 호리키리씨는 엔진 탑재와 리어 엑셀 탑재, 배기관 장착의 3공정을 마스터하고 있다. 이러한 3개의 공정을 모두 습득할 수 있도록 하는 것이 중요하다. 다나카씨의 경우, 엔진 탑재와 배기관 장착은 마스터했지만, 리어 액셀 탑재에 대해서는 아직 불충분하다는 것을 알 수 있다. 한 사람이 적어도 3공정을 할 수 있는 것을 목표로 하고 있기 때문에, 다나카씨에게는 더 열심히 하도록 지도한다.

원래 다능공화는 무엇을 위한 활동일까. 그 원래의 목적은 종업원을 활성화시키기 위한 것이다. 종업원을 활성화시키는 방법에는 여러 가지가 있지만, 다능공화도 그 중 하나이다. 필자의 생각으로는 일이란 통상의 업무에 개선 혹은 새로운 업무를 조합한 것이다. 통상업무라는 것은 일상업무이며, 앞서 말한 호리키리씨의 경우는 엔진 탑재의 작업이 이에 해당한다. 이 사람에게 있어서 개선적 혹은 새로운 업무라는 것은 리어 액셀 탑재와 배기관 장착의 업무를 말한다. 이러한 개선적 혹은 새로운 일을 체험, 경험시키는 것이 중요하다.

한 공정만을 담당시켜 같은 작업만을 반복시키면, 사람은 타성에 젖는다. 타성이라는 것은 현상유지이기 때문에 앞서 말한 것처럼 '현상유지 = 의욕저하'가 된다. 능력과 뇌의 힘이 저하되어 버린다는 것이다. 예를 들어서 미국의 공장에서는 작업자는 매뉴얼대로 밖에 작업하지 않으며, 매뉴얼을 개선한다는 것은 드물다. 이러한 공장에서는 공장 전체가 타성에 젖어버리게 되어 작업자의 의욕과 능력이 저하된다.

이에 비해 일상적인 업무 이외에 새로운 업무를 추구함으로써 사람은 뇌 속에서 새로운 것에 대해 대처하고자 하는 여러 활동을 시작한다. 이에 따라 사원이나 현장직원도 활성화된다는 것이다.

다능공화는 종업원이나 현장을 활성화시키는 것은 물론, 회사에 있어서도 장점이 있다. TACT TIME을 변경한 경우이다. 이때 작업의 범위가 당연히 변하기 때문에 담당자 중에는 자신이 담당하고 있는 작업 외의 새로운 작업을 해야 할 필요가 생긴다. 그렇더라도 작업자가 다능공화되어 있으면 문제없이 작업을 진전시키고, TACT TIME의 변동에도 능동적으로 대응할 수 있다.

사실, 도요타에서는 다능공화가 진전되어 있다. 앞의 사례에서 오전 중에 호리키리씨는 엔진 탑재를, 오자와씨는 리어 액셀 탑재를 담당하고, 오후에는 이 두 사람이 교대로 한다. 이렇게 오전과 오후의 작업을 교대하는 것을 작업 로테이션이라고 한다. 이렇게 함으로써, 다른 사람이 하고 있던 공정을 경험하고, 다른 공정의 일을 배울 수 있다.

공정에는 아무래도 업무의 양과 질에 있어 작업자 사이에 균형이 맞지 않기 때문에 작업자가 서로 교대하는 것을 통해서 작업의 양과 질의 공평화를 도모한다는 목적도 있다. 즉, 다능공화는 개인에 있어서도 플러스가 되고, 회사에 있어서도 커다란 장점이 되는 것이다. 다능공화를 계획적으로 실시하기 위해서는 개인별 계획표를 세워서 교육과 훈련을 추진한다. 개인별로 어떠한 일정으로 다능공화를 추진하는가, 어디까지 추진했는가의 실적을 알 수 있도록 하는 것이 포인트다.

다능공화나 작업 로테이션에 대한 운영방식은 현장의 작업자뿐만 아니라, 간접부문인 사무부문이나 기술부문의 사무업무에도 응용할 수 있다. 상사로부터 지시 혹은 명령받은 일뿐만 아니라, 새로운 일이나 개선적인 업무가 필요하다고 하는 것은 직종을 묻지 않기 때문이다.

즉, 전체 일은 다음과 같은 식으로 표시된다.

> **전체 일 = 수동적인 일(혹은 일상적인 일) + 개선업무(새로운 업무)**

특히 간접부문은 개선업무(새로운 업무)의 비율을 끌어 올리는 것이 중요하다. 예를 들어서 전체 업무가 주 40시간이고 그 중 개선업무에 4시간을 사용한다고 하면, 개선업무도는 10%가 된다. 이 비율을 올리는 것을 통해서 간접부문의 부서들은 활성화될 수 있다.

이것은 간접부문의 합리화와도 연결된다. 이 비율을 높인다는 것은 기존업무의 시간을 단축할 필요가 있기 때문에 자연히 자주적으로 기존업무를 효율화 하는 것이 된다. 그에 따라 개선업무가 늘어나 새로운 업무에 도전하고자 하게 되고, 나아가서는 회사의 생산성 향상과 일의 효율화, 고도화로 연결된다.

(3) 창의연구 제안제도

도요타에서는 '창의연구 제안제도'라고 부르고 있지만, 본질은 '창의연구 실시제도'이다. 창의적 생각과 연구를 제안하는 것만으로는 거의 의미가 없다. 창의적 생각과 연구를 통해 개선을 실시함으로써 평가를 받는다. 따라서 제안만이 아니라 개선을 실시하는 것에 중점을 둔다.

〈그림 4-7〉에 나타난 것처럼, 생산성이나 품질, 안전성의 향상, 비용절감 등의 개선을 실시하여, 그 실시내용을 나중에 창의연구 제안용지를 통해서 보고·제안한다. 여기에 적혀 있는 평가항목을 기준으로, 회사에 대한 공헌도를 생각하면서 평가하는 것이다. 그리고 항목별 평가에 준한 상금이 주어진다. 상금은 500엔부터 20만엔까지이다. 그렇지만 상금을 주는 것이 목적이 아니라, 제안자나 부서·공장의 성취감, 행복감을 충분히 맛보게 하기 위한 시스템이라고 하는 것이 중요하다.

이 창의연구 제안의 내용은 개선의 모든 것을 포함하고 있다. 5S에 한정해도 좋다. 그 외에 공정개선이나 비용절감, 품질개선 등 여러 활동에

- **직원이 일상업무 중에** 생산성, 품질, 안전성 향상, 비용절감 등에 대해서 개선하고 실시한 내용을 제안하는 제도
- **제안 평가 내용**
  ① 효과A(유형) … 인원삭감, 비용절감, 설비투자삭감
  ② 효과B(무형) … 공수·공간 삭감, 안전성·환경·품질 향상
  ③ 이용도 … 수평적 전개가 가능한가(다른 부서에 확산될 수 있는가)
  ④ 독창성
  ⑤ 착안성
  ⑥ 노력도

· 상금 : 500엔~200,000엔
· 년간표창 : 현장표창, 개인표창

〈그림 4-7〉 창의연구 제안제도

대해서 보고한다면 평가받을 수 있다. 예를 들어, 공수나 공간이 줄었거나 안전성이 올라가거나 품질이 향상되었다는 성과로 연결된다면 평가는 좋아진다. 효과는 돈으로 계산할 수 있는 유형과, 돈으로는 환산할 수 없는 무형의 것이 있다. 도요타의 제조부의 경우, 한 사람당 월 1건 이상, 연간 12건 이상이라는 목표가 있다.

(4) 작업장 안전의 확보

작업장의 안전 확보는 그 어떤 것보다도 우선한다. 개인적으로도 회사로서도 최우선의 과제이다. 작업장의 안전을 확보하여 무재해 현장 만들기를 위해서 위험을 예지하는 활동을 'KY'라고 부르고 있으며, 도요타에서는 전 공장에서 실시하고 있다(〈그림 4-8〉 참조).

안전교육과 훈련, 섬뜩했던 것들에 대한 제안, 안전우량 직장의 인정·표창 등 여러 활동을 전개하고 있다. 앞서 말한 바와 같이 집단 앞에서 표창하고 칭찬해 주는 것이 중요하다. 칭찬 받은 사람은 일하는 보람과 행복을 느끼기 때문에 더 새로운 개선 활동에 몰입할 수 있게 되고 의욕도 향상된다. 활성화 하나하나의 활동은 그다지 중요하다고 느끼지 않을지도 모르지만, 이 하나하나가 모여서 큰 효과를 내는 것이다.

- **무재해 현장 만들기**
  ① 위험 예지 활동 : 교육·훈련
  ② 위험 경험 제안　(포상)우수제안 표창(매달, 표창장+상금)
  ③ 안전 우량 현장 인정(인증서)

〈그림 4-8〉 현장 안전 확보

(5) 설비보전

　설비보전이란 제조현장의 작업자가 가능한 한 자신의 설비를 자신이 보전하는 것이다. 이전에는 설비보전을 위한 보전전문가가 있어서 제조부 내에 보전과까지 있었다.

　최근에는 작업자가 가능한 부분까지는 작업자가 스스로 하도록 되어 있다. 〈그림 4-9〉의 '일상 보전'이 있는데, 간단한 보전은 그 설비를 사용하고 있는 작업자가 일상적으로 보전을 하는 것을 의미한다. 따라서, 작업자 자신이 설비에 관한 어느 정도의 이해가 되어 있지 않으면 안 된다. 거기서 생산라인의 보전에 대해서 ① 설비사양에 관한 교육과 설비 조작 등의 훈련, ② 일상점검, 청소, 정기점검 실시에 관한 교육과 훈련이 중요하다. 교육과 훈련을 한 뒤에 각 작업자는 담당하는 공정의 설비보전을 실시한다. 경우에 따라서 간단한 ③ 작은 수리까지 실시한다.

　예전에 도요타에서는 작업을 하는 부서와 보전부서가 나뉘어 있었던 것이 원인이 되어 작업자가 고의적으로 혹은 무의식적으로 설비를 망가뜨리는 경우도 있었다. 이것은 작업자가 "아, 작업에 지쳤다"고 느낄 때

자주보전 : 사용 부서에서 일상보전 실시
① 설비 장치 교육
② 일상점검, 청소, 정기 보수 실시
③ 소(小) 수리 실시

TPM(Total Productive Maintenance) : 매년 5월 개최
보전부서(주최), 사용부서, 생산준비부서

〈그림 4-9〉 설비보전

발생한다. 설비가 멈추면 보전원이 와서 수리한다. 그 사이에 자신은 쉴 수 있다는 것이다. '설비는 자기와는 관계가 없다. 다른 부서의 담당이다'라는 의식이 있으면, 아무래도 설비 파손 문제가 일어나기 쉬운 것이다.

그래서 설비보전의 방법을 바꿨다. 가능한 한 작업자가 보전할 수 있도록 하고, 작업자는 설비에 애착을 가지고, 설비는 자신의 분신과 같아서 설비와 일체가 되는 감각을 가지며, 한층 더 적극적인 자세로 임하게 되었다. 새로운 설비의 지식이나 보전방법 등을 공부하거나, 새로운 체험을 통해 작업자 자신을 위해서도 그것이 좋다고 납득하기 때문이다.

전원 참가의 생산보전(Total Productive Maintenance: TPM)은 보전부서가 주체가 되어 도요타에서는 매년 5월에 개최하고 있다. 그 외에 사용부서나 생산부서, 생산준비부문이 들어온다. 제조부의 작업자는 자기가 사용하는 설비의 보전을 가능한 한 스스로 담당하는 것이 필요하다.

(6) 생산회의

'생산회의'란 도요타가 사내에서 생산성을 평가해서 그 생산성을 각 공장에서 경쟁하는 회의이다(〈그림 4-10〉 참조). 다른 회사의 경우에는 생산부문 회의가 이와 유사하다.

〈그림 4-11〉을 한 번 살펴보자. X공장의 M생산부의 A조와 B조, Y공장의 O생산부의 A조와 B조 등, 생산성을 서로 경쟁하는 현상을 보여준

❶ 제조현장의 개선상황, 확인
❷ 중요 문제 재발 방지(재해, 품질, 생산)
❸ 생산성(생산능률) 평가(전 제조공정의 순서 결정)
개최 : 매달 1회
출석자 : 임원, 공장장, 제조부장, 생산준비부문
포상금 지급 : 생산능률로 평가하고 급여에 반영

〈그림 4-10〉 생산부문 회의

생산회의제도			생산보합 순위 (생산성)
X공장	M생산부	A조	20
		B조	18
		C조	1
		D조	22
		E조	9
		F조	19
		G조	10
	M부 합계		99
	N생산부	A조	8
		B조	23
		C조	2
		D조	17
		E조	7
		F조	15
		G조	21
	N부 합계		93
Y공장	O생산부	A조	14
		B조	3
		C조	24
		D조	16
		E조	6
		F조	28
		G조	11
	O부 합계		102
	P생산부	A조	5
		B조	25
		C조	13
		D조	26
		E조	4
		F조	27
		G조	12
	P부 합계		112

〈그림 4-11〉 생산회의제도

다. 생산평가(생산성)에서는 과거 생산성에서의 개선정도를 본다. 과거 생산성의 역사가 있어서 지표의 근거를 알기 힘든 면은 있지만 이 생산성은 수치화되어 있다.

이 생산성의 수치를 좋은 쪽에서부터 순위를 매긴다. 〈그림 4-11〉의 경우에서는 Y공장 O생산부의 F조가 생산성의 성적이 가장 나쁘고, X공장 M생산부의 C조가 가장 좋다는 것을 알 수 있다. 좋은 조는 다음 달의 급여가 올라가고, 나쁜 조의 급여는 떨어진다.

예를 들어 10조 이내에 계속해서 들어가는 등 생산성의 상위 랭크를 유지하고 있으면 평가가 좋아져서 다음 해의 급여·상여·승격에 유리하게 된다. 거꾸로 생산성이 나쁜 조는 평가가 내

려간다. 이러한 공장의 비교를 생산회의라고 하는 형태로 회사의 경영층을 포함한 많은 사람들이 참가하여 모인 곳에서 발표한다는 것이다. 그렇게 하면 생산성이 나쁜 조의 사람들은 '하위에 있으면 안 된다'라고 어떻게든 탈출하고자 한다. 생산성이 좋은 조의 사람들은 '잘했다'라고 회의장에서 칭찬을 받고 성취감을 느낀다. 그렇지만 하위의 조를 회의에서 깎아 내리는 것이 목적이 아니라, '다음 달에는 열심히 하자'라고 생각할 수 있게 하는 것이 원래의 취지다.

생산성의 성적은 급여계산의 한 항목이 되는 '생산급'에 반영시킨다. 그렇기에 제조부에 따라서는 이 생산보합은 대단히 중요하고, 경우에 따라서는 생산성이 올라가는 일밖에 하지 않거나, 이것만 하겠다고 생각하는 사람이 나오기도 한다. 그러면 회사에 있어서는 오히려 손해가 되기도 한다. 이러한 문제점도 있기는 하지만 부정적인 측면보다 긍정적인 측면이 크기 때문에 도요타에서는 현재까지 몇 십 년 동안 계속 해오고 있다. 도요타에서는 제조부의 급여에 반영하고 있지만, 도요타 계열사 중에는 순위는 매기지만 급여에는 반영시키지 않는 회사도 많이 있다.

어쨌든 생산회의는 생산성 상황 등을 설명·토의하고, 그 뒤 제조현장의 개선에 대해서 현장의 공장을 돌고, 실제의 개선상황을 확인해 간다. 현지·현물에서 개선상황을 확인하는 것이다. 중요 문제의 재발 방지 상황에 대해서도 회의에서 서로 이야기한다. 한 달간에 나온 재해, 주된 품질 불량, 주된 생산라인의 정지 등 중요 문제의 재발방지 상황에 대해서 점검한다.

생산회의은 경영층을 포함한 모든 관리자가 출석하는 회의에서 최종 결정한다. 생산성이 급여에 반영된다는 것은 좋은 면에서는 경쟁에 의

한 개선을 촉진시키지만, 나쁜 면에서는 하위가 계속될 경우 좌절감을 맛보게 된다. 따라서 하위그룹의 지원도 필요하다.

(7) 인재육성

〈교육 시스템〉

〈그림 4-12〉에 나타난 것은 제조부에 있어서의 엔지니어의 교육시스템이다. 가로축은 입사부터의 근속년수를 나타낸다. 이 그림에는 18세에 입사한 사람이 많다. 1~5년 사이에는 신입 교육 및 TPS 초급편에 대한 TPS 개념의 이해와 초급의 내용을 가르친다. 세로축으로는 직층(기

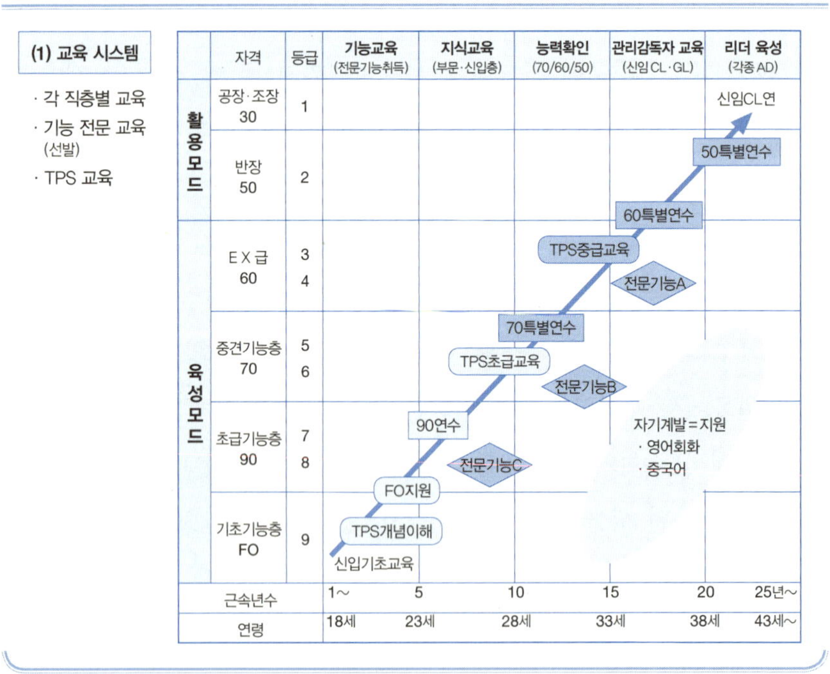

〈그림 4-12〉 인재육성-교육시스템

능원의 순위의 직층)이다. 입사 당시에는 'F층'에 속한다. 이것은 경험과 실적을 함께하며 올라간다. 상위 성적의 커리어를 쌓으면, 감독자로 바뀐다. 〈그림 4-12〉에서는 가장 위에는 공장, 조장 클래스이지만, 우수한 작업자는 차장, 부장까지 승격하는 사람도 있다. 이 직층과 근속년수에 따라서 여러 교육과 훈련 등의 연수를 실시한다.

〈전문기능 습득제도〉

〈그림 4-13〉은 전문기능 습득제도이다. 전문기능은 공장에 따라 다르지만, 공장 별로 선정해서 결정한다. 예를 들어서 프레스의 공장이라면, 프레스 기계 및 금형에 관한 전문기능을 몸에 익힌다. 표의 왼쪽에 있는 등급은 C급, B급, A급, S급이다. S급이 가장 상위다. S급은 수 백 명이 있는 부서에 2, 3명밖에 존재하지 않으며, 이는 '장인'의 영역으로서, '전문기능의 신적인 존재'라고 존경을 받는 존재가 된다.

각 등급을 취득하기 위해서는 집합교육을 받고 인정시험을 치루어야 한다. 기능원의 교육은 작업기능뿐만 아니라, 그 작업에 관련된 전문지식도 교육한다. 그 외에 다음과 같은 항목도 습득할 필요가 있다.

① 공장의 안전 위생
② 각 작업 기능의 향상

(2) 전문기능 습득 제도
① 안전 위생
② 각 작업기능 향상
③ 품질확보
④ 설비보전
⑤ 자동차 공학(일반지식)

기능습득명	습득대상자
C 급	일반작업자(재적 2년 이상)
B 급	반장(팀 리더)급
A 급	조장(그룹 리더)급
S 급	공장(현장 리더)급 : 장인 기술

· 집합교육(1W)
· 인정시험

〈그림 4-13〉 인재육성 – 전문기능 습득제도

③ 품질 확보
④ 설비보전
⑤ 자동차공학 (일반지식)

어느 정도 습득해 가면, 예를 들어 B급을 따면, 반장급, 반장이 될 자격이 있다. 또한, 이러한 전문기능 자격취득자의 이름을 S급이나 A급이라는 등급 별로 사진을 넣어서 공장에 게시하고 있다. 전문기능을 가진 것에 대해 자랑스럽게 생각하고, 나아가서 더 위를 목표로 하겠다는 향상심을 높일 수 있도록 하고 있다.

(8) 현장의 정비

현장의 정비는 공장의 '5S' 개선, 제조공정의 가시화, 표준작업준수의

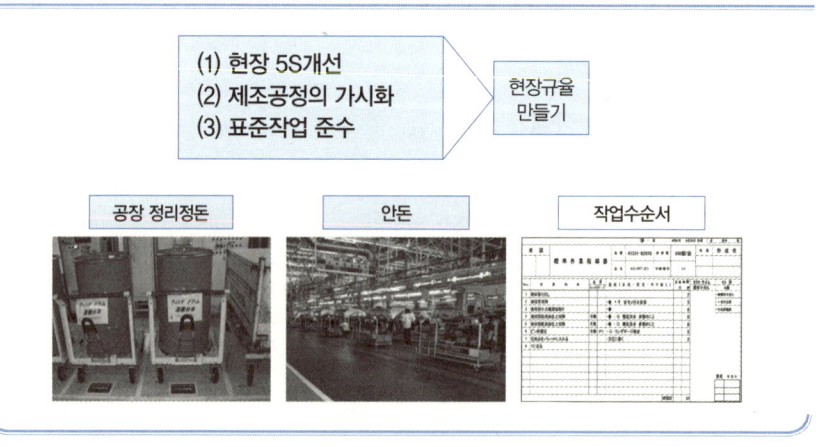

〈그림 4-14〉 현장의 정비

3개 항목으로 이루어진다(〈그림 4-14〉 참조).

〈현장의 5S 개선〉

현장의 정비란 스스로가 일하는 부서나 공장내부 환경을 좋게 하기 위한 활동이다. 그 하나가 현장의 5S이다. 〈그림 4-14〉의 사진에서 보는 바와 같이, 통로·스토어(Store)의 구획선을 그어서 정리, 정돈을 하고, 재고 상황을 반드시 알 수 있도록 하는 활동이 5S이다.

현재 5S는 세계 모든 공장에 퍼져 있다. 원래는 정리(seiri), 정돈(seiton), 청소(seiso), 청결(seiketsu)의 4S를 실시해 왔다. 거기에 덧붙여서, 정착화를 위한 습관을 만들어 가는 것이 중요하다는 의미로, 습관(shukan)을 덧붙여서 5S가 되었다(〈그림 4-15〉 참조).

5S의 최대 목적은 종업원과 현장의 활성화이다. 이 활동은 대단한 것이 아니라고 생각하기 쉽지만 공장 전체를 활성화할 수 있는 활동이라

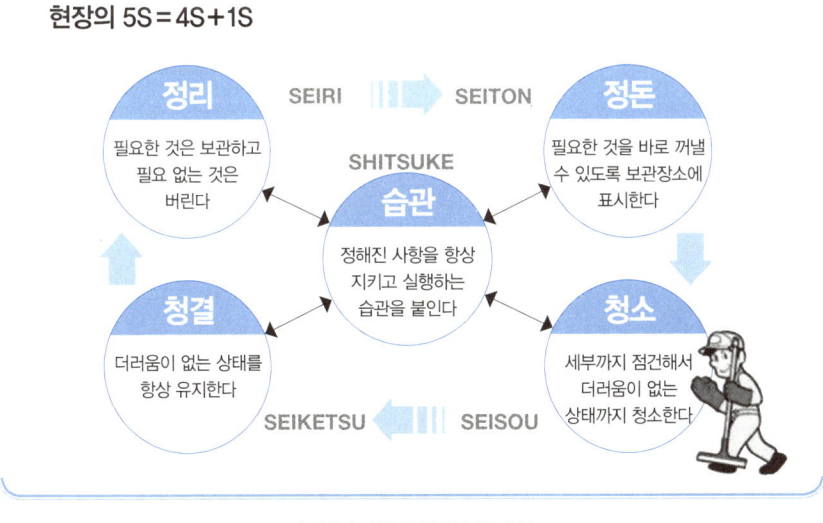

〈그림 4-15〉 현장의 5S 개선

는 측면에서 대단히 중요하다. 5S의 기본은 어느 현장이라도 전원 참여로 행하는 활동이다. 도전하기 쉬운 활동이고, 성과도 비교적 금방 나오기 때문에 성취감을 느끼기 쉬운 강력한 활동중의 하나이다.

경영자에 따라서는 5S를 해서 '얼마 벌었나?'라고 묻는 사람들이 있다. 그런 사람들에게 필자는 '금방 벌지 않아도, 종업원과 현장의 활성화가 있다면 나중에 벌 수 있습니다'라고 대답하곤 한다. 즉, 5S의 활동은 종업원과 현장을 변화시키는 것이 진짜 목적인 것이다. 5S를 실시함에 따라 '한 대당 얼마나 벌었는가'라는 것은 조급하게 생각하지 않아도 된다. '활성화 할 수 있으면 좋다'라고 생각하는 것이 중요하다.

〈제조공정의 가시화〉

공장의 주요 정비 활동 중 하나가 '제조공정의 가시화'이다(〈그림 4-16〉 참조). 도구로서는 다음과 같은 5가지가 대표적이다.

① 생산 관리판

생산 대수와 작업의 진척 정도를 시간 단위로 파악하기 위한 관리판

가시화를 위한 도구	생산 대수	작업 지연, 진행	표준작업 준수	작업 훈련	재고 관리	품질 확보
(1) 생산관리판	○	○				
(2) 페이스 메이커		○	○	○		
(3) 공정 안돈	○					○
(4) 품질관리판(품질코너)						○
(5) 정위치 정지 라인		○	○	○		○

- 생산공정의 생산상황(생산 지연, 진행, 이상발생 공정 등)을 누구나 쉽게 알 수 있도록 문제 조기대책을 실시
- 사무소(하우스)는 오오베야화(大部屋化) 실시

〈그림 4-16〉 제조공정의 가시화

이다. 생산 대수와 작업의 진척 정도는 누계로 시간 단위로도 알 수 있도록 한다.

② 페이스 메이커(Face Maker)

작업의 진척을 작업자와 관리자가 금방 파악할 수 있게 하는 장치다. 램프의 표시에서 작업의 지연·진척을 알 수 있도록 장치나 소리로 현재 상태를 알린다. 여러 장치가 있지만 가장 좋은 페이스 메이커는 조립라인이 사용하는 컨베이어 방식이다.

③ 공정 안돈

생산 상태가 시시각각으로 변하는 라인이 지금 어떠한 상태에 있는가를 보여 주는 도구이다. 각 공정의 작업자는 물론, 감독자, 관리자도 이 공정 안돈에 항상 주목하고 있다.

④ 품질관리판(품질 코너)

품질관리판은 품질의 상황을 '가시화'하는 장치이다. 자세한 것은 품질 편에서 설명한다.

⑤ 정위치 정지 라인

다음의 항목을 보고 금방 알 수 있도록 설정하는 것이다.
- 작업의 지연 진척
- 표준 작업의 준수
- 작업 훈련 결과의 상황
- 품질 확보

현장의 활성화 활동이란 기본적으로 공장이나 부서 전체의 능력과 의욕을 높이는 활동이며, 전원이 참여하는 것을 원칙으로 한다. 많은 사람들이 관련되기 때문에, 여러 사람이 보고 금방 알 수 있도록 하는 것이 중요하다. 누가 봐도 금방 알 수 있도록 하면, 대책을 빨리 세울 수 있으며, 그렇게 함으로써 품질과 생산성도 좋아진다.

〈표준작업 준수〉

TPS에는 '표준작업'이라는 단어가 자주 나온다. 표준작업서란 작업의 매뉴얼 같은 것이다. 해외에서는 Industrial Engineering(IE)의 부문에서 만드는 경우가 많다. 실제로 작업을 한 적이 없고, 진짜 품질을 확보할 수 있는지조차 모르는 엔지니어가 매뉴얼을 만들어, 그것을 작업자에게 강요하는 것이다. 그래서는 품질이 높은 표준서를 만들 수가 없다.

그에 비해, Total TPS의 경우에는 현장의 감독자와 작업자가 이 표준서를 만든다. 〈그림 4-17〉을 보면, 감독자와 작업자가 중심이 되어 표준작업서에 따라 작업을 실시한다. 그에 맞춰서 작업의 상황을 현장에서

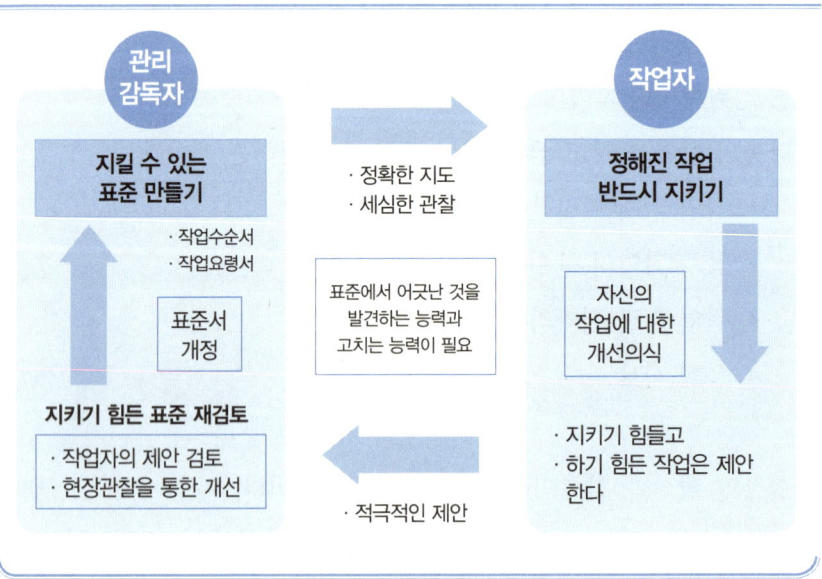

〈그림 4-17〉 **표준작업 준수**

관찰하고, 문제점을 발견하면, 개선 혹은 개량할 부분을 제안하고, 표준서를 스스로 수정해 나간다. 다시 말해서 '지킬 수 있는 표준서를 작업자 스스로 만든다'는 것이다.

표준작업서의 작성은 작업자의 리더계층인 반장이 중심이 되어 만든다. 작성하면 그것을 기준으로, 부하 작업자들에게 정확히 가르쳐서 훈련을 시킨다. 그리고, 작업자는 실제 작업과 그 표준작업을 비교하여, 지키기 어려운 점이나 하기 어려운 점이 있으면 개선해 간다. 표준작업서의 개정 권리는 현장 측에 있다.

3

개선활동 –
❶양산라인의 개선

(1) 설비개선

양산라인에 있어서의 설비개선의 포인트는 (1) 설비의 4S, (2) 설비보전, (3) 금형 교체시간의 단축 등 3가지이다(〈그림 4-18〉 참조).

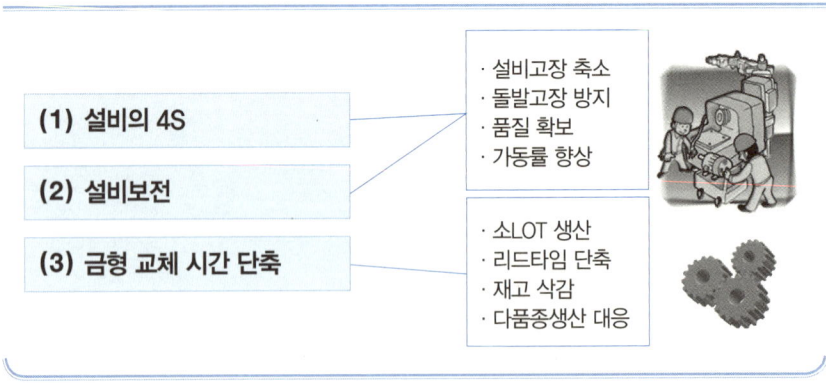

〈그림 4-18〉 TPS에서 Total TPS로 발전

설비보전의 기본 : 설비를 깨끗하게 유지하는 것

① **설비·치구의 점검·청소**
　· 체크시트를 작성하여 점검, 청소
　· 설비의 기능, 구조를 학습

② **눈으로 보는 관리 실현**
　· 표시를 명확(라벨, 색)하게 한다

| · 밸브개폐방향 | · 액체의 흐름 | · 윤활유의 종류, 양 |
| · 정밀도 규격치 | · 카운터마크 | · 연차 점검 라벨 등 |

〈그림 4-19〉 설비의 4S (정리, 정돈, 청소, 청결)

〈설비의 4S〉

설비에 4S를 전개하면(〈그림 4-19〉 참조), 다음과 같은 문제점이 발생한다.

　－ 설비 불량에 의한 설비 고장, 품질 불량의 발생 예 －
　　① 공조 필터 막힘에 의한 공조 불량
　　② 광전관의 더러움으로 인한 감도 불량
　　③ 분전반 내의 먼지 덩어리에 의한 누전, 화재
　　④ 반송 슈트의 깨어짐이나 깎임에 의한 제품의 흠 발생
　　⑤ 도장의 웅어리, 먼지 부착 불량 등의 발생

공조 필터에 먼지가 쌓이거나, 공조의 덕트 안에 쌓인 먼지에 불이 붙어 공장에 큰 불이 나서 완전히 타버린 사례가 있다. 따라서 설비보전의 기본은 설비를 깨끗하게 보전하는 것이다. 특히 다음과 같은 점에 주의해야 한다.

① 설비·치구의 점검·청소
- 체크시트를 만들어서 점검, 청소한다.
- 설비의 기능, 구조를 공부한다.

② 눈으로 보는 관리를 할 수 있도록 한다.
- 표시를 명확(라벨, 색)하게 한다.
- 밸브 개폐 방향 및 액체 흐름 방향의 명시
- 윤활유의 종류, 양의 명시
- 정도 규격치의 명시
- 합격 마크의 명시
- 연차 점검 라벨의 명시 등.

〈설비보전〉

설비보전은 제조부의 작업부서가 해야 할 보전과 전문 보전부서가 해야 할 보전, 2가지로 나뉜다(〈그림 4-20〉, 〈그림 4-21〉 참조).

제조부의 작업부서가 해야 할 보전은 '일상점검'과 '자주보전'이다. 일

〈그림 4-20〉 설비보전

❶ **일상점검** … 제조부서

① 설비「일상점검표」를 설비 때마다 작성
  (점검은 매일 업무시작 전 또는 가동종료 시에 실시)
② 설비 청소

❷ **자주보전** … 제조부서 (단계적으로 실시)

① 자신의 사용설비는 스스로 실시
② 간단한 수리, 사전교환, 작은 개선 실시
 · 설비의 기능, 성능을 이해
 · 정상인지 이상인지 판단 가능
 · 보전의 지식, 기능을 습득

 보전전문부서의 지도와
 강습을 받아서 습득

〈그림 4-21〉 설비보전: 작업부서가 수행해야 할 보전

상점검이란 설비의 4S, 간단한 점검, 급유·나사조절, 청소라고 하는 간단한 보전이다. 이것은 설비를 사용하고 있는 작업자 자신이 실시한다. 자주보전이란 설비 사용자인 작업자가 가능한 한 자기 스스로 보전을 하는 것이다. 작업자가 할 수 없는 전문적인 보전은 전문 보전부서가 실시한다.

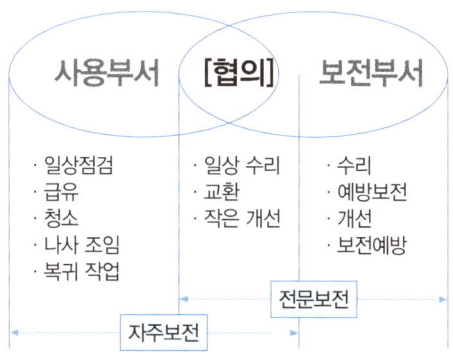

〈그림 4-22〉 사용부서와 보전부서의 관계

설비의 작은 수리, 소모품 교환, 설비의 작은 개선 등의 분담은 설비의 사용부서(작업자)와 전문 보전부서가 협의하여 결정한다(〈그림 4-22〉 참조). 그렇더라도 가능한 한 설비 사용부서의 보전 범위를 확대해 나가는 것이 포인트이다.

〈전문보전〉

설비의 작은 수리, 소모품의 교환, 설비의 작은 개선 등의 보전은 전문 보전부서가 실시한다. 전문 보전부서는 ① 보전회의, ② 보전교류회, ③ TPM월간을 주최한다. 이들은 보전 일에 관계된 부서가 보전의 중요성을 인식하거나, 전문기술을 높이기 위해 연마를 쌓는 장이다. 여기서 사용부서와 보전부서의 역할 분담도 결정한다. 도요타에서는 당초 보전에 관한 모든 일은 보전 전문부서가 담당했지만, 그것을 점차 사용부서로 전환시키고 있다.

전문보전은 다음의 4가지로 나뉜다.

① 사후보전: BM (Breakdown Maintenance)
  - 설비가 고장났을 때의 복구 수리, 조정 작업(고장 발생 후의 수리)
② 예방보전: PM (Predictive Maintenance)
  - 설비사용 중에 예방하는 보전(미연에 고장을 방지)
  - 예지 보전: PDM (Predictive Date Maintenance)
③ 개선보전: KM (Kaizen Maintenance)
  - 고장발생 후에 개량을 덧붙인 보전(재발방지 활동)
④ 보전예방: MP (Maintenance Prevention)
  - 설비계획 시에 보전이 불필요하도록 추구하는 활동 (Maintenance Free)

〈보전회의〉

보전회의란 보전 전문부서와 사용부서 간의 보전활동 교류를 하는 회의이다. 내용은 다음의 3가지이다.

① 보전실시 내용·재발방지·개선내용의 설명
② 보전부서와 사용부서의 상호 정보교환
③ 예방 보전실시 예정의 설명(보전 전문부서)

〈보전교류회〉

보전교류회는 각 설비 계획부서(생산기술부)와 보전 전문부서, 제조부서(사용부서) 사이의 교류회다. 교류의 내용은 다음의 3가지이다.

① 보전정보(고장, 수명)의 설비 계획부서(생산기술부)로의 피드백
② 보전기능, 기술의 의견 교환, 상호 레벨 업
③ 보전성에 관한 개선요망 등

〈TPM월간〉

TPM월간이란 보전 전문부서, 사용부서, 설비 계획부서를 포함한 전

- 매년 5월에 실시
- 보전전문부서, 사용부서, 설비계획부서를 포함하여 전원을 대상으로 한 행사

  ① 보전 의욕 고양 … 포스터, 작문 공모
  ② 재발방지를 위한 철저한 활동 … 창의연구 특별 공모
  ③ 보전작업의 개선사례 보고 … 보전발표회 개최
  ④ 일상보전 활동의 정착화 … 설비의 4S, 자주보전(사용부서)
  ⑤ 보전수리의 신속화 … KYT(위험, 예지) 훈련

TPM: Total Productive Maintenance (전원 참가 생산보전)

〈그림 4-23〉 TPM월간 : Promotional Month of Maintenance

원을 대상으로 한 월간 행사이다(《그림 4-23》 참조). 매년 5월에 실시하고 있다.

〈금형 교체시간 단축〉

설비 또는 생산라인에서는 항상 같은 것을 생산할 수는 없다. 경우에 따라서는 설비의 금형이나 부품 등을 교환하여 다른 제품을 만드는 것이 필요하다. 설비에 있어 중요한 것은 생산을 하지 않는 시간(금형 교체시간)을 가능한 한 짧게 하여 생산성을 높이는 것이다.

그렇지만, 설비나 생산라인을 엔지니어링 하는 회사는 여러 제품을 생산하기 위해서 필요한 이 금형 교체시간의 단축에 대해서 거의 고려하지 않고 생산한다. 따라서 금형 교체시간의 단축에 대해서는, 설비·생산라인을 사용하는 회사가 고민하지 않으면 안 된다.

또한 생산공장 중의 설비·생산라인은 LOT 생산의 공정이 제법 많다. 예를 들어 프레스 부품, 수지 성형 제품, 단조 등 많은 공정이 LOT 생산이다. 금형을 교환해서 제품을 찍고(가공하고), 또 금형을 교환해서 다른 제품을 찍는다. 일반적으로 LOT 공정의 생산성을 높이기 위해서는 한 번의 LOT로 가능한 한 많은 제품을 생산해야 한다. 그렇지만 이렇게 생산하게 되면 제품의 재고가 늘어나 버린다. 재고가 늘면 반드시 재고비용이 증가한다. 이러한 LOT 생산의 생산성을 떨어뜨리지 않고 재고를 줄이기 위해서는 금형 교체시간을 단축할 수밖에 없다(《그림 4-24》 참조).

사실, 필자도 금형 교체시간 단축의 필요성을 처음에는 이해하지 못했다. 이전의 도요타 공장에서는 금형을 교환하는 데 많은 시간이 걸렸다. 예를 들어 프레스 공정에서는 대체로 4~5 공정 정도를 필요로 했다. 금형을 교환하고 다른 제품을 프레스 하는 동안의 금형 교체시간으로

금형교체 시간 단축으로 소 LOT 생산 실시

외교체작업을 증가

① 외교체작업	• 설비가동을 멈추지 않고도 가능한 작업 (금형, 도구, 치구의 준비, 뒷정리 등)
② 내교체작업	• 설비, 라인을 멈춰야 가능한 작업 (금형, 도구, 치구 등의 교환 작업)
③ 조정 작업	• 정밀도 확인, 부대설비 조정, 트러블 처리 등 설비를 멈추고 실시하는 작업

금형교체 시간 = 내교체작업 + 조정 작업 = 설비정지 시간

싱글(10분 이하)
원터치(1분 이하) } 금형 교체에 도전하자!

〈그림 4-24〉 금형 교체시간 단축

서 2시간 정도 걸렸다. 이 2시간 동안에는 제품을 생산할 수 없기 때문에, 가능한 한 한 번에 많은 제품을 찍어 내야만 생산성이 올라간다. 따라서 한 번의 LOT로, 일주일 분의 프레스를 하자고 생각하게 되었다. 회사에 있어서는 한 달 분량 정도의 제품을 프레스해 버리자는 회사도 있을 정도다.

도요타는 이러한 금형 교체시간의 단축에 대처하였다. 처음에는 Top-Down 방식에 의해 강제적으로 시작하였다. 즉, '금형 교체시간을 어떻게든 줄여라!'라는 명령에 따라 조금씩 줄여 왔던 것이다. 어느 정도 시간을 줄이고 나면, 이번에는 '10분 이하로 하라!'하는 명령이 떨어진다. 이것은 '싱글 금형 교체'라는 것으로, 10분 이하로 프레스 금형을 교환하기 위해서는 많은 생각을 하지 않으면 안 된다. 프레스기 본체뿐만 아니라, 금형, 제품을 꺼내는 장치, 투입 장치 등 여러 부분에서 많은 개선을 하지 않으면 달성할 수 없는 것이다. 이러한 개선에는 설비·금형 등의 개조 비용이 들고 많은 개선 공수를 요한다. '그렇게까지 해서 금형 교체시간을 단축할 필요가 있을까?'라고 필자도 처음에는 의문을 가지고 있었다.

하지만 받아들이지 않을 수 없는 강제적인 명령이었기 때문에 경제적인 검토를 제쳐두고 금형 교체시간을 개선하여 생산성을 가능한 한 떨어뜨리지 않고 하나의 LOT로 일주일 분의 생산량이었던 것을 8시간 분의 생산량으로 줄일 수 있었다.

그 사이, 하나의 LOT 생산을 0.5일분으로 단축할 수 있었다. 이것이 수지타산에 맞는지는 몰랐지만, LOT를 작게 해도 금형 교체시간을 단축하면 생산성은 떨어지지 않는다는 것을 이해할 수 있었다. 이러한 개선을 계속함으로써 LOT 생산에서 발생하는 재고는 경우에 따라서는 과잉재고를 가져오고 기업을 도산까지 몰고 가는 중대한 문제가 될 수 있다는 것을 잘 알게 되었다. 당연히 하나의 LOT를 0.5일분으로 한다면, 최대 재고는 0.5일분에 안전재고분을 더한 것이다. 이 최대 재고에서 최소 재고인 안전재고분을 재고로서 관리한다. 그 이전에는 최대 재고가 7일분 이상이었기 때문에 재고가 6.5일분이나 줄었다. 재고가 줄었다는 것은 재고비용의 절감으로 이어진다. 재고에 의한 비용은 다음의 식으로 표시된다.

1년간 재고에 따른 비용 = 생산공정의 총 재고 X (0.2~0.3)

이렇게 많은 비용이 들었지만, 공장의 관리자·감독자도 생산관리 관계자도 처음에는 LOT 하나의 생산량을 줄일 필요성을 잘 이해하지 못했다. 공장에 관련된 부서의 전원이 '왜 그렇게까지 할 필요가 있을까?'라

고 생각했었다. 금형 교체시간을 단축하기 위해서는 많은 개선을 필요로 했고, 설비·치구·부속 장치를 개조하기 위해서 돈도 든다. 게다가 생산을 계속하면서 개조를 하기 때문에, 시간과 공수도 많이 든다. 물론 지금에 와서는 필자도 그 중요성을 이해하고 있지만, 당시에는 도요타에서도 이해하지 못하는 사람이 적지 않았다. 점차 이해가 깊어지고 자주적으로 개선을 실시하게 되면서, 급속히 여러 라인과 설비로 퍼져 나갔다.

앞서 이야기한 대로 이전에는 프레스의 금형 교환에 2시간 정도 소요되었지만 점점 단축되어 현재는 1분 이내에 프레스 금형을 교환하고 있다. 이것은 집념 때문에 가능하다고 볼 수 있다. 1분 이하로 억제하면 구체적으로 어떤 장점이 있다든지, 계산상 어떻게 되는지 등을 생각하는 것이 아니라, 아무리 사소한 것이라도 단축하고자 하는 목표를 가지는 것이 종업원과 현장을 활성화시키고, 향상하고자 하는 의욕으로 연결된다. 금형 교체시간의 단축은 도요타에 있어서 생애의 목표이며, 영원히 추구할 목표이기도 하다.

어쨌든 LOT를 소 LOT로 바꾸어 가는 것이 중요하다. 비용절감이 얼마가 되는지가 아니라, 어찌되었든 금형 교체시간을 단축하여 소 LOT로 하는 것이 TPS의 진수이다. 항상 높은 목표를 추구해 가는 개선이 필요하다. 그 자리에 멈춰 버리면 현상유지조차도 불가능하며 조직 전체의 의욕은 저하되어 버린다.

금형 교체작업은 구체적으로는 다음과 같은 3가지로 구성된다.

① 외(外)교체 작업
　　- 설비의 운전을 멈추지 않은 채 가능한 작업 (금형, 공구, 치구의 준비, 뒷정리 등)
② 내(內)교체 작업

- 설비, 라인을 멈추지 않으면 불가능한 작업 (틀, 하구, 치구 등의 교환 작업)
　③ 조정 작업
　　- 정도 확인, 부대설비의 조정, 트러블 처리 등 설비를 멈춰서 하는 작업

외교체 작업이란 설비나 라인을 멈추지 않고도 준비할 수 있는 작업이다. 예를 들어 프레스 공정이라면 프레스 라인을 멈추지 않고 금형을 프레스기에 세트할 수 있는 상태까지 준비하는 작업이다. 하구나 치구의 준비, 뒷정리도 포함된다.

내교체 작업이란 라인이나 설비를 멈추지 않으면 할 수 없는 작업을 말한다. 금형, 하구, 치구 등의 교환이 이에 해당한다.

그리고 조정 작업이란 틀이나 치구 등을 교환한 뒤의 조정이나 품질 확인의 작업, 트러블 처리 등의 작업이다. 이것도 라인을 멈추지 않고는 불가능하므로 준비시간에 들어간다.

금형 교체시간이라는 것은 ②의 내교체 작업과 ③의 조정 작업의 합계 시간을 말한다. ①은 설비를 멈추지 않고 작업할 수 있기 때문에 금형 교체 시간에는 포함되지 않는다. 따라서, 금형 교체시간은 다음과 같은 식으로 나타낼 수 있다.

> 금형 교체시간 = 내교체 작업 + 조정 작업 = 설비 정지시간

대책으로서는 내교체 작업이나 조정 작업을 가능한 한 외교체 작업으로 바꾸어 가는 것을 기본으로 하여, 그 외에 여러 아이디어를 통해서 라인을 멈추지 않고도 금형 교체가 가능하도록 한다. 내교체 작업을

금형교환시, 교환용 금형을 미리 준비해 둔다

프레스 금형교환

교환용 금형

제거한 금형

〈그림 4-25〉 프레스 금형 교환사례

외교체 작업으로 가져가기 위해서는 내교체 작업과 외교체 작업은 무엇인가 하는 것을 제대로 파악하여 명확히 하지 않으면 안 된다.

물론 내교체 작업의 시간을 단축하는 것도 중요하다. 또한 조정 작업은 폐지하는 것이 가장 중요하지만, 그것이 불가능한 단계에서는 가능한 한 조정 작업의 시간을 단축하도록 한다.

금형 교체시간을 단축하고 난 뒤에 다음 단계에는 한 번에 생산하는 양을 줄인다. 즉, 생산의 LOT 사이즈를 작게 하는 것이다. 한 번의 생산량을 줄이면, 당연히 재고가 준다. 재고가 줄면, 그 부품을 수용하는 상자(파렛트) 수가 준다. 그리고 재고가 차지하는 공간이 줄어든다. 그렇게 해서 경비가 줄고, 전체 비용이 삭감되는 것이다.

여기에서 준비 개선의 간단한 예를 몇 가지 살펴보자. 〈그림 4-25〉는 프레스의 금형을 교환하는 사례이다. 금형 교환을 할 때는 다음에 사용하는 금형을 미리 준비하여 기계 옆에 둔다. 그렇게 해서 그때까지 사용해 왔던 금형과 재빨리 교환할 수 있도록 한다.

〈그림 4-26〉은 냉각수의 파이프를 금형에 교환하는 예이다. 이전에는

개선전	개선후
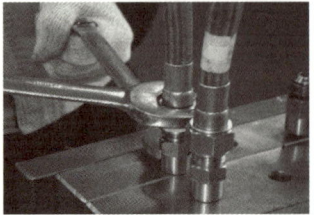	

〈그림 4-26〉 파이프 결합 사례

금형을 교환할 때마다 파이프를 틀에 대고 조이는 데 시간이 걸렸다. 이것을 퀵조인트를 사용함으로써 원터치로 결합할 수 있게 하였다. 이러한 작은 개선이 쌓여서 준비 교체시간이 단축되어 갔다. 〈그림 4-27〉에 준비 교체시간의 구체적인 단축 방법을 열거하였다.

그러면 도요타의 프레스 공정준비 개선 예를 자세하게 소개해보겠다. 〈그림 4-28〉에 나타난 것처럼 처음에는 대형 프레스 부품 금형 교체에 2시간 정도 소요되었다. 제1단계 개선에서는 금형 교체시간을 2시간에서 1시간으로 단축했다. 그리고 제2단계에서는 한층 더 단축시켜 싱글

❶ 내, 외교체의 명확한 구분 → 외교체 늘리기

❷ 내교체 시간 단축   예 · 작업순서 표준화
· 간이 탈착화 … 단품교환 → Assy교환(원터치화)
· 공구 종류 삭감, 기계화 … 스패너 → 임팩트
· 부착 볼트 수 삭감
· 틀 높이 통일 … 프레스기 슬라이드 조정 폐지
· 여러 작업자의 변행 작업 … 다능공화 훈련

❸ 조정 작업 폐지   예 · 길이 조정의 외부 작업화
· 가열 시간 단축 … 외부 작업에서 예비가열 실시
· 측정 시간 단축 … 게이지화

〈그림 4-27〉 금형 교체시간 단축

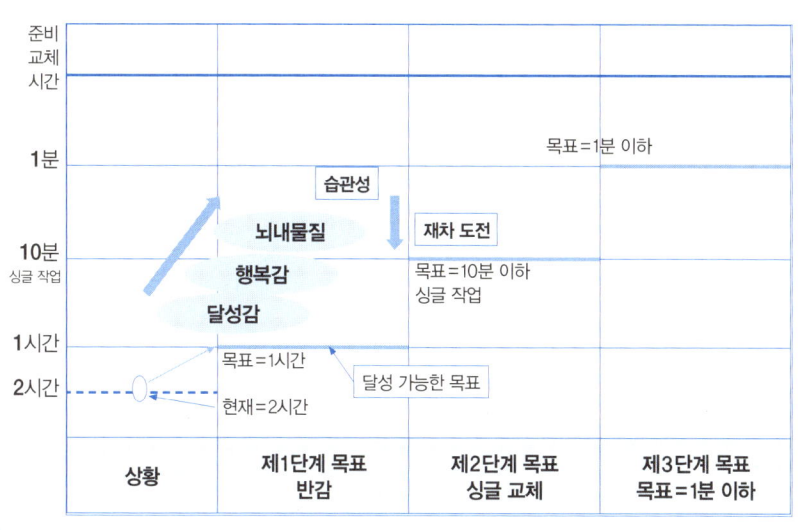

〈그림 4-28〉 금형 교체시간 단축에 따른 활성화

  금형교체(10분 이내)를 달성했다. 그 후에도 개선은 계속 진행되어 지금은 제3단계로서 1분 이내에 가능하게 되었다.

  도요타에서는 이 준비개선이 프레스 공장의 의욕을 증진시켜 종업원과 현장 모두를 활성화시켰다. 제1단계의 목표였던 한 시간을 달성한 시점에서, 이 프레스 라인의 직원들은 성취감과 행복을 느꼈다. 그에 따라 인간의 뇌는 활성화하여 의욕이 솟게 되고, 성취감·행복감을 다시 체험하고자 하는 욕구를 느끼게 된다. 즉, 향상심과 연결되는 것이다. 이 향상심이 종업원과 현장을 그 다음 목표로 이끌어 간다. 이에 따라 제2단계인 10분 이내의 싱글 금형 교체를 목표로 모두가 한마음이 되어 개선을 진행하고 목표를 달성했다.

  제2단계의 목표를 달성하면, 한층 더 큰 성취감·행복감을 맛보게 되어 더 나은 개선을 위해 모두가 움직인다. 개선체험을 통해서 경험과 지식, 능력 또한 향상된다. 따라서 싱글 금형 교체라는 목표를 달성한 후에도 '10분 이내로 가능해졌으니 이걸로 됐어'라는 식으로 만족하지 않았다. 활동을 계속함으로써 프레스 금형의 교환시간을 당초에는 불가능하다고 생각했던 1분 이하로 단축할 수 있었다. 그리고 1분 이하로 단축된 현재도 1초라도 더 단축시키고자 개선을 진행하고 있다.

이러한 활동에 따른 일의 성과, 즉 금형 교체시간의 단축은 프레스 공장 각자의 능력과 의욕의 집합으로 이루어 낸 성과라고 할 수 있다.

$$\text{작업의 성과(금형 교체 시간 단축)} = \Sigma(P \times \text{능력} \times \text{의욕})\ ;\ P\text{는 계수}$$

이러한 능력과 향상심이 있으면 프레스 공정의 금형 교체시간 단축뿐만 아니라, 다른 여러 가지 개선에도 돌입할 수 있게 된다.

(2) 작업개선

작업개선은 공정개선이라고도 하여 주로 한 부품당의 생산 공수, 즉 작업시간을 단축하는 개선을 말한다(〈그림 4-29〉 참조). 이것은 공수를 줄이고, 인건비를 삭감하는 원가절감의 활동이다.

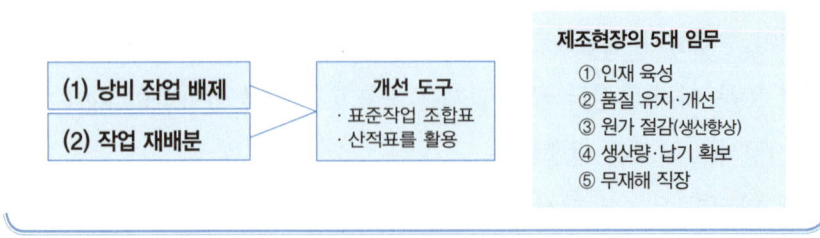

〈그림 4-29〉 작업개선

기존의 TPS에서는 작업개선부터 시작했으며, 작업 인원 삭감을 목표로 하여 개선을 진행시켰다. 기존의 TPS에서는 스스로 작업개선을 하기보다는 Top-Down 방식으로 진행되었다. 즉, 윗사람이 현장에 작업개선을 강제하는 방식이 주류였다. 제조현장 사람들은 작업개선(인원 삭감)은 스스로가 자기 목을 조르는 것이라고 생각했기 때문에 스스로가 작업개선을 하고자 하지 않았다. 그래도 처음에는 회사 경영층의 명령이기 때문에 억지로 작업개선을 하는 상황이었다. 그 후, 자주적 개선활동으로 전환했기 때문에 현재는 제조현장 스스로 작업개선을 진행하고 있다. 이 점이 기존의 TPS와 Total TPS가 근본적으로 다른 부분이다.

　TPS의 작업 개선은 IE와 공통된 생각·방법이 많다. 다른 점이라면 TPS에서는 현지·현물을 중시한다는 것이다. 이론보다도 실천, 개선하는 것을 우선한다. 실패를 두려워하지 않고, 실제의 현장, 생산라인의 개선을 실시한다. 그리고 개선을 통해 여러 가지 사항이 드러나기도 한다.

　그러므로 작업개선을 실시하기 전에 생산라인의 낭비를 신속하게 파악 할 수 있는 인재를 육성할 필요가 있다. 기존의 TPS에서처럼 경영층이 지시하는 일부의 개선 멤버만이 이해를 하고 그것을 현장에 강요하는 시대는 끝났다. 현장이 자주적인 작업개선을 하기 위해서는 현장 사람 전원을 대상으로 한 인재교육과 훈련이 필요하다. 그렇지 않으면 전원 참여형의 개선을 실현하기란 어렵기 때문이다. 낭비나 문제점을 항상 스스로 파악하여 개선하는 현장집단을 키우는 것이 중요하다. 문제를 확인할 수 있는 안목을 길러주는 것이 상사나 관리자의 역할이다.

　〈그림 4-30〉을 보면, 생산라인의 작업자는 생산을 하고 있는 것처럼 보이지만 실제로는 가치창출과는 거리가 먼 낭비적인 움직임이 대단히 많다. 그렇지만 관리자나 감독자, 작업자는 일련의 작업을 일이라고 생각하고 있다. 생산라인에는 7대 낭비가 숨어 있는 경우가 많다.

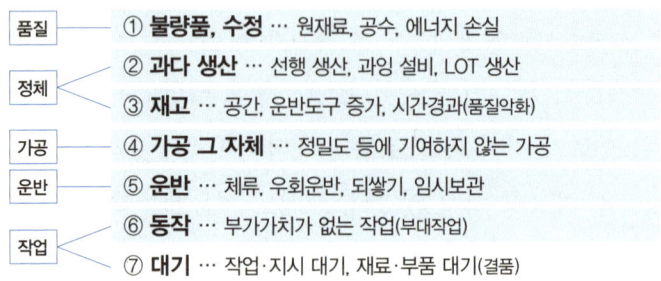

〈그림 4-30〉 낭비 작업의 배제

〈7대 낭비〉

① 불량품을 만들어서 그 불량품을 고치거나 불량품을 폐기하는 낭비

② 과잉생산의 낭비. 재고액×0.2~0.3의 비용이 발생한다.

③ 재고의 낭비. 재고액×0.2~0.3의 비용이 발생한다.

④ 가공 자체의 낭비. 진짜 가공에 기여하지 않는 가공.

⑤ 운반(공정간, 공장간)의 낭비. 운반의 대부분은 가치를 창출하지 않는다.

⑥ 동작의 낭비. 부가가치를 내지 않는 동작, 준비작업 등의 낭비

⑦ 대기의 낭비

생산라인의 작업공정의 내용을 더 자세히 분석해 보면, 〈그림 4-31〉처럼 된다. 이 낭비에 포함되지 않는 작업이라도 잘 분석하면, 정미작업(진짜 가공하는 작업)과 부가가치를 내지 않는 부대작업으로 나뉜다.

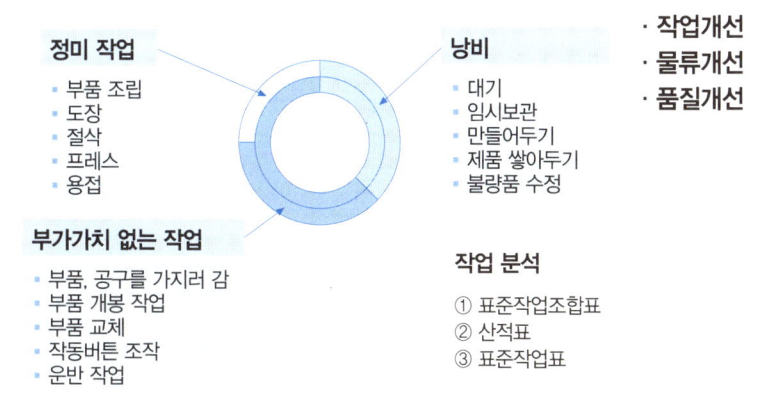

〈그림 4-31〉 현장작업의 실태

따라서 일반적인 공정을 분석하면 하나의 공정 내에서 정미작업이 차지하는 비율은 대단히 작은 경우가 많다. 예를 들어 60초의 TACT TIME 중에서 정미작업은 기껏해야 15초, 전체의 1/4 정도밖에 없는 경우도 많다. 나머지 3/4은 가치를 창출하지 않는다. 이 3/4은 필수불가결한 부대작업과 7대 낭비로 구성되어 있다.

이렇게 실제 작업은 대부분 낭비에 의해 구성되어 있다는 전제 하에 낭비를 발견하고 제거해 간다. 혹은 아이디어를 통해서 작업개선을 계속해 간다. 이런 식으로 전체 작업에서 차지하는 정미작업의 비율을 가능한 한 높여서 부가가치를 내지 않는 작업을 줄여가는 것이 중요하다.

다음은 작업공정을 분석하기 위한 도구를 설명하고자 한다. 〈그림 4-32〉는 표준작업 조합표를 사용한 동작분석의 예이다. 이 표준작업 조합표에 요소작업, 작업시간을 기입하여 동작을 분석한다. 이 그림에서 중요한 것은 각 요소작업간의 보행시간, 대기시간을 명확히 하는 것이

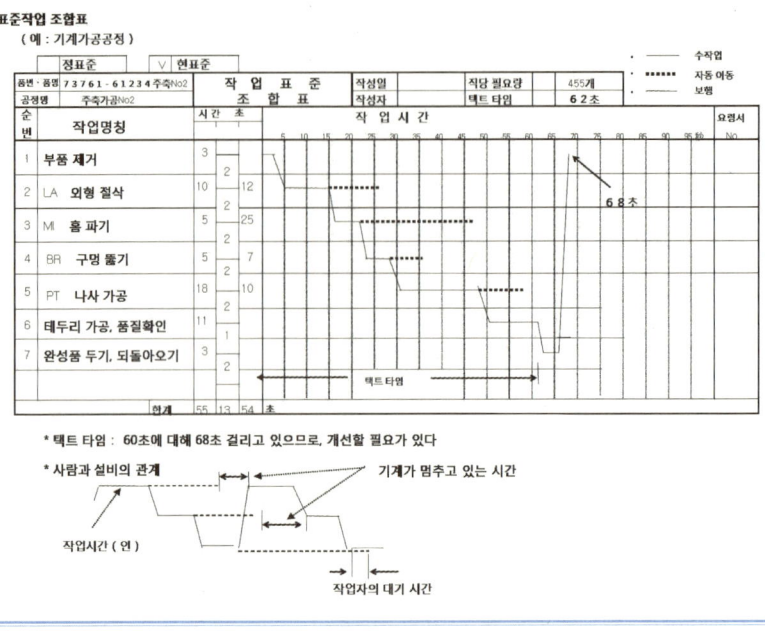

〈그림 4-32〉 표준작업 조합표를 사용한 동작분석

다. 각 요소작업 간의 보행시간은 낭비이며, 부품의 배치, 도구의 배치, 설비의 레이아웃 변경 등의 연구를 통해서 단축해야 한다.

이렇게 표준작업 조합표를 만들어 동작을 분석함으로써 낭비를 가시화하여 공정개선을 한다. 이것은 제조부 스스로가 동작분석을 하여 공정을 정비해야 한다. Top-Down 방식이 아니라 자발적, 자주적인 개선을 유도해 간다. 이 작업개선 또한 제조부 활성화 활동의 일환이 된다. 작업개선을 통해서 종업원과 현장을 활성화시키는 것이다.

이 동작분석의 예를 조금 더 자세히 살펴보자. 각 작업의 명칭이 1~7까지 있다. '시간'란을 보면, 각 작업 명칭의 시간을 '수(手)', '보(步)', '송(送)' 등 3개로 나누어서 각각의 시간을 기입하고 있다. '수(手)'은 각 작업의 작업시간이다. '보(步)'은 각 작업 사이의 시간을 적어둔 것에서 알 수 있듯이, 하나의 작업에서 다른 작업으로 옮기는 데 필요한 보행시간이다. '송(送)'은 부품을 세팅한 후 기계가 자동적으로 가공하고 있는(보내고 있는) 시간이다. 이렇게 시간을 분류함으로써 특히 걷는 시간의 낭비(합계 13초)를 명확히 파악하여 개선으로 연결시킨다. 여기서 표준작업 조합표의 TACT TIME은 62초이지만, 이때의 합계 시간은 68초이기 때문에 6초를 초과하고 있다. 적어도 6초 이상을 단축할 필요성이 있는 것이다.

최근 도요타에서는 양산을 시작한 다음에 이런 개선을 시작하는 것이 아니라, 양산을 시작하기 전 단계(도요타에서는 '제조준비'라고 한다)에서 실시하고 있다. 제조준비 단계에서는 과감한 개선이 가능하며, 개조 비용도 적게 들고 효과도 크다. 이 활동은 뒤에서 설명하겠다.

〈작업의 재배분〉

〈그림 4-33〉에 표시한 것이 작업 재배분의 예이다. 이 경우에는 7개

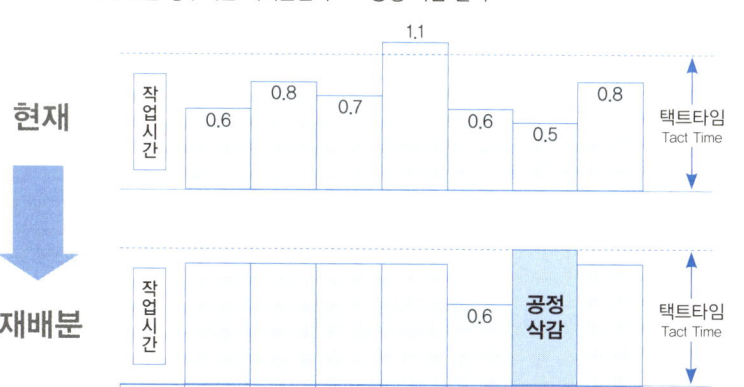

〈그림 4-33〉 작업의 재배분

공정의 각 작업량이 1분간의 TACT TIME에 대해, 예를 들어 6공정에서는 절반, 4공정에서는 11할로 들쑥날쑥 한다. 각 공정이 딱 1분간의 TACT TIME대로의 작업량이라고 하면 이 라인의 전체 작업량의 합계는 7분이지만 실제는 0.6+0.8+0.7+1.1+0.6+0.5+0.8=5.1분간이 된다. 즉, 적어도 6개 공정에서 충분히 작업을 할 수 있다. 더 개선을 한다면 5개 공정으로도 가능하다.

따라서 작업을 재배분할 필요가 있는데, 재배분할 때는 이 1분간의 TACT TIME에 대해서 앞의 1번 공정에서 순차적으로 작업량을 0.9(위의 사례에서는 그렇게 해도 여유가 있다)로 줄여간다. 앞에서 줄여가면 6번 공정에서는 여유분이 0.6이 된다. 이렇게 하여 7번 공정은 필요가 없게 되고, 한 공정을 삭감할 수 있게 된다.

이러한 삭감작업은 작업자 자신이 할 수 있는 것이 최선이지만, 강요하면 반발을 불러 일으켜 의욕을 상실하게 만든다. 기존의 TPS에서는 경영자나 외부 컨설턴트가 갑자기 공정 삭감을 하려고 했었다. TPS 전문가는 라인을 보기만 해도 어느 공정, 어느 작업에 낭비가 있는지 바로 알 수 있다. '여기, 낭비', '저기, 몇 초간 남아돌고 있어', '여기, 놀고 있어' 하는 식이다. 여기서 전문가는 낭비를 발견할 때마다 때때로 화를 내고 무리하게 공정개선을 강요한다. 그러나 이러한 기존의 방법으로는 현장 사람들은 자신의 작업장에 외부사람이 들어와서 다 휘저어 놓는다고 느끼고, 오히려 보수적이 되어 자기를 방어하려고 한다. 어느 정도 효과가 나오더라도 TPS 전문가가 지도를 끝내면 원상복귀 해버리기 때문에 정착하지 않는다. 따라서 Total TPS의 전문가는 문제점을 알고 있어도 화내지 않고 꾹 참는다. 꾹 참고서 '이것이 문제'라는 것을 머릿속에 넣어 두고 활성화 활동을 실시해 간다. 활성화 되면, 작업자 스스로 문제점을 개선하려고 하기 때문에 먼저 제조부의 직원과 작업장의 활성화를 실시하여 제조부 자체가 공정개선을 자각할 수 있도록 능력과 의욕을 높이는 활동을 추진하는 것이 중요하다.

(3) 품질개선

품질개선 활동에 대해서는 제3장에서 설명했지만, 여기에서는 종업원과 현장의 활성화 관점에서 품질개선을 살펴보고자 한다. 품질의 개선활동도 현장의 중요한 일이며, 제조부 자체가 품질에 책임을 가지고 활동해야만 한다(〈그림 4-34〉 참조).

〈품질은 공정에서 달성한다〉

불량품을 넘기지 않기 위해서는 품질에 이상이 있다는 것을 제일 먼저 발견해야 한다(〈그림 4-35〉 참조). 이를 파악할 수 있는 시스템을 만드는 것이다. 예를 들면, 이상이 발생하면 램프, 소리 등으로 경고하거나

❶ 품질은 공정에서 달성
❷ QA네트워크 만들기
❸ 구입품의 품질 확보(무검사 수입)

· 뒷 공정은 고객이다.
· 뒷 공정에는 불량품을 보내지 않는다
· 직행율(결점 없이 통과하는 비율) 향상

〈그림 4-34〉 품질개선

- 공정별로 품질을 확인　●● 후공정에 불량품을 보내지 않는다

목 적		방 법	도구, 수단
· 불량품을 보내지 않는다 · 양품만을 만든다	이상 발생 확인 가능	· 이상 발생시 램프, 소리 등으로 표시 · 자동 검사 장치로 판정 · 품질 체크 공정 설치로 표시	· 자동 검사 장치 · 안돈 · 공정 능력 확보 · 풀프루프장치 · 정위치 정지 작업 · 품질 체크 표준서 · QA네트워크
	이상 발생시 라인 정지	· 설비, 기계가 자동 정지 · 이상 발생시 수동으로 정지	

- 공정내 품질확보 : 4원칙
  ① 표준작업 준수
  ② 자기Check실시
  ③ 품질 상호 확인 실시
  ④ 하기 힘든 작업의 개선

- 검사부서의 역할
  ① 제품 감사
  ② 제품 공정 감사 업무
  ③ 재발 방지 활동(공정내의 검사원은 없음)

〈그림 4-35〉 품질은 공정에서 달성

자동적으로 검사하여 판정하는 방법도 있다.

다시 말하자면 품질 체크를 하는 것이며, 하나하나의 공정 내에서 품질검사를 한다. 품질 체크 결과, 양품이면 뒷 공정으로 넘기고 불량품이면 뒷 공정으로 넘기지 않는다. 이미 말한 바와 같이 이것을 불량의 유출방지라고 한다.

이 불량 유출방지에 대해 여러 가지 방법을 고안한다. 자동 검사, 안돈, 풀프루프장치, 정위치 정지 작업 등이다. 예를 들면, 정위치 정지 작업에서는 어떤 공정에서 품질불량이 발생하면 작업자가 라인의 호출 스위치를 당겨서 문제 발생을 경고하는 황색 램프를 켠다. 그러면 라인의 리더가 보조로 들어온다. 리더가 보조함으로써 불량 발생을 방지하고 그것이 곧 품질 향상으로 이어진다. 만약 이렇게 해서라도 회복이 불가능하다면 라인을 정지시킨다. 이러한 방법으로 불량 유출을 방지한다.

이것은 결국 제조부의 지혜에서 생겨난다. 검사부나 품질 관리부의 검사만으로는 공정 내에서 품질을 완성하기는 어렵다. 도요타에서는 공

장 내 생산 공정의 검사는 제조부 자체적으로 품질을 검사하게 되어 있기 때문에 공정 내의 검사원은 전원 제조부로 이적하였다. 따라서, 품질에 관한 제조부와 검사부, 품질관리부의 역할이 기존과는 달라져서 검사부, 품질관리부의 역할은 다음의 3가지 항목으로 바뀌게 되었다.

① 제품의 감사
② 제조공정의 감사업무
③ 재발방지 활동

'① 제품의 감사'란 그 공장에서 생산하고 있는 제품의 품질을 최종적으로 확인하는 것이다. '② 제조공정의 감사업무'란 공장 내 생산 공정 제조부의 품질보증 시스템이 정상적으로 기능하고 있는지 등 한층 폭넓은 관점에서 품질보증 체제의 감사를 실시하는 것이다. '③ 재발방지 활동'이란 가끔 뒷 공정에 불량이 넘어가서 시장에 나가는 경우가 있기 때문에 그러한 재발방지 대책을 세우는 것이다.

제조부는 공정 내의 품질보증에 대해서 모든 책임을 가지고, 다음과 같이 4개 원칙으로 품질보증을 실시하고 있다. 이것들도 활성화 활동의 일부로서 품질을 높이는 활동을 통해 종업원과 현장의 활성화를 진행시키는 것이 대단히 중요하다는 것을 알 수 있다.

① 표준작업의 준수
② 자기체크의 실시
③ 품질의 상호확인 실시
④ 하기 어려운 작업의 개선

〈QA Network〉

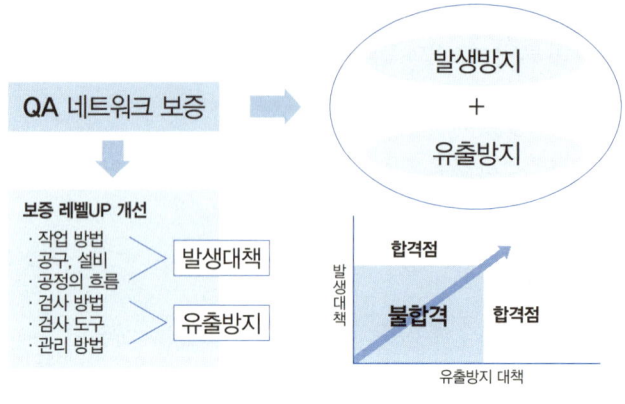

〈그림 4-36〉 QA 네트워크로 공정보증

QA Network란 자공정완결에서의 품질보증을 나타낸다(〈그림4-36〉 참조). 제3장에서 설명했기 때문에 상세한 설명은 생략하지만, 여기에서 강조하고 싶은 것은 이 불량의 발생방지 및 유출방지에 대한 대책을 세우는 것이 품질보증 활동이며, 그로 인해 종업원과 현장을 활성화시킬 수 있다는 것이다.

〈구입품의 품질확보(무검사 인수)〉
외주 부품에 관한 품질보증도 검사부의 주요 업무이다. 거래처의 부품이나 재료 메이커가 가지고 온 부품, 재료에 관한 품질보증 체제를 구축한다. 원칙은 무검사 인수이며, 그것이 가능한 메이커를 키우는 시스템을 만드는 것이 검사부의 주요 업무가 된다.

(4) 원가개선

제조부는 자기 자신의 생산 공정 혹은 생산라인의 원가를 관리하여 원가절감을 실시한다. 원가관리의 기본 단위는 각 조이다. 각 조장이 자신의 공정의 원가를 관리하여 원가절감을 실시해 간다. 상세한 것은 나중에 설명하겠지만, 이 원가관리·절감활동도 종업원과 현장의 활성화 활동이다.

개선활동 - ❷선행 개선

제조부의 활성화 활동 중에서 신제품을 개발하는 업무가 있다. 자동차는 기본적으로 4년에 한 번 풀모델 체인지를 하고, 2년 별로 마이너 체인지를 실시한다. 그 때문에 도요타는 매년 복수의 차 모델 체인지를 위한 준비를 하고 있다. 각 공장에서도 연간 한두 모델 정도는 있기 때문에 신제품을 개발하는 일은 일상적인 업무에 해당된다. 따라서 선행 개선은 중요한 의미를 가진다. 선행개선은 ① SE활동, ② 생산준비활동, ③ 제조준비활동의 세 항목으로 이루어진다.

(1) SE활동

SE활동은 도요타에서만 사용하는 용어다. 신차의 개발, 설계, 시험제작, 평가는 기술부에 소속된 엔지니어만의 일이라고 생각해 왔던 것을 설계·개발의 단계에서부터 기술부 이외의 부문인 생산기술부, 품질관리부, 구매부, 판매부, 제조부 등이 참가하게 된 것을 말한다. 특징적인 것은 제조부가 이 단계에서부터 참가하는 것이다(〈그림 4-37〉 참조). 도요타에서는 제조부가 '요구사양서(PPC)'를 제안하여 기술부의 엔지니어와 토론하면서 설계가 정해지기 전에 품질향상과 작업성향상, 원가절감 등을 제안한다.

PPC는 'Pre-Product Check'의 줄임말이다. 원래는 차를 시장에 낸 뒤에 구입한 고객이나 판매점, 서비스에 종사하는 사람들에 의한 시장의 요구사항이나 클레임을 다음 신차종의 모델 체인지에 반영하기 위한 설계·개발부문에 대한 요구사양서, 재발방지 제안서를 의미했다. 주로 시장의 요구사항이나 클레임을 취급했기 때문에 이 업무는 품질보증부 담당이었다. 그렇지만 그러는 사이에 시장의 요구사항이나 클레임뿐

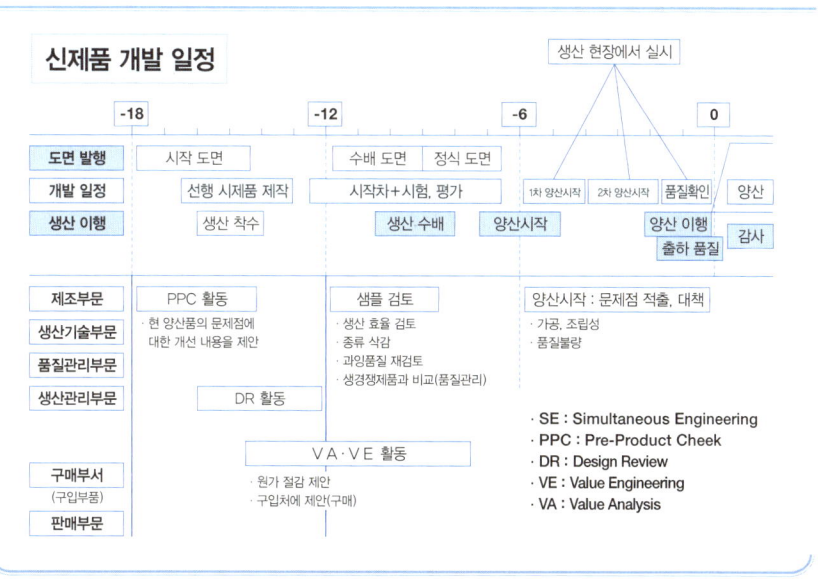

〈그림 4-37〉 설계부문의 SE활동

만 아니라 현재 생산하고 있는 차종에 대해서도 사내의 각 부문에서 설계·개발부문에 대한 요구사항과 제안이 다수 발생했다. 그렇기 때문에 사내 각 부의 요구사양서나 제안서도 PPC라고 부르게 되었다.

세계적으로도 제조부의 작업자가 설계·개발 업무에 참가하는 회사는 대단히 드물다. 설계부문에 발언할 수 있는 능력과 경험을 제조부가 가지고 있지 않으면 불가능한 일이기 때문이다. 이러한 능력과 경험은 매일 품질개선을 실시함으로써 배양된다. 라인에서 품질불량이 나오면 그 원인을 규명하여 대책까지 촉구하는 것을 반복한다. 이렇게 능력과 경험을 충분히 쌓으면 아무리 작업 실수에 의한 것이라 하더라도 그 중에는 '설계를 이렇게 바꾸면, 작업 실수가 줄어든다'라는 등의 한 단계 높은 개선 제안을 할 수 있게 된다.

설계자는 자기가 차를 생산하는 것이 아니기 때문에 설계도면 중에 작업성이 약한 부분이나 품질불량으로 연결되는 부분이 있어도 알아채지 못한다. 작업자는 품질개선 활동을 몸으로 익히고, 능력과 경험, 그리고 의욕을 높인 결과로서 설계자에 대해서 이러한 제안을 할 수 있는 것이다. 생산성에 대해서도 마찬가지로 '이러한 구조, 도면이 있으면 생산성이 더 향상된다'라는 적극적인 제안을 할 수 있는 작업자를 키우는 것이 중요하다. 게다가 양산을 시작하기 전의 개선이므로 비용 대비 효과는 대단히 높아진다.

최근에는 설계부문에서 3차원 CAD를 사용하고 있기 때문에 설계자가 도면을 그리면 바로 입체 화상으로 나타나 대단히 알기 쉽게 되었다. 예전의 3차원 곡면을 표현하는 '원도(原圖)'에서는 도면을 봤을 때 입체적인 형태를 좀처럼 떠올릴 수가 없었다. 그렇기 때문에 제조부는 시험 제작한 차량을 보고 검토에 들어갔다. 그러나 입체 화상을 표시할 수 있게 되면서 여러 가지 검토가 가능하게 되었다. 그 중에서도 디지털 어셈블링(Digital Assembling)의 소프트웨어를 도입함으로써 조립성의 검토, 조립을 위한 공구가 제대로 공간에 들어가 작업할 수 있는지, 보이는 위치에서 볼트를 조일 수 있는지 등을 작업자도 간단히 검토할 수 있게 되었다.

이것도 넓은 의미에서의 활성화 활동이지만 제조부의 작업자가 설계자에 대해서 품질향상, 원가절감, 작업성의 향상이라고 하는 기술적인 내용을 제안할 수 있어야만 가능하기 때문에 활성화 활동 중에서도 대단히 고도의 단계라고 할 수 있다.

제조부가 개선 제안을 설계부문에 제출하고, 도면이 일부 혹은 전부 완성이 되면 각 부의 사람들은 큰 룸에 모여서 디자인 리뷰(Design Review) 활동을 한다. 자동차의 경우, 협력사로부터의 부품(외주품)이 차지하는 비용이 전체의 70%를 차지하기 때문에 구매부나 협력사를 포함해 이 단계에서 Value Engineering(VE) 활동을 한다.

그 후 시작 차량을 제작하게 되는데, 사전에 컴퓨터로 어느 정도 평가할 수 있게 되었기 때문에 시작 차량에 대해 최소한으로 필요한 평가와 검토만을 하는 것으로 해결되었다. 이는 비용절감뿐만 아니라, 개발 기간의 단축에 있어서도 커다란 공헌이 되고 있다.

(2) 생산준비 활동

제조부는 생산준비 단계에 있는 업무에 참가하여 제조부로부터의 제언(공정, 설비에 관한 요구사항)을 행하거나, 공정계획이나 설비계획의

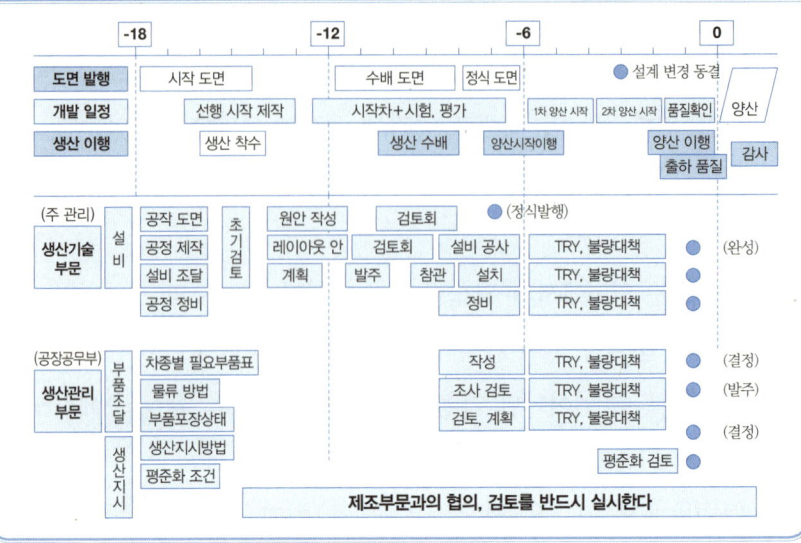

〈그림 4-38〉 생산준비 활동

사전검토, 설비의 도면 검토, 설비완성 시 입회 조사, 설비의 시험가동 등을 행한다(〈그림 4-38〉 참조).

이 생산준비 업무에 참가하는 것이 활성화 활동 중 하나가 된다. 자세한 내용은 제9장 '선행개선'에서 설명하기로 하겠다. 생산준비에 있어서 생산기술부문의 업무는 아래와 같은 다섯 항목으로 나눌 수 있다.

① 공정계획
② 설비계획과 설계, 제작, 또는 외부 설비회사로의 발주
③ 설비 정비계획, 설비 입회검사, 설비 시험가동
④ 설비표준의 설정(각 공정에서 품질을 확인하므로, 각 공정의 품질 표준을 설정한다).
⑤ 생산 지시장치의 개발(제품의 다양화가 진전되어 한 라인에서 다양한 종류(100종류 이상)의 생산품목·사양의 생산이 필요하게 된다. 이에 대응하기 위하여 생산 지시장치를 개발한다).

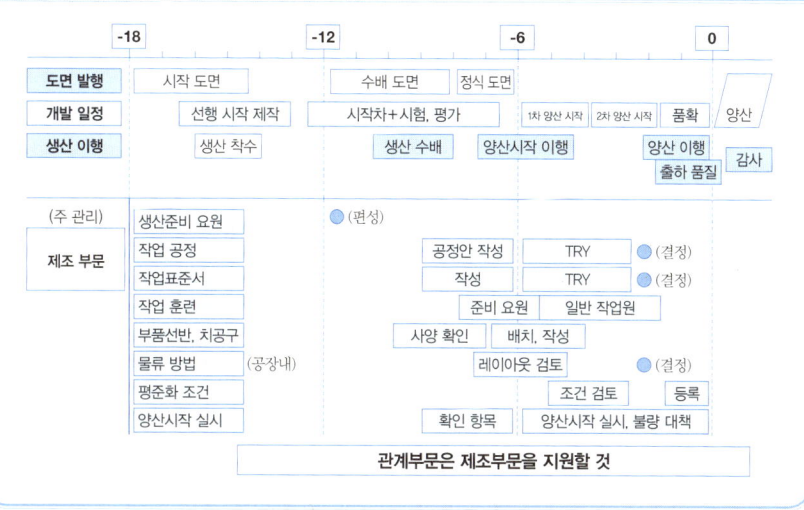

〈그림 4-39〉 제조준비 활동

(3) 제조준비 활동

〈그림 4-39〉를 한번 살펴보자. 제조부에 있어서 제조준비활동의 주업무는 '1차 양산 시작', '2차 양산 시작', '품확(품질확인)'이다.

사실, 도요타의 제조부는 현재 이 제조준비에 막대한 시간을 들여 사람을 투입하고 있다. 양산에 돌입한 후 개선하는 것보다 이 단계에서 개선하는 것이 효과가 높기 때문이다. 특히 설비를 개조하거나 레이아웃을 변경하는 등, 커다란 개선일수록 양산을 시작하기 전에 하는 편이 개조비용 측면에서 압도적으로 저렴하다.

제조준비 활동은 제조부의 관할이다. 이전에는 생산기술부가 주체가 되어 활동했지만, 제조부에서 여러 가지 검토가 가능하게 되었으므로 제조부가 담당하고 있다. 〈그림 4-39〉에서는 레이아웃 검토에서 부품의 하치장 결정, 품질확인 등에 대해서 설계부문이 요구하는 소정의 품질이 달성되었는지를 제조부가 확인하는 것이다.

   작업 훈련을 위해서 부품을 만들고 사전에 작업자를 대상으로 훈련도 실시한다. 그렇게 훈련된 작업자가 양산을 담당하고 있기 때문에 품질불량 없이 신속하게 양산을 시작할 수 있게 되었다. 그리고 이러한 훈련에 맞춰서 높은 생산성의 레이아웃이나 작업표준서를 정비하는 것이다. 생산기술부는 이러한 제조부의 활동을 지원한다. 양 부문이 공동으로 제조준비를 진행하는 것이 중요하며, 양산 개시 전에 충분히 시험하여 문제점을 파악하고 대책을 세워야만 한다.

5

왜 활성화 활동은 유효한가?

본 장에서는 종업원과 현장의 활성화 활동을 여러 측면에서 살펴보았다. 마지막으로 이러한 종업원과 현장의 활성화가 어떻게 회사의 성과와 관련이 있는지에 대해 생각해 보고자 한다. 〈그림 4-40〉을 살펴보자. 세로축은 각 개인의 행복도이며, 위로 갈수록 만족감을 얻는다는 의미이다. 가로축은 회사의 매출이나 이익, 품질 등의 업적이며, 회사의 행복축이다.

기존의 TPS에서는 회사의 행복도를 높이기 위한 활동만을 추구해 왔다. 〈그림 4-40〉에서 가로축을 플러스하는 것만 목표로 했던 것이다. 다시 말해, 개인에 대해서는 별로 생각하지 않고, '회사의 이익만 나오면 된다'는 것이었다. 그러나 그렇게 간단히 회사의 행복도는 올라가지 않는다. 따라서 때때로 회사의 최고경영층이나 관리자는 화를 내고, 부하를 깎아내리거나 하여 강제적으로 회사의 행복도를 올리려고 하였다.

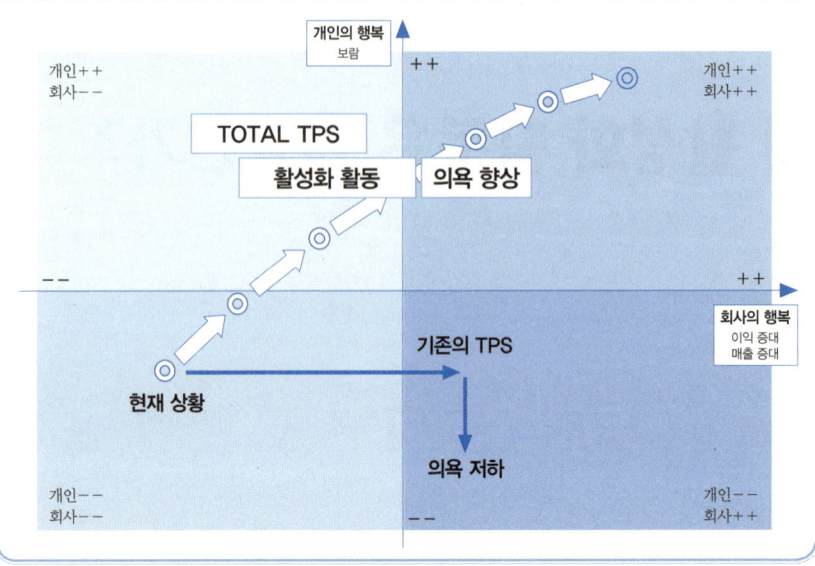

〈그림 4-40〉 개인의 행복과 회사의 행복

그러나 지금까지 이야기한 바와 같이 상사가 화를 내면 낼수록, 부하나 종업원의 의욕은 저하된다. 그 결과로서 회사의 성과도 저조하며, 개인도 불행하게 된다.

이에 비해서 Total TPS가 목표로 하는 종업원과 현장의 활성화 활동이란, 왼쪽 아래(제3면)의 '현재상황(◎)'으로부터, 회사에는 플러스가 적을지도 모르지만 개인이 행복해지는 방향으로 나아가는 활동이다. 즉, 개인이나 소집단이 보람을 느끼는 활동이다. 이 활동을 진행하면 집단이나 조직 전체가 성장방향으로 향하며, 의욕을 발휘하여 개선도 꾸준히 진행된다.

이것이 결국 회사에 있어서도 성과로 이어지고, 행복도가 올라가게 된다. 공정개선이나 물류개선, 원가절감 등의 활동이 활발해짐으로써, 회사도 이익을 낼 수 있게 되는 것이다. 얼핏 먼 길을 도는 것처럼 보일

지도 모르지만 '세로축을 높여가는 활동이 결국은 가로축을 높일 수 있다는 것'을 경영자는 명심해야 한다.

경영자나 관리자는 제조현장을 관할하고 있으므로 현장 사람들의 이해를 구하지 않으면 안 된다. 이러한 경영자, 관리자 본래의 역할을 인식하는 것이 대단히 중요하다는 것을 통감하고 있다.

경영자나 관리자는 종업원과 현장의 활성화가 중요하다는 것을 반드시 이해해야 한다. 회사의 업적은 개인의 개선의 총합이다. 경영자나 관리자가 아무리 화를 내도, 소리를 질러도, 현장이 움직이지 않으면 절대로 좋아지지 않는다. 현장을 움직이게 하는 것이 관리자의 역할이며 경영자의 일이다. 현장을 움직이게 하기 위해서는 현장에 동기부여를 하고 의욕을 이끌어내야만 한다. 의욕이라는 것은 생각한 것을 행동으로 옮기는 것이다. 행동으로 옮기는 인재와 회사를 만들어야만 한다. 이것이 활성화의 역할이다.

개선은 곧 행동력이다. 지식도 중요하지만, 여기에는 긍정적 측면과 부정적 측면이 있다. 잘못된 지식이 몸에 배면 행동이 마이너스가 되는 경우가 있다. 물론 제대로 된 지식은 행동을 도와 주기도 한다.

필자의 경험으로는 머리가 너무 좋은 사람은 행동으로 옮기지 않는 경우가 많다. 그러나 제품 만들기의 현장에서는 먼저 행동해 보는 것이 중요하다. 행동해 보고, '아, 이건 좋았네'라고 나중에 생각할 수 있다면 가장 좋다. 그렇기 때문에 먼저 행동해야만 한다.

앞서 이야기한 대로 이러한 행동을 도와주는 원동력은 의욕과 동기이다. 뇌 과학자에 따르면 인간의 뇌 속에는 '의욕의 뇌'라는 것이 있다고 한다. 직경이 2~3mm로, 뇌 좌우에 두 개 있다. 이 의욕의 뇌는 행동함으로써 활성화된다. 생각만 해서는 의욕이 생기지 않는다. 행동함으로써 그 실적을 평가받고, 주위로부터 칭찬을 받음으로써 의욕의 뇌는 점점 더 활발하게 움직인다.

즉, 지휘자가 와서 '이것을 해!', '저것을 해!'라고 강요해도 현장사람들의 의욕은 높아지지 않는다. 설명을 듣고 조금 이해하더라도 마음으로부터 하고자 하는 의욕을 불러일으키지 못하기 때문이다. 따라서 멀리 돌아가는 것처럼 보일지는 모르지만 현장 사람들이 스스로 행동할 수 있는 의욕을 촉구할 수 있는 회사를 경영자와 관리자가 만들어 가는 것이 아주 중요하다.

part

5

경영자·관리자의 역할

1

종업원과 현장의 활성화 중요성

　지금까지 필자는 일본뿐만 아니라, 세계 곳곳의 회사와 공장을 컨설팅 해 왔다. 그 결과 알게 된 사실은 공장의 현장은 Total TPS의 지도방법으로 활성화시켜 개선을 추진할 수 있지만 경영자나 관리자에게 근본적인 문제가 있는 기업이 많다는 것이었다.

　특히, 종업원의 의욕(마음)에 대해서 이해하고 있지 못하는 경영자가 너무 많았다. 이러한 이해부족은 회사의 개선활동이나 공장 개선활동에 있어서 장애가 된다. 그러한 경영자가 경영방침을 세우고, 관리방침을 만들어서 관리하고 있지만, 종업원의 의욕(마음)은 이해하고 있지 못하다. 서구의 관리방식인 Top-Down 방식으로 경영방침과 목표를 주지시켜, 각 종업원이 그것을 이해하고 있다고 생각한다.

　그렇지만 종업원은 인간이다. 인간은 고도의 지능을 가지고 있지만, 감정(자각하고 있는 감정과 자각하지 못하는 감정)도 가지고 있다. Top-

Down 방식으로 내려온 내용에 대한 이해도나 마음으로부터의 반응은 종업원에 따라 다르다. 또한 Top-Down 방식의 내용은 각각의 조직 관리자를 통해서 전달된다. 극단적인 경우에는 사장 → 부사장 → 임원 → 부장 → 과장 → 계장 → 종업원 등 7단계를 거치는 경우도 있다. 이렇게 해서는 말 잇기 게임처럼 전달과정에서 지시내용도 변질되고, 그중에는 상부가 이야기한 내용과는 전혀 다른 반대 내용이 종업원에게 전해지는 경우도 있다. 무엇보다 상부의 지시나 명령, 방침은 말단까지 전해지지 못하는 경우가 훨씬 많다.

이러한 사태를 피하기 위해서는 가시화에 의한 관리(가시화 매니지먼트)가 필요하다. 그 전에 먼저 회사의 경영자나 관리자는 '회사는 인간의 집단'이라는 인식을 가져야만 한다. 경영자나 관리자의 생각은 그리 간단하게 종업원에게 전해지지 않으며, 경영자나 관리자들의 사상 또한 쉽게 종업원들의 마음에 전달되지 못한다. 즉, 경영자의 생각이나 사상이 일의 결과(종업원의 행동)에 그대로 연결되는 것은 현실적으로 무리가 있다.

이는 종업원 탓이 아니다. 회사의 경영자나 관리자가 이것을 이해한 상태에서 경영과 관리를 하지 않으면 안 된다는 것이다. '심리경영(행동경영) 방식', 즉 인간에 초점을 맞춘 경영과 관리가 필요하다. 이러한 생각은 돈의 배분 구분인 자본주의나 공산주의라는 차원이 아니라, 사람이 주체인 '인본주의'라고도 할 수 있다.

이와 같은 방식의 중심활동이 제4장에서 이야기한 '종업원과 현장의 활성화 활동'이다(《그림 5-1》 참조). 또한, 이러한 경영·관리 방식을 '토털 매니지먼트 시스템(Total Management System, TMS)'이라고 필자는 명명하고자 한다. TMS에 대해서는 제10장에서 보다 자세하게 설명하겠다.

왜 종업원과 현장의 활성화가 중요한가?

❶ 회사의 업적은 개개인의 개선의 총화이다.
❷ 개선의 원동력은 현장의 행동력(변혁)이다.
❸ 현장의 행동력(변혁)은 개인의 의욕(모티베이션)에 좌우된다.
❹ 현장의 의욕(모티베이션)은 현장을 구성하는 사람들의 의욕의 합계이다.

〈그림 5-1〉 종업원과 현장의 활성화 중요성 1

따라서 먼저 공장을 경영·관리하는 리더가 Total TPS를 이해할 필요가 있다. 그리고 그것을 실행에 옮김으로써 Total TPS를 정착시킬 수 있다.

〈그림 5-2〉에 나타난 식에 따라 경영자·관리자의 역할을 설명하고자 한다. 공장의 아웃풋(생산한 생산액, 개선의 효과 등)은 각각의 종업원의 아웃풋(일의 성과)의 총합이다. 경영자·관리자의 성과는 이 아웃풋에 직접적으로 관여하고 있지 않거나 무시할 만큼의 크기이다. 또한, 종업원 한 사람 한 사람의 아웃풋은 각자의 개성(Personality)과 능력·지식(Ability), 의욕(Motivation)과의 곱셈으로 표현한다.

> 한 사람의 Output(일의 성과) =
> (Personality: 개성) × (Ability: 능력 · 지식) × (Motivation: 의욕)

종업원 개개인의 개성은 그리 간단히 변하지 않지만 능력과 의욕은

$$\text{Output} = \sum_{i=1}^{n} (\text{Personality 개성} \times \text{Ability 능력} \times \text{Motivation 의욕})_i$$

· n= 종업원 수(현장작업자 + 스탭직원)

〈그림 5-2〉 공장의 아웃풋 계산 공식

향상시킬 수 있다. 이 능력과 의욕을 향상시키는 활동이 '종업원과 현장 활성화 활동'이다. 관리자가 아무리 소리치고 화를 내고 떠들어도, 하나의 조직(하나의 현장 단위)이나 개개인의 종업원이 행동하지 않는다면 성과는 기대할 수 없다.

사람은 교육과 정보에 의해 지식을 쌓게 되고 대뇌 전두엽 부분이 활발히 움직이게 된다. 그렇지만 지식을 얻은 것만으로는 행동으로 이어지지 않는다. 사람이 행동을 하는 것은 대뇌의 전두엽이 아니라, 뇌 중앙에 있는 본능을 관장하는 영역으로, 마음(의식하고 있지 않은 경우가 많다)이 감동을 하거나, 납득할 때에 비로소 움직인다. 이 뇌의 영역을 활발하게 하는 것이 의욕을 향상시키는 것으로 이어진다(〈그림 5-3〉 참조).

사람을 행동으로 이어지게 하는 뇌의 영역은 강요해서 활성화되는 것이 아니다. 자발적으로 행동함으로써 자연스럽게 활성화되는 것이다. 이 뇌의 영역은 어떤 의미로는 '보수(reward)'에 의해 활발하게 된다. 보수라는 것은 돈이 아니라, 어떤 집단에 있어서 역할을 다 한다든지, 같은 동료로부터 일의 성과를 인정받고 상사로부터 칭찬을 받는 것 등이다. 이러한 보수를 기대할 수 있을 때 그 뇌의 영역은 활발하게 움직이고,

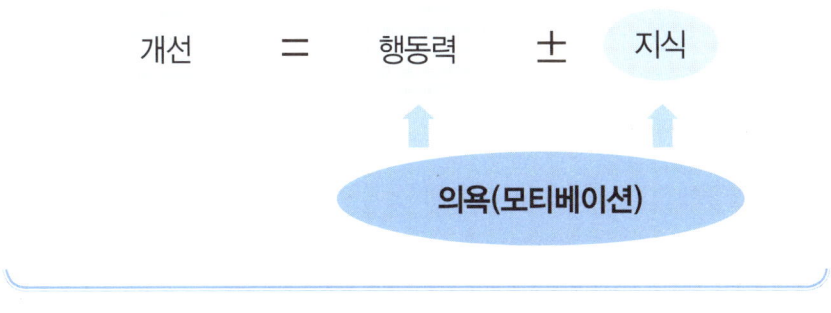

〈그림 5-3〉 종업원과 현장의 활성화 중요성 2

기대하지 못할 때에는 활발하게 움직이지 않는다. 교육이나 훈련을 하는 것만으로 종업원이 좀처럼 행동을 하지 않는 것은 이러한 메커니즘이 있기 때문이다. 일종의 '보수'의 경우는 다음과 같은 경우도 있다. 인간은 어떤 일(업무, 사람, 공부 등)에 대해서 뇌 속에서 좋고 나쁜 딱지를 붙여서 좋은 것에 대해서는 관심을 가지고 적극적으로 행동하게 된다. 싫다고 딱지를 붙인 것에 대해서는 무시하거나 행동으로 연결시키고자 하지 않는다.

이러한 경우 좋고 싫다는 것으로 반응하게 된 실제 원인은 마음 깊은 곳에 있거나 과거의 체험에 따르는 경우가 많다. 따라서 종업원을 행동하게 하기 위해서는 이 뇌의 영역을 활성화시킬 필요가 있다. 그렇게 하기 위해서는 어떤 목표를 설정하고, 그 목표를 달성했을 때에 성취감이나 행복감을 맛보게 하는 경험이나 체험을 제공할 필요가 있다.

필자가 공장에서 Total TPS를 컨설팅할 때, '활성화 활동을 하면 많은 개선이 가능하다'라고 강조한 것은 이런 이유에서다. TPS의 개선이라는 것은 지식이나 이해만으로는 불가능하며, 실제로 현지·현물로 사람이 행동을 함으로써 진행시킬 수 있는 것이다. 뇌를 보면 〈그림 5-4〉에서 나타나는 것처럼 '낡은 뇌' 부분이 감정과 행동을 관장하고 있는데, 이 부분을 활성화시키는 것이 중요하다. 한편 지식을 관장하는 '새로운 뇌'를 '±'로 설정하고 있는 이유는 지식을 제대로 이용하면 행동으로 이어질 수 있으므로 '+', 지식만 방대해진 탓에 오히려 행동으로 옮기지 못하는 경우가 종종 있기 때문에 '-'라고 하는 것이다.

제조현장에서는 행동하고 실행하는 것이 우선시된다. 실제로 실천해 보고서야 '아, 좋았어. 이걸로 됐어'라고 느낄 수 있기 때문이다. 인간은 실천하기 전부터 실패를 걱정하거나, 현재 상태에서 변화하는 것을 두려

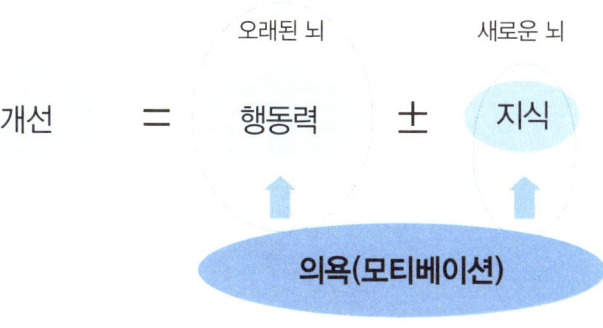

〈그림 5-4〉 종업원과 현장의 활성화 중요성 3

워하기 쉬운데, 그래서는 곤란하다. 먼저 행동·실천을 한 뒤에, 새로운 발견이나 경험을 하는 것이 정답이다. 관리자는 실패를 두려워해서는 안 되며, 부하직원에게 도전할 수 있도록 장려하는 것이 중요하다. 그때에는 아무리 실패를 해도 부하를 꾸중해서는 안 된다. 화를 내면 부하직원은 의욕을 잃고, 두 번 다시 도전하려고 하지 않기 때문이다.

관리자나 지도자가 화를 내거나 강요하면, 현장 사람들은 관리자나 지도자를 '바깥사람'이나 '외부인'이라고 인식해서 동료로는 인정하지 않는 경향이 있다. 이것은 소위 말하는 인간의 습성으로, 동물도 똑같은 반응을 보인다. 관리자나 지도자가 자신들과 '같은 동료'이며 '운명공동체'라고 하는 것을 현장 사람들이 느낄 수 있게끔 하는 활동 경험과 실적이 필요하다. 그런 식으로 인식할 수 있는 상태가 되면 관리자나 지도자의 말은 더 깊이 현장 사람들의 마음속에 다다르게 되고, 그들은 납득한 상태에서 행동으로 옮긴다. 그렇게 하기 위해서 관리자나 지도자가 항상 긍정적인 말과 태도를 보이는 것도 중요하다. 부정적인 발언

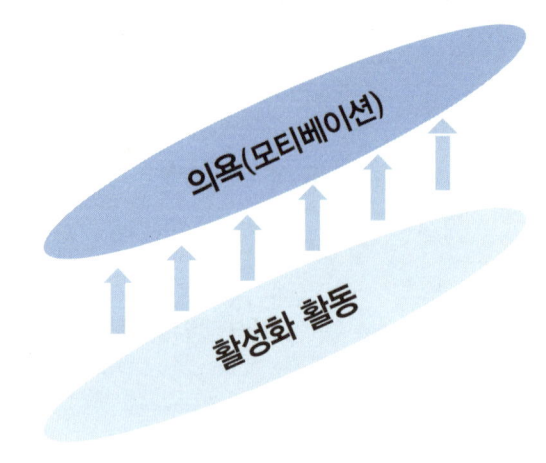

〈그림 5-5〉 종업원과 현장의 활성화 중요성 4

이나 좋지 않은 말, 무시하는 말이나 태도를 보이면 부하직원은 마음 속으로 관리자나 지도자의 '본성'을 아주 예민하게 느끼고, 의욕을 상실하게 된다.

　종업원이 진심으로 하고자 하는 의욕을 느끼기 위해서는 조금 시간이 걸리더라도 의욕을 끌어올리는 환경을 제공하는 것이 중요하다. 의욕 넘치는 종업원을 가능한 한 늘리고 동기부여를 적극적으로 제공한다. 그러면 직장은 활발하게 되고, 관리자나 지도자가 일일이 이야기하지 않아도 자발적으로 개선을 진행시킬 수 있게 된다. 이러한 인간의 심리(뇌의 메커니즘)까지 잘 이해한 상태에서 관리자나 지도자는 종업원과 현장 활성화를 위해 노력하지 않으면 안 된다. 즉, 활성화 활동을 실시하는 것이 직원들을 동기부여 시킬 수 있다(《그림 5-5》 참조). 그리고 의욕이 높아지면 기존의 업무 이외의 새로운 업무, 즉 개선이 진행될 수 있는 것이다.

2

가시화 매니지먼트

다음의 4가지는 회사의 경영자나 관리자가 파악해야 할 회사와 종업원의 실태에 대해서 정리한 것이다(〈그림 5-6〉 참조).

① 회사의 방침·목표는 제일 아래 계층까지 전달되지 않는다.
② 상사의 방침·목표·지시는 제일 아래 계층까지 전달되지 않는다.
③ 상사의 지시·말은 금방 잊혀진다.
④ 회사의 목표는 전원이 항상 이해할 수 있는 상태를 유지해야 한다.

왜 가시화가 중요한가?
(1) 회사의 방침·목표는 하부까지 전달되지 않는다.
(2) 상사의 방침·목표·지시는 하부까지 전달되지 않는다.
(3) 상사의 지시·말은 금세 잊혀지고 만다.
(4) 회사의 목표는 전원이 항상 이해할 수 있는 상태를 유지해야 한다.

해결책 → 가시화 경영

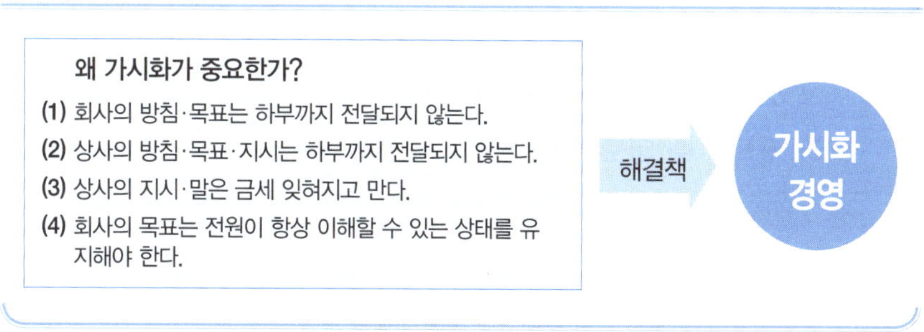

〈그림 5-6〉 가시화의 필요성

경영자나 관리자는 실무를 행하지 않는다. 따라서 그들의 생각은 실무 담당자에게 전해지지 않는 이상 실현되지 않는다. 실무 담당자가 업무를 실천함으로써 비로소 회사의 산출물들이 나오게 된다.

그러나 현실에서는 회사나 상사의 방침·목표·지시가 실무 담당자에게까지 정확하게 전달되지 않는 경우가 종종 있다. 전달되었다 하더라도 말만으로는 금방 잊혀지기 마련이다. 한 시간 정도 지나면 90%, 다음 날이 되면 97% 정도가 이미 잊혀진다고 생각해야 한다. 따라서 경영자나 관리자는 자신의 생각을 전달하고 싶을 때나 방침이나 목표 등을 세웠을 때에는 그것을 모든 조직, 전원이 이해할 수 있도록 '가시화'의 관리, 즉 '가시화 매니지먼트(Quickening Visualization Management)'를 실천할 필요가 있다. 이 가시화 매니지먼트는 단순히 문자로서 배포하는 것만이 아니다.

〈가시화 매니지먼트의 요건〉

① 가시화되는 기회를 늘려야 한다. 작업 중이나 휴식시간 등에도 쉽게 눈에 띌 수 있는 방법들을 모색해야 한다.
② 한 번 봐서 알 수 있도록 하기 위해 번호를 매기거나 그림으로 알기 쉽게 표현한다.
③ 가시화의 자기 게시를 권장한다. 각 부서(현장), 각 개인들의 활동을 드러낼 수 있는 상태까지 세세히 적어서 스스로가 가시화의 목표를 만들어 게시할 수 있도록 하는 것이 목표달성을 쉽게 한다. 원래는 종업원 개개인이 경영자나 관리자의 생각, 방침 등을 기준으로 하여 작성할 수 있도록 하는 것이 이상적이지만, 그것이 불가능할 때에는 작업장 단위로 나누어서 활동할 수 있는 목표까지 전개해 나갈 수 있도록

하는 것이 중요하다.

④ 시간 별로 주의해서 가시화를 한다. 시간, 일, 주, 월 등의 단위로 변화나 달성 상황을 알 수 있도록 한다.

⑤ 가시화의 게시판 앞에서 미팅을 한다. 가시화의 게시판(보드) 앞에서 하루에 한 번, 단 15분이라도, 조장이나 반장 단위로 미팅을 실시한다.

2

경영자·관리자의 역할

경영자나 관리자의 역할은 다음의 5가지이다.

① 종업원과 현장을 활성화한다.

회사의 행복과 종업원의 행복을 함께 추구하는 것이 중요하다. 회사의 행복만을 추구하면, 종업원의 행복도는 낮아진다(〈그림 5-7〉 참조). 오히려 종업원의 행복을 추구한 결과로 회사의 행복도가 올라간다고 생각하는 편이 옳다(〈그림 5-8〉 참조).

② 방침·목표 등의 가시화를 관리한다.

방침이나 목표, 지시 등에 대해서 그것들을 수치화하고, 항상 가시화 관리를 전개한다.

③ Top-Down 방식보다도 자주적인 목표설정을 하게 한다.

Top-Down 방식보다도 자주적으로 목표를 설정하는 편이 효과가 좋다. 자주적으로 실행할 수 있도록 유도하는 것이 중요하다.

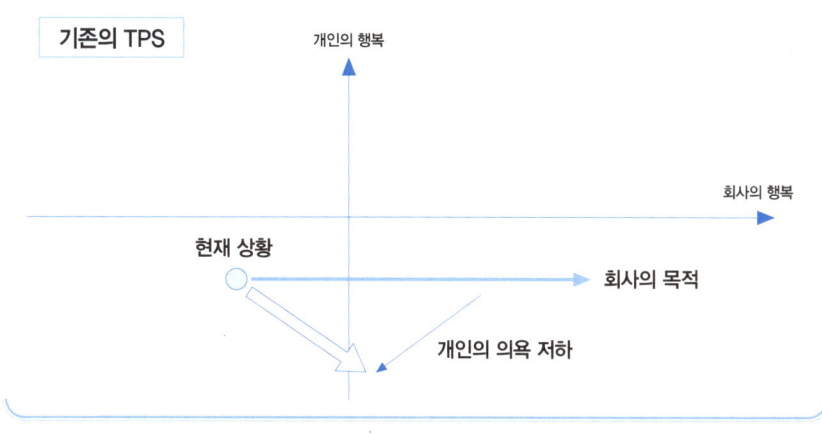

〈그림 5-7〉 개인의 행복과 회사의 행복

④ 목표달성 시에는 칭찬한다.

상사는 물론 직장에 소속된 사람들도 목표를 달성한 사람을 함께 칭찬해 준다. 성과를 발표하는 장이나 표창제도 등을 만들어서 칭찬할 수 있는 시스템을 만든다.

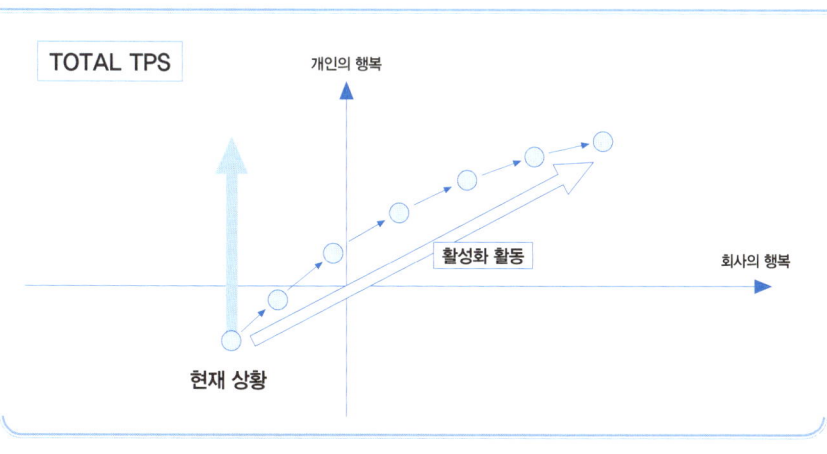

〈그림 5-8〉 경영자·관리자의 역할 2

⑤ 전문지식이나 전문기능, 다능화 등의 교육, 연마 제도를 만든다.

업무에 필요한 혹은 관련 전문지식이나 정보, 노하우 등에 대해서 교육을 하고, 자기 연마를 진행시킨다. 그 전문성에 대한 평가, 검정, 자격 제도를 만든다.

〈그림 5-9〉는 공장의 기능원에 대한 인재육성 시스템을 정리한 것이다. 입사 연도나 능력에 따라서 필요한 교육을 실시해 간다.

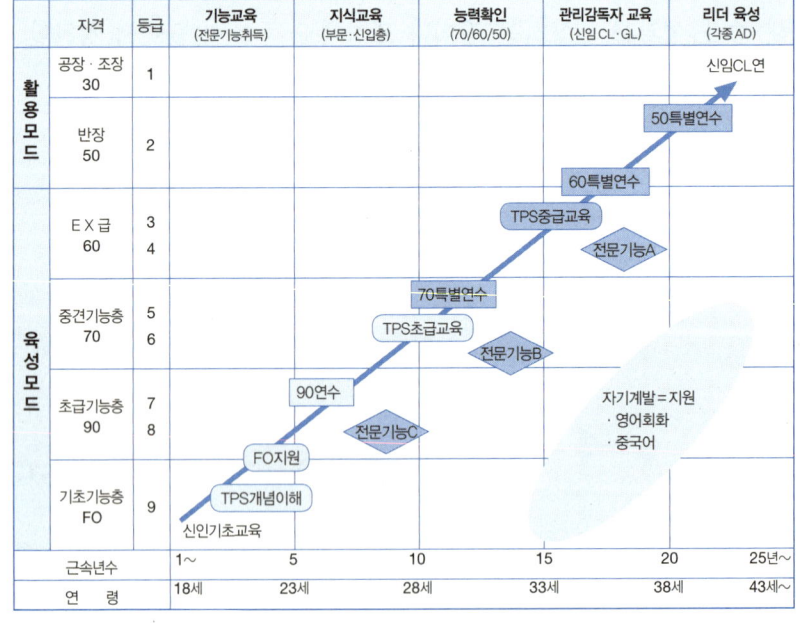

〈그림 5-9〉 인재육성 시스템

〈그림 5-10〉은 전문기능 습득제도이다. 각 작업장에 필요한 전문기능을 명확히 하고, 그 기능이나 지식을 육성해서 능력을 검정·인정한다. 취득한 자격(급)은 회사 전체에 가시화하여 게시한다.

	기능습득명	습득대상자
① 현장의 안전 위생 ② 각 작업기능 향상 ③ 품질 확보 ④ 설비 보전 ⑤ 자동차 공학(일반지식)	C 급	일반작업자(재적 2년 이상)
	B 급	반장(팀 리더)급
	A 급	조장(그룹 리더)급
	S 급	공장(cheif 리더)급 : 장인의 기술

· 집합교육(1W)   · 인정시험

〈그림 5-10〉 전문기능 습득제도

4
도요타의
공장 관리·감독자의 역할

도요타의 공장 관리·감독자의 역할이 실제로 어떻게 되어 있는지를 보자.

〈공장의 관리·감독자의 역할〉
〈그림 5-11〉에 나타난 것처럼 관리·감독자는 항상 부하의 활성화와 육성에 중점을 두고 있다. 또한, 항상 새로운 지식이나 기술을 배우고, 그것들을 습득할 수 있도록 노력한다.

〈관리·감독자의 일의 관리〉
일의 관리는 일상 업무와 개선업무의 두 개의 기둥으로 되어 있다. 관리·감독자들에게 요구되는 능력으로는 〈그림 5-12〉의 오른쪽에 있는 원 그래프에 나타난 것처럼, 기존의 역할인 '사람을 다루는 능력'의 정도

(1) 역할분담의 기본

① 안전 · 품질 · 생산 · 원가 · 인사의 회사목표 달성
② 직장 개선활동과 활성화
③ 부하 관리, 육성

(2) 관리·감독자의 마음가짐

① 항상 현장을 주시한다 (현지관찰, 개선)
② 부하 인재육성, 지도 (규율위반 지적)
③ 새로운 지식, 기술 습득
④ 일하기 쉬운 직장 만들기
⑤ 사회의 환경변화에 대응

〈그림 5-11〉 관리 · 감독자의 역할

는 작아져 있으며, 대신에 부하를 '가르치는 능력'이나 '개선하는 기능'의 퍼센트가 높아져 있다. 감독자한테는 '공장', '조장', '반장' 등의 직제가 있다. 도요타의 경우에는 〈그림 5-13〉과 같다.

감독자의 일상업무 확인표를 나타낸 것이 〈그림 5-14〉이다. 이 표는 위에서 명령하는 것이 아니라, 감독자 스스로가 작성해서 자기관리를 한다. 〈그림 5-15〉는 매일 매일의 업무일지의 예이다.

일상업무

❶ 일상업무 확인표
 매일의 업무내용을 명확히 하고
 확실하게 실시

❷ 업무일지 작성
 업무내용을 기록해서 상사에게 보고

❸ 개선보고서
 직장에서 개선한 내용을 기록해서
 보고, 다른 부서로 확산에 활용

〈그림 5-12〉 관리 · 감독자의 업무관리

• 각 직책의 역할, 분담을 명확히 한다

공장	· 부하 육성 · 현장개선 추진	① 인사	· 고과, 기능 인정 · 고유기술, 기능 전승 · 업무 규율 준수	③ 안전	· 노동안전위생 법규 준수 · 위험방지, 위생관리 · 중고년층 대응
		② 원가	· 원가절감 목표 달성 추진 · 원가의식 고양 활동	④ 기타	· 문제공정의 중점 개선 · 관계부서와의 연계
조장	· 부하 파악 · 일상업무 전반 · 개별개선 실시	① 생산	· 생산목표 달성 · 표준서류 작성, 개정	③ 인사	· 부하 파악 (근무관리) · 현장 통제, 활성화 추진
		② 원가	· 조별 예산관리 · 재료불량, 가공불량 관리, 축소 · 일상개선 실시	④ 기타	· 다능공화 추진 · 창의연구 제안 추진
반장	· 품질 확보 · 생산 수행 · Playing Leader	① 품질	· 품질확인 · 표준작업 준수 체크 확인 · 품질불량 재발 방지	③ 원가	· 작은 개선 실시 · 직가공불량 축소
		② 생산	· 라인스톱 축소 활동 · 담당범위 작업의 습득, 지원	④ 기타	· QC서클 활동 · 신입 지도

〈그림 5-13〉 현장 관리 · 감독자 중점 역할의 예

사례

일상업무 확인표

부서명:
확인자:

	업무항목	월차									
		1	2	3	4	5	6	~	28	29	30	31
출근	① 현장체조, 조례							~				
	② 업무연락, 지시											
	③ 작업자 출근상황 확인											
오전	① 시업점검(설비, 작업장)											
	② 품질확인(신제품, 정기측정)											
	③ 공정확인(신입, 중요공정)											
오후	① 현장개선 실시											
	② 품질불량 대책											
	③ 현장의 4S 확인											
	④ 잔업지시											
잔업	① 일지작성, 상사보고											
	② 현장 최종확인 후 퇴근											
	③ (QC서클활동 참가)											

〈그림 5-14〉 일상업무 확인표

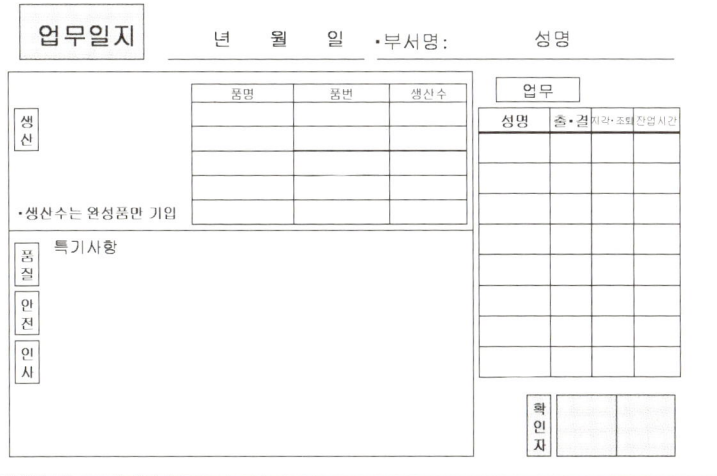

〈그림 5-15〉 업무일지

앞서 말한 바와 같이, 감독자의 주요한 업무는 개선업무이다. 〈그림 5-16〉은 감독자가 개선업무에 필요한 문제해결 방법을 나타낸 것이다. '왜, 왜'를 5번 반복하여 문제의 근본적인 원인을 찾아낸다.

도요타 생산방식에 있어서의 문제해결 방법
왜, 왜를 5번 반복한다

5W1H로 사실을 파악하고 개선안을 한층 구체적으로 제안한다

어째서	(목적·이유)	Why
무엇을	(대상·내용)	What
어디에	(장소·위치)	Where
언제	(시간·시기)	When
누가	(적재·인원)	Who
어떻게	(방법·순서)	How

등의 6가지 의문을 활용
탁상공론적 활동을 최대한 줄이고
현지·현물에서의 활동을 중시

〈그림 5-16〉 5W1H (문제해결 방법)

[주제]	· 작성일: · 담당부서: · 담당자:
[개선 전]　　확인년월일:	[개선 후]　　확인년월일:
[개선내용]	[개선내용]

〈그림 5-17〉 개선보고서

또한 '5W1H(Why : 왜, What : 무엇을, Where : 어디서, When : 언제, Who : 누가, How : 어떻게)'로 사실을 파악하고 개선책을 한층 더 구체적으로 제안한다. 〈그림 5-17〉은 개선보고서의 예이다.

〈부하의 육성〉

도요타 공장에 있어서 부하육성의 기본은 다음과 같이 3가지가 있다(〈그림 5-18〉 참조).

① 기능을 전승한다.

　　일상 작업장에서 자기자신의 능력을 전승한다.(선배나 스태프들의 감이나 급소를 가르쳐서 훈련시킨다)

② 후계자를 키운다.

　　많은 부하가 성장하는 것은 작업장의 실력향상으로 이어진다. 후

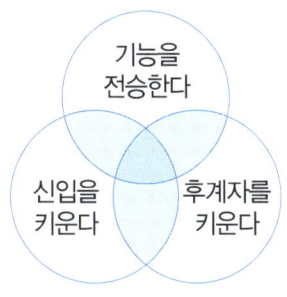

〈그림 5-18〉 부하의 육성

계자가 한 사람이라는 생각은 하지 않는다.

③ 신인을 키운다.

신인은 빨리 일을 배우고 싶다는 것이 최대의 관심사다. 하루라도

진정한 육성은 체면을 버리고 서로가 인간적인 자세로 접할 때에 이루어진다.

〈그림 5-19〉 부하육성 시의 주의사항

빨리 일을 외우고 작업장에 익숙해지게 함으로써, 하고자 하는 의욕을 잃지 않도록 한다.

부하육성 시의 주의사항은 〈그림 5-19〉에 나타난 바와 같다.
① 첫 번째로 의욕
　감독자의 '이렇게 되었으면 좋겠다'라는 요구와, 부하의 '이렇게 되고 싶다'는 의욕이 일치하도록 만든다.
② 필요한 부분을 정확히 짚는다.
　자기가 기대하고 있는 부분인 목표와 현재 상태를 비교하여, 차이점을 구체적으로 파악한다. 그 차이가 육성의 '필요점'이 된다.
③ 구체적으로 말하면,
　일을 가능한 한 구체적으로 표현할 수 있도록 해야 한다. 구체적으로 파악해서 나타내기 위한 5W1H 요소를 염두에 두어 표현한다.

부하의 육성이라는 것은 듣기에만 좋은 말이나 체면보다는 서로의 마음이 통하는 과정에서 싹트는 것이라고 생각해야 한다.

part

6

개선의 *오오베야 방식

***오오베야(大部屋, おおべや) 방식**
도요타는 신차 개발 또는 현장 개선 때 관련 부문이 한 공간에 모여 투명한 정보 공유 및 즉석 토론으로 신속하게 과제를 해결하는 활동을 오오베야 방식이라고 한다.

1

종업원과 현장의 활성화와
오오베야 방식

    종업원과 현장의 활성화 활동 및 개선활동을 위해서 '오오베야(大部屋) 방식'을 도입한 것은 도요타 계열 이외의 회사를 컨설팅하기 위해서였다. 도요타 계열회사의 종업원은 일상적으로 종업원과 현장이 활성화되어 있기 때문에 이러한 방식에 의존할 필요가 없다. 오오베야 방식은 TPS를 도입하고자 하는 회사에는 대단히 효율적이다.

    필자는 도요타 이외의 회사나 공장을 컨설팅 해 왔지만, 처음에는 좀처럼 효과를 볼 수 없었고 실패의 연속이었다. 개선하려고 하면 현장의 반발을 샀으며, 일시적으로 좋아졌다 하더라도 금방 다시 원상복귀하는 경우를 많이 경험했다. 물론 TPS를 도입한 당시에는 어느 정도 성과가 나왔지만 개선한 모델라인에서부터 다른 라인으로 확대시키는 것은 어려운 일이었다. 그렇기 때문에 개선한 모델라인은 좋아져도 공장 전체는 생각한 것만큼 성과가 올라가지 않았다.

〈사례 : 중국의 국영 자동차 메이커〉

여기서 필자가 중국의 한 국영 자동차 메이커 회사를 컨설팅한 사례를 소개하고자 한다. TPS를 대대적으로 도입하고 싶다는 의뢰를 받고, 필자를 포함한 2명이 1년 이상 컨설팅을 실시하였다. TPS의 기초적인 내용, 예를 들어 저스트 인 타임, 인변 자동화, 낭비제거에 대해서 교육을 했다. 중국 기업의 담당자들은 '당신들의 이야기는 잘 알았다'라고 이해를 나타냈다. 우리들은 현장의 실제 라인에서 시범 실시하여 사람을 줄이는 것도 확인했다. 이런 식으로 현장에서는 실제로 작업배분을 바꾸어 실행하면 된다고 생각했다. 그런데 현장담당자들은 '지도내용은 잘 알았다. 그렇지만 우리들은 그렇게 하지 않겠다'라고 우리에게 이렇게 이야기했다. 필자는 충격을 받고 어리둥절해질 수밖에 없었다.

그 이유는 우리 입장으로서는 믿을 수 없는 것이었다. 그 회사는 국영기업이기 때문에 종업원들이 공무원이다. 그렇기 때문에 아무리 노력을 해도 자신들의 성과에 대한 보답이 돌아오지 않으며, 누군가에게 칭찬을 받는 일도 없다. 회사돈이나 나랏돈으로 먹고 살면 된다는 생각이 종업원들에게 침투해 있었던 것이다. 그때 필자가 통감한 것은 이해와 실천 사이에는 벽이 있고, 게다가 그 벽은 아주 높고 두껍다는 것이었다.

도요타 계열회사에서는 볼 수 없던 이런 벽이 왜 생기는 것일까. 필자는 도요타 계열 이외의 회사를 지도할 때, 언제나 이러한 의문의 답을 생각하면서 컨설팅을 해 왔다. 여기에서 설명하는 오오베야 방식은 필자가 시행착오를 겪으면서 만들어낸 것이다. 최고의 수단은 아니라 할지라도, 그 벽을 해소하기 위한 아주 유효한 방법 중 하나라고 생각하고 있다.

왜 오오베야 방식은 유효한 것일까. 제4장에서 '종업원과 현장의 활성화'가 대단히 중요하다고 설명하였다. 사실은 이 활성화에 유효하게 작용하는 것이 오오베야 방식이다. 이 점을 확실히 하기 위해서, 먼저 도요타의 해외공장의 경우를 예로 들고자 한다. 도요타는 해외에서 새로운 공장을 만들 때에는 1,000명 이상의 신입직원을 현지에서 고용한다. 그리고 '제품 만들기는 사람 만들기'에 있기 때문에 인재육성이 중요하다. 일반적으로 교육·훈련을 시키면 좋다고 생각하겠지만, 사실 교육·훈련만으로 인재를 육성하기란 불가능하다. 교육·훈련에 더해서 종업원과 현장의 활성화를 도모할 필요가 있다. 이 내용을 공식으로 표현하면 다음과 같다.

> 인재육성 = 교육·훈련 + 종업원과 현장의 활성화

이 인재육성을 위해서 도요타는 본사에서 조장, 반장, 경험자 수백 명을 해외에 출장시켜 신입들에 대한 교육·훈련을 실시하고, 그에 맞춰 종업원과 현장활성화를 실행한다. 종업원과 현장활성화를 철저히 도모함으로써 도요타 현장의 'DNA'를 해외 현장에도 이식하고자 하는 것이다.

현장의 DNA를 이식하기 위해서는 도요타 본사에 있어서도 대단히 많은 시간과 노력이 들게 되고, 해외출장비나 인건비 등 막대한 자금도 필요하다. 얼핏 보면 비효율적이라고 생각할지도 모르지만 지금 현재로서는 이것을 대신할 수 있을 만한 유효한 수단이 없다. DNA를 이식하지 않으면 품질과 비용, 시간(납기)을 높은 수준에서 만족시키는 'TOYOTA' 브랜드의 차를 생산할 수 없기 때문이다. 이것은 현장의 DNA(제품 만드는 힘)는 주로 감독자와 작업자가 담당한다는 것을 증명하는 것이기도 하다.

단지 TPS의 DNA(제품 만드는 힘)를 사내에 도입하기 위해서 이러한 대규모적인 수단을 취하는 것은 중소기업에서는 좀처럼 실천하기 어려운 게 사실이다. 그렇기 때문에 TPS 컨설턴트로부터 컨설팅을 받거나, TPS를 배운 개선전문가를 사내에서 양성하여 사내 확산을 도모하는 등 노력과 시간, 비용의 부담을 줄일 필요성이 있다.

이러한 부담을 가능한 한 줄이면서 TPS를 도입하기 위해서는 어떻게 해야 할까. 기업 규모와 관계없이 많은 기업을 컨설팅하면서 시행착오를 거친 끝에 가장 유효한 수단으로서 필자가 내린 결론이 '개선의 오오베야 방식'이다.

'개발의 오오베야 방식'은 정식명칭으로 '동시공학(Simultaneous Engineering, SE)'이라고 한다. 도요타의 설계·개발부문에서 이 방식을 채용하고 있다. '개선의 오오베야 방식'은 이것에 준해서 응용한 방식이다.

이 개발의 오오베야 방식에 가시화를 추가·개량하여 도요타가 미국에서 도입한 개발방식이 'Quickening Visualization System'이다. 미국의 QVS사는 이 QVS방식을 회사명으로 해서 서구의 기업에 개발 매니지먼트를 지도하고 있다. 고객은 자동차산업만이 아니라, 전자·전기산업이나 항공기산업, IT산업 등 다양하다.

설계·개발 부문에 왜 오오베야 방식이 유효한 것일까. 설계·개발부문은 고도의 두뇌를 가진 인간의 집단이다. 이 집단이 주로 취급하는 것은 제품(자동차나 가전 등)의 물질적, 과학적, 물리적인 원리이다. 하지만 제품(부품, 설비 등)과 기술·지식만 우선하고, 인간(의욕·

마음)을 고려하지 않은 채 개발하고 있다. 따라서 인적자원개발이 매우 중요함에도 불구하고, 그 부분이 대단히 소홀히 다루어지고 있는 것이다. 개발자나 설계자는 기계가 아니라, 감정을 가지고 자각하고 있지 않은 뇌의 영역에서 동물적인 반응도 하는 인간인 것이다. 오오베야 방식을 채용하면, 개발자나 설계자의 인간다운 부분과 동물적인 반응을 잘 관찰할 수 있게 된다.

인간의 뇌는 도대체 어떻게 되어 있는가, 인간의 마음은 무엇인가에 대해 깊이 생각하는 것이 중요하다. 그리고 뇌의 반응과 그 뇌에서의 지령에 따른 몸의 반응, 그리고 그 반응이 또다시 뇌에 피드백되는 모습을 해명하는 것도 중요하다. 그리고 잊어서는 안 되는 것이 인간은 혼자있는 경우와 집단의 일원으로 있는 경우의 마음이 다르다는 것이다. 마음뿐만 아니라 몸도 무의식적으로 반응하며, 뇌 속의 반응 역시 경험을 통해서 바뀌어 간다. 이러한 인간의 마음과 뇌의 연구를 하지 않는 이상 설계·개발에 있어서의 오오베야가 가진 장점은 이해하기가 쉽지 않다. 필자는 이에 대해서 대단히 많은 시간에 걸쳐 해석을 한 결과, 다음과 같은 결론에 다다랐다. 그것은 개발·설계부문의 산출물도 각자의 성격(Personality)과 능력·지식(Ability), 의욕(Motivation)의 곱셈으로 표시된다는 것이다.

이 중에서도 가장 중요한 것은 '설계자 뇌의 활성화', 즉 '의욕' 부분이다. '뇌=마음'이라고 생각하면 된다. 뇌는 이성적인 부분, 감성적인 부분, 스스로가 자각하지 않고 있는 내면의 부분, 행동에 명령을 내리는 부분 등이 종합된 것이다. 〈그림 6-1〉은 설계·개발부문에 설치된 오오베야에 참가한 사람들(설계자, 생산 기술자, 작업자 등)의 뇌가 어떻게 반응하고 있는가를 관찰한 결과이다.

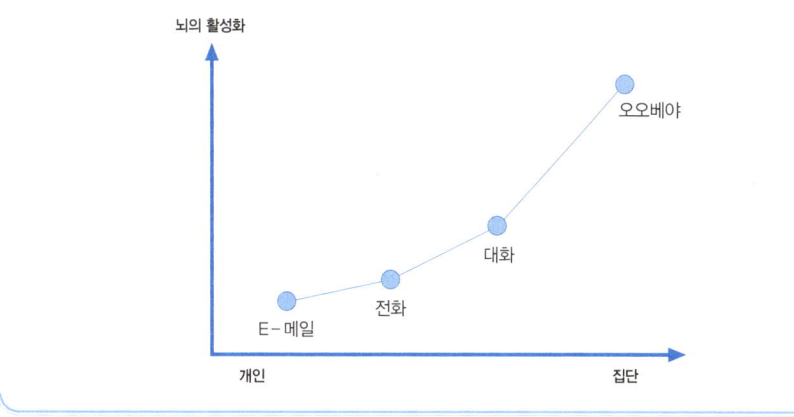

〈그림 6-1〉 개선의 오오베야 방식

먼저 전자메일부터 보도록 하자. 전자메일은 업무에 있어서 반드시 필요한 것이다. 특히 미국의 설계·개발부문은 각자가 방을 사용하고 있어서 옆에 있는 동료와의 사이에도 벽이 있기 때문에 전자메일로 서로 연락하는 것이 보통이다. 의자에서 일어나 얼굴을 마주보고 직접 얘기하면 될 텐데, 옆 사람과도 전자메일을 주고받는 것이다. 일부의 사람들은 전자메일을 읽고 답장을 보내는 데만 하루를 꼬박 소비하는 경우도 있다. 전자메일을 읽거나 답장을 쓰는 작업은 컴퓨터를 사용한 고도의 업무처럼 생각되기 십상이지만, 실제로는 인간 뇌의 활성화 레벨(일을 하고자 하는 의욕)은 대단히 낮다.

전자메일을 그만두라고 하는 것은 아니다. 전달하고자 하는 정보의 기록이 남고, 서로가 맡은 일의 시간차를 메우기 위해서는 효율적인 수단이다. 전자메일을 활용할 필요는 있지만, 이것만으로는 인간의 뇌는 극히 일부분밖에 사용되지 않으며, 활성화의 레벨은 대단히 낮은 상태라는 것이다. 전자메일을 취급할 때 뇌의 활성화 레벨이 낮은 이유는 전자메일을 읽거나 쓰거나 하는 시간은 타인이 관여하지 않는 자기만의 세계로 이루어져 있기 때문이다.

따라서 전자메일보다도 전화를 거는 편이 뇌는 더 활성화된다. 전화로 이야기를 하면 상대로부터 실시간으로 반응이 돌아오기 때문이다. 반응을 확인하면서 다시 이야기를 하거나 상대의 반응을 예측하면서 이야기를 하는 것 등 고도의 작업이 된다. 그리고 더 나아가서, 전화보다도 대화를 하는 편이 뇌의 활성화 레벨은 한층 더 높아진다. 1대 1로 대면해서 이야기를 하는 고도의 작업이 요구되기 때문이다.

그리고 집단으로 일을 할 때, 인간의 뇌는 가장 활성화된다. 따라서 높은 수준의 복잡한 일을 하기 위해서 가장 적합한 것은 오오베야 방식이다. 여기서 '오오베야'라는 것은 어느 정도의 사람(20~30명)이 모여서 함께 설계·개발에 관한 여러 이야기를 나누며 일을 진행시키는 것이다.

집단 속에 있으면 자신의 주변에 있는 많은 사람들과 이야기를 해야 하기 때문에 시각이나 청각을 주체로 한 오감을 모두 활용할 필요가 있다. 게다가 오오베야에 참여하는 사람들은 직종이 다양하기 때문에 생각하는 방식도 크게 다르다. 생각하는 방식이 나와 다른 사람들과 커뮤니케이션을 하기 위해서는 뇌를 활성화시킬 수밖에 없다. 그렇기 때문에 의욕 또한 최고 레벨이 된다. 뇌뿐만이 아니라 몸에서도 여러 가지 호르몬이 분비되어 몸도 활발히 움직이게 된다. 뇌도 몸도 활성화된 상태에서 일을 하면 효율이 비약적으로 높아진다. 이것을 촉진시키는 것이 오오베야 방식인 것이다.

오오베야 방식으로 일을 할 때의 장점을 다음과 같이 정리해 둔다.

① 참가한 사람들 사이에서 진취적이고 건설적인 토론이 전개된다. 그 이유는 집단 속에 있는 사람들은 그 속에서의 움직임이나 역할을 제대로 함으로써 존재감을 나타내고, 자신의 위치를 확인하고자 하는 본능이 있기 때문이다.
② 참가한 사람들의 뇌가 활성화되어 평소보다 많은 제안이 나온다.
③ 참가한 사람은 각 방면의 프로이기 때문에 각 조직의 벽을 넘어선 문제를 공유하여 많은 사람들의 지혜를 모은 종합적인 해결책을 세울 수가 있다.
④ 오오베야에서는 가시화의 관리 수법을 채용하고 있어, 방침·목적·제반 문제·그에 대한 대책 등을 함께 공유하고 효율적으로 운영할 수 있다.
⑤ 개발의 책임자 '주사, 혹은 치프 엔지니어(Chief Engineer, CE)'가 개발 전체의 관리를 용이하게 파악하고 운영할 수 있다.

〈사례 : 미국에 오오베야 방식을 적용〉

필자는 이 오오베야 방식(영어로는 QVS)을 한 미국 제조업체의 설계·개발 부문에 도입을 했다. 미국의 경우, 설계·개발부문 이외의 사원, 즉 생산기술자나 제조부에 속하는 현장작업자 등이 설계·개발부문에 대해서 제안하는 능력을 가지고 있지 않다. 따라서 참여하는 사람은 기술부문에 한정된다. 결론부터 이야기하면, 기술부문만으로 구성된 오오베야 방식으로도 설계·개발기간을 기존의 절반으로 줄이는 것이 가능했다. 오오베야 방식을 도입하기 전까지 40개월 이상 걸렸던 것이 도입 후에는 20개월 정도로 단축되었던 것이다.

어떻게 효과를 올릴 수 있었는지 필자 나름대로 분석을 하면, 기존에는 각각의 기술자가 대단히 우수했지만, 조직 전체로서는 효율이 나빴다고 할 수 있다. 설계상의 각종 미스나 충분히 검토되지 않은 도면 등으로 설계·개발기간이 길어진 것이다. 그 원인은 기술자의 뇌의 상태가 '전자메일 상태', 즉 뇌가 활성화되지 않은 상태에서 설계를 했기 때문이다. 그러나 오오베야에서는 일을 하는 방식이 바뀌고 기술자들의 뇌가 활성화되어 앞서 말한 ①~②의 장점을 훌륭하게 이끌어냈다. 이렇게 설계·개발기간의 대폭적인 단축이 가능하게 되었다.

다음은 실제 개선에 있어서 오오베야를 어떤 식으로 구성하고 운영하는가에 대해서 설명하겠다. 먼저 일반적으로는 TPS의 개선이나 활성화 활동은 공장의 일부(모델라인)에 한해서 시작한다. 그러나 이 방법으로는 개선효과가 나와도 일부에 한정되고, 다른 현장이나 다

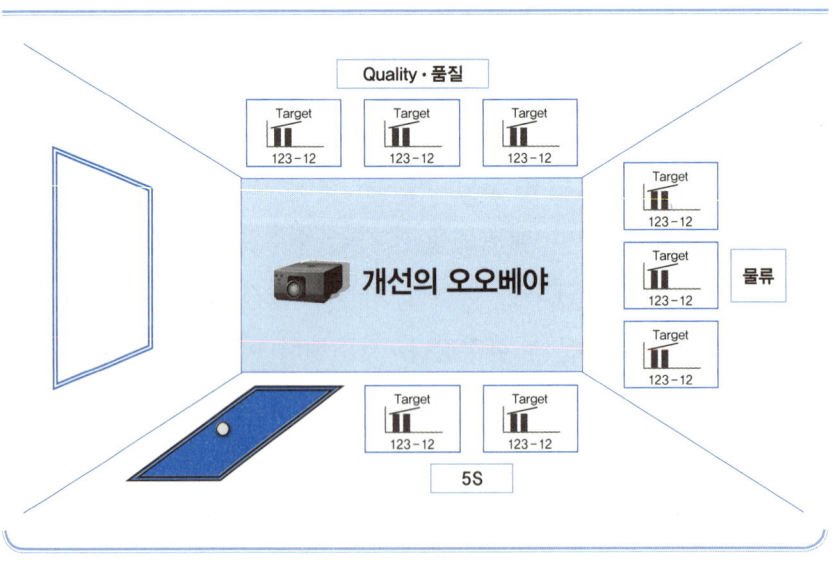

〈그림 6-2〉 개선의 오오베야 예시 그림

른 라인으로는 확대되지 않는다.(수평적 전개를 하지 않는다) TPS개선이나 활성화 활동을 공장 전체에 신속하게 전개하기 위해서는 전원참여형의 개선 추진방식이 가장 적합하다. 예를 들어서 A라인의 A조장, B라인의 B조장 등 가능한 한 실제 작업장의 감독자 계층이 개선 팀의 리더가 되고, 동시에 오오베야의 각 개선 팀의 리더를 겸한다. 이 팀 리더가 계획을 세우고 개선의 진행 상황을 설명하기도 한다. 공장의 규모에 따라 따르겠지만, 오오베야에는 개선 팀을 20~30조 편성을 한다. 따라서 모델라인만으로 개선을 진행하는 일반방식에 비해서 오오베야 방식을 취하면 20~30배의 속도로 공장 내에 확산시킬 수 있다.

예를 들어, 개선 팀을 30조 편성했다고 가정하자. 오오베야의 경우, 30조가 들어갈 수 있는 방을 준비한다. 이 방은 개선이 진행되는 기간 내에는 항상 사용하기 때문에 회의실이 아니라 전용 방으로 하는 것이 더 좋다. 방을 준비하는 게 도저히 무리다 싶을 때는 벽으로도 대신할 수 있지만 벽 앞에 30조가 다 모일 수 있는 공간이 필요하다.

예를 들어 〈그림 6-2〉의 경우는 오오베야의 위쪽 벽에 '품질개선 코너', 오른쪽 벽에 '물류개선 코너', 아래쪽 벽에 '5S개선 코너'를 설정했다. 사례의 경우 30조이기 때문에 '품질개선 팀'을 10조, '물류개선 팀'을 10조, '5S개선 팀'을 10조 편성한다. 조의 수는 균등하게 10조씩 편성하지 않아도 상관없다. 예를 들어 품질개선 팀이 5조, 5S개선 팀이 15조라고 해도 괜찮다. 다시 강조하면, 개선활동을 공장 전체에 확산시키기 위해 각 조직이 직접 관련하는 테마를 선택할 수 있도록 몇 가지 종류의 개선 팀을 편성하는 것이 중요하다.

그리고 개선의 오오베야에는 이들 30조의 개선 팀의 대표자를 모아서 개선리더를 임명한다. 개선의 테마는 스스로 결정하는 것이 좋지만, 처음에는 TPS의 지도자가 개선 테마를 주거나 개선리더와 상담하면서 테마를 정한다. 이렇듯 품질개선 팀이 있으면 이 10조의 개선 팀은 품질개선의 계획과 목표를 각각 설정한 후, 개선을 실행에 옮긴다. 물질개선 팀, 5S개선 팀도 마찬가지이다.

다음으로, 실제로 어떻게 개선에 돌입하는가를 설명하겠다. 오오베야에 모인 각 개선 팀의 대표자들에게 먼저 TPS나 5S, 활성화 활동의 중요성 등 기초적인 지식을 교육한다. 개선 팀의 대표자들은 처음에는 이러한 지식의 습득에 쫓기게 된다. 그리고 어느 정도 교육이 진행된 시점에서 개선 테마를 정한다. 그 때, 처음부터 너무 어려운 개선 테마는 선택하지 않는 것이 좋다. 그저 조금의 성취감을 느끼게 하기 위한 테마, 달성 가능한 개선 테마가 아니면 의미가 없기 때문이다.

달성하기 쉬우면서, 가시화의 효과가 있는 것은 5S개선이다. 이것은 어느 회사라도 처음에 착수하는 편이 좋다. 테마를 정할 때의 또 하나의 요령은 가능한 한 수치화하거나 점수제로 하는 것이다. 필자가 택한 방법은 5S의 점수제였다. 보통은 최하점이 1점이고 최고점이 5점이 되는 5점제이지만, 경우에 따라서는 1점에서 100점까지 평가한다. 현재 상황의 점수와 3개월 뒤, 6개월 뒤에 변화하는 평가점수를 나타냄으로써 개선의 진행정도를 눈으로 확인할 수 있다.

이것은 품질개선이나 물류개선에서도 마찬가지로, 가능한 한 수치화하는 것이 포인트이다. 예를 들어 품질개선에서는 불량률 삭감을 목표로 하고, 당연히 불량률이 떨어지도록 계획을 세운다. 물질개선의 경우에는 재고량을 선택했다면 A라인 중의 부품의 개수 등 구체적인 목표를 세운다.

　수치화가 중요한 이유를 설명하겠다. 예를 들어, 이 5S개선에 10개 팀이 참가한다고 가정하자. 그럼 10개 팀 각각에 대해서 개선효과의 점수가 나온다. 현재상황은 몇 점이고, 활동 1개월 뒤에는 몇 점 등으로 수치화되어 있으면, 이전과 비교해서 얼마나 향상되었는지를 쉽게 알 수 있다. 즉, 개선효과를 실감할 수 있는 것이다. 반대로 실감할 수 있는 데이터가 없으면 의미가 없다. 처음에는 1.5점이었지만 2개월 뒤에는 2점이 되어 '0.5점이나 올랐다'는 것을 확인함으로써 각 팀은 보람과 성취감을 맛볼 수 있는 것이다.

　특정지점을 관측하는 것도 유효한 방법이다. 예를 들어 5S가 제대로 되어 있지 않은 몇 개 장소를 정해, 카메라로 정기적으로 사진을 찍어두는 것이다. 1개월 뒤, 3개월 뒤, 6개월 뒤로 시간을 정해 촬영장소나 촬영방향은 고정시켜서 그 변화를 찍는다. 처음 상태와 1개월 뒤, 3개월 뒤의 개선된 상태를 비교할 수 있게 되어, 노력한 결과를 알 수 있게 된다. 이렇게 함으로써 개선을 실시한 멤버는 보람과 성취감을 느끼고, 상사나 주변사람들도 그 효과나 노력의 흔적을 인식하고 인정하게 된다. 이러한 정량적인 성과는 오오베야의 눈에 띄는 곳에 게시한다. 그리고 정기적으로 성과를 발표하는 기회를 가지는 것도 잊지 말아야 한다.

　이러한 개선을 진행시키면 처음 1~2달 동안에 A팀에서는 '개선리더를 부하들이 좀처럼 따라주지 않는다'라든지, C팀에서는 '개선점수가 계획대로 올라가지 않는다'는 등, 여러 고민들이 생긴다. 그렇지만 2~3달 지난 시점부터는 효과가 나오게 되면서 개선이 촉진된다. 개선효과를 수치화하여 오오베야 사무실 벽에 게시함으로써 개선의 진척

상황에 대해 상사를 비롯한 관계자가 한눈에 알 수 있다.

마찬가지로 개선방법도 벽에 게시한다. 그렇게 함으로써 팀 구성원들은 절차탁마(옥이나 돌을 닦아 빛나게 한다는 사자성어로 여기에는 더욱 개선활동에 몰입한다는 것을 의미함 - 역자 주)하여 경쟁하게 된다. 인간은 본능적으로 경쟁에서 지는 것을 싫어하기 때문에 자연스럽게 노력하게 되는 것이다. 그렇게 하면 다른 팀의 좋은 부분을 적극적으로 도입하고자 하는 움직임이 일어나 내부 확산(수평적 전개)이 저절로 이루어진다. 그리하여 개선은 자율적으로 진행되고, 공장 전체로 확산된다.

다른 팀과 경합하여 개선을 추진함으로써 팀의 일체감이 형성되며, 팀 리더와 멤버들 사이에 좋은 관계가 구축되어 간다. 멤버가 리더를 인정하고, 리더는 멤버의 재능을 인정하여 상호협력하는 관계가 형성된다. 통상적인 업무(매일의 라인작업)만으로 이러한 일체감은 형성되지 않는다. 개선목표를 달성한 감동을 함께 맛봄으로써 진정한 동료로서의 일체감이 형성되는 것이다.

앞서 말한 대로, 활성화 활동 중에서 가장 대처하기 쉽고 효과를 보기 쉬운 활동이 5S이지만, 이것과 대조적인 활성화 활동이 공정개선이다. 이 공정개선을 처음에 시도하는 것은 권유하지 않는다. 개선 진행의 기초가 되는 '종업원과 현장활성화'가 되어있지 않은 회사가 공정개선에 돌입하면 무리가 생기기 때문이다.

흔한 경우는 경영자나 관리자가 TPS 책을 읽고, 금방 이 공정개선에 착수하는 경우이다. 공정개선이 성공하면 사람을 줄일 수 있고, 인건비나 원가를 줄임으로써 회사의 이익을 늘릴 수 있는 것은 확실하다. 그렇지만 작업자가 자신의 업무를 뺏길지도 모르는 공정개선을 스스로 진행시키려고 할 것인지를 생각해 보자. 상사의 명령이라 하더라도 그들은 여러 가지 형태로 저항을 하고 무시하며, 좋은 생각도 좋은 지혜도 내놓지 않을 것이다. 상사가 강제적으로 공정개선을 시켜서 일시적으로 성과가 나온다 하더라도 상사의 강요에 무력감을 느끼고 있는 작업자들은 지시된 공정개선 이외의 개선을 결코 진행시키지 않을 것이며, 공장 전체로 확산되지도 않을 것이다.

도요타에서는 공정개선에 따라 인원조절에 성공하여 작업자를 라인에서 빼낼 때에는 우수한 사람부터 빼낸다. 라인에서 빠지는 사람은 회사를 그만두는 것이 아니라, 더욱더 보람을 느낄 수 있는 개선활동이나 활성화 활동, 혹은 더 고도의 사전개선을 담당하게 된다. 공정개선으로 라인에서 나가게 되더라도 결코 회사를 그만두는 일은 없으며, 오히려 더 좋은 작업을 할 수 있다는 신뢰가 현장에 존재하는 것이다. 그렇기 때문에 도요타 현장은 공정개선을 자발적으로, 자립적으로 진행시킬 수 있다.

그러나 종업원과 현장이 충분히 활성화 되지 않은 회사나 공장에서는 현장에 이런 신뢰가 형성되어 있지 않다. 따라서 먼저 종업원과 현장활성화부터 시작할 필요가 있다. 세계 각지의 대부분의 회사나 공장은 활성화가 불충분하거나 전혀 고려하지 않는다. 긴 시간을 통해 일이 타성에 젖거나, 무력감이 생기고, 종업원들의 눈이 죽어 있는 곳이 얼마나 많은지를 한번 살펴보아야 한다. 이러한 현실을 생각해서 우선은 시도하기 쉬운 활성화 활동인 5S 개선활동부터 시작하는 것을 권한다.

다음은 물류개선을 설명하겠다. '물류'라고 하면, 일반적으로 공장 외의 물류를 떠올릴 것이다. 그렇지만 TPS에서 이야기하는 물류는 공장 내의 물류와 공장 외의 물류가 있다. 공장 내의 물류는 이전에는 물류부문이 담당했었다. 그러나 공장 내의 물류는 생산공정과 일체로 생각하여 개선할 필요가 있기 때문에 현재는 생산부가 공장 내의 물류를 담당한다. 공장 내의 물류부문과 생산부문이 나뉘어져 있는 기업은 많이 있지만, 이 경우 물류개선과 공정개선에 관한 양 부문의 의견이 서로 달라서 이해가 상반되는 경우가 종종 있다.

적어도 공장 내의 물류는 생산부문이 일체적으로 관할하기를 권장하고 싶다. 그러나 어쩔 수 없이 공장 내 물류를 물류부문이 관할하지 않으면 안 되는 경우도 있을 것이다. 그때는 물류개선 팀이 생산부문의 사람을 참가시킨다. 즉, 물류개선의 각 팀을 공정담당의 생산부문, 물류담당의 물류부문, 생산관리부문(사무 계열)의 혼성팀으로 구성하는 것이다. 그리고 물류개선의 주체는 기본적으로 생산부문이기 때문에, 생산부문이 주도권을 가지고 진행시키는 것이 좋다. 물류개선의 테마도 처음에는 간단한 테마를 설정한다. '공급체인관리(Supply Chain Management)'라고도 불리는 물류는 고객으로부터 공장까지의 물류 리드타임(Lead Time, 재고)을 최소로 하는 것이 궁극적인 목표다. 그렇지만 처음부터 갑자기 전체적으로 착수하기는 힘들기 때문에 손대기 쉬운 공정의 창고부터 시작하는 것이 좋다.

물류개선 테마 설정에 있어서도 목표는 반드시 수치화하여 지표로 만드는 것이 중요하다. 당연히 개선 전의 상황도 수치화하여 사진을 찍는다. 물류개선의 목표는 리드타임에서는 알기 어렵기 때문에, 공정 내의 공정 재고 수나 창고 내의 공정 재고 수, 공정 간의 재고 수, 라인 간의 재고 수, 공급품, 재료의 수 등을 줄이는 것을 목표로 한다.

물류개선에 있어서도 초기 단계에서는 개선참가자들을 활성화시키는 것이 목적이다. 따라서 개선목표를 달성하여 성취감을 맛보게 하는 것에 주안점을 둔다. 설령 재고축소에 따른 개선효과가 짧은 시간 안에 드러난다 하더라도, 관리자는 종업원과 현장활성화 쪽을 한층 더 중요시하면서 오오베야의 운영을 진행시킨다.

품질개선에서 주의할 점은 만성적인 품질불량을 개선하고자 할 때, 제조부문의 조장과 멤버만으로는 달성하기 어렵다는 것이다. 그렇게 해서는 개선 팀에 성취감을 느끼게 하고자 하는 초기의 목적을 달성시키지 못할 가능성이 높다. 따라서 품질불량을 테마로 선정할 때에는 목표를 달성할 수 있는 체제를 구축하는 데 특히 신경을 써야한다.

필자가 이 오오베야 방식으로 품질개선을 시도할 때에는 품질관리 부문만이 아니라, 기술부문과 생산기술부문에서도 사람을 참가시켜 다기능팀을 만들어서 진행시키도록 하고 있다. 특히 품질관리부문의 엔지니어들은 반드시 참여해야 한다. 세 부문에서 모인 멤버가 일체가 되어 활동한다면, 어려운 품질문제가 있다 하더라도 거의 해결할 수 있게 된다. 목표를 달성할 수 있는 체제를 만드는 것은 오오베야 방식의 관리를 담당하는 상사(경영자나 관리자)의 중요한 역할이다.

TPS 개선의 진행방식은 두 가지가 있다. 실제로 라인에서 일하는 현장사람들로 구성된 팀이 중심이 되어 개선해 나가는 방법과 특별히 설정한 전문 개선 팀이 주체가 되어 현장을 지도하여 개선을 진행시키는 방법이다. 이 중, 후자의 경우에는 몇 가지 주의가 필요하다. 물론 전문적인 개선 팀은 열심히 개선을 진행시키고자 노력하지만, 현장사람들은 개선의 필요성을 알고 있다 하더라도 주체적인 입장이 아니므로 개선 실행이 어려워진다. 게다가 전문 개선 팀과 현장사람들이 반드시 좋은 관계를 형성한다고도 볼 수 없다.

따라서 라인에서 일하는 현장사람들로 구성된 팀이 중심이 되어 개선을 실행하는 방법이 가장 좋다. 제조현장에서는 '생산이 우선이며, 개선을 할 여유 따위는 없다'라는 소리가 종종 나온다. '제품을 만드는 데도 바쁜데, 그런 걸 언제 하고 있냐'는 것이다. 이러한 반발을 하는 사람들에게는 '개선을 시작하면 불필요한 시간을 줄일 수 있고, 생산성을 향상시켜 시간적으로도 여유가 생긴다'라고 설득할 수밖에 없다.

현장에서는 여러 불만이 터져 나오지만, 의외로 시간은 많이 있는 법이다. 특히 반장이나 조장 등의 직급이 되면 그저 바쁘기만 한 것이 아니라 여유 있는 시간도 분명히 있다. 전문 개선 팀을 설정할 경우에는 반장이나 조장들에게 조력자 역할을 맡기는 것이 현명하다.

필자가 컨설팅 할 때, 전문 개선 팀에게 오오베야 방식에 따른 개선진행과 관리운영을 담당하는 사무 역할을 맡겼다. 전문 개선 팀이 개선의 주체가 되는 것을 피하기 위한 조치였다. 개선의 주체는 어디까지나 제조부문의 각 팀이다. 다시 말해서 제조부문에 개선의 묘미와 성취감을 맛보게 하지 않으면 안 되는 것이다. 그렇게 하기 위한 수단과 도구가 개선의 오오베야와 전문 개선 팀이다.

개선의 오오베야가 갖는 장점은 공장관리가 편해진다는 점이다. 오오베야에 오면, 공장 전체의 개선상황이 어떻게 진행되고 있는지, 목표가 어디까지 달성되어 있는지, 각 조직이 어느 정도 활성화되어 있는지 등을 금방 알 수 있다. 상사(경영자나 관리자) 입장에서는 이것보다 편리한 방식은 없을 것이다.

오오베야의 벽에는 여러 자료나 계획표, 활동상황 등을 붙여 놓도록 한다. 예를 들어서 5S 관계의 자료나 품질개선의 테마 등이다. 화이트보드나 직접 제작한 베니어판이라도 보기 쉽다면 사용해도 상관없다. 여기에서 중요한 것은 현장개선의 가시화 보드와 오오베야의 보드에는 가능한 한 같은 내용을 붙여 놓는 것이다. 그렇게 함으로써 상사(경영자나 관리자)가 개선의 오오베야에서 의문을 느낀 점이나 확인하고자 하는 사항이 나왔을 경우, 현장에 가서 현장개선의 가시화 보드에 게시되어 있는 자료를 보고 현지·현물에 근거한 확인이 가능하다.

물론 필자도 오오베야 방식을 사용하여 TPS 컨설팅을 하고 있다. 이것은 한두 명의 컨설턴트로도 공장에서 일하는 사람 전체에게 TPS 추진을 유도할 수 있는 훌륭한 방식이다. 오오베야에는 시시각각으로 여러 많은 정보가 들어온다. 정기적으로 개선성과를 발표시키고, 경우에 따라서는 매일 아침 10분 정도 미팅을 하는 등 여러 방면으로 활용 가능하다.

오오베야 방식의 유효성을 다시 한 번 생각해 보자. 작업장에서 혼자서 움직이고 있는 상태와 각 부문에서 오오베야에 모여든 사람들과 토론을 나누는 상태는 전혀 다르다. 이미 이야기한 대로 오오베야에 있을 때가 보다 더 사람의 뇌가 활성화된다는 것을 확실히 느낄 수 있다. 또한 지금까지의 경험을 토대로 했을 때, 오오베야에서 토론할 때에는 앉아 있는 것보다도 선 채로 토론하는 것이 더 좋은 효과를 볼 수 있었다.

이러한 근거를 추측해보면, 인간은 고대에 걸어 다니면서 먹을 것을 찾았을 것이다. 생명을 유지하기 위해서는 식량을 획득해야만 하므로 그들은 걸어 다니면서 먹을 것을 찾고 집단으로 수렵을 했다. 이러한 배경으로부터, 먹을 것을 찾아 헤매는 상태가 뇌를 활성화시키는 식으로 인간의 뇌는 발달해 왔다고 생각한다. 따라서 걸어 다니는 것(개선목표를 찾는 것), 집단으로 수렵하는 것(대책을 세우고 실행하는 것), 먹을 것을 잡는 것(목표를 달성하는 것)이라는 상태에서 인간의 뇌는 가장 활성화되는 것이 아닌가 싶다.

인간은 기계가 아니므로 반드시 논리적인 사고나 행동을 한다고는 볼 수 없다. 동물 중에서 가장 뛰어난 지성을 갖추고 진화한 인간은 깊고 풍부한 감성을 지니고 있기도 하다. 인간이 본래 가지고 있는 습성이나 뇌의 선순환 구조를 제대로 알고 활용함으로써 일에 반영시키는 것이 대단히 중요하다.

2

가시화의 중요성

　개선의 오오베야에서도 '가시화'는 중요하다. 상사(경영자나 관리자)가 이야기한 것에 대해 '부하라면 당연히 금방 알겠지'라고 생각한다면 그것은 큰 착각이다. 이야기를 하더라도 이해하지 못하고, 납득하지 못하는 것이 보통이다. 예를 들어 회사나 부서의 목표는 전원이 알 수 있도록 게시한다. 이것을 상사가 말로 설명하는 것은 물론 중요하지만, 그것만으로는 불충분하다.

　〈사례 : 목표설정이 잘못되어 있는 경우〉
　어느 일본회사에 컨설팅하러 갔을 때의 이야기이다. 사무소에 목표가 게시되어 있었다. '매출+10%, 이익+10%'라고 적혀 있었다. 이것을 20XX년도의 목표로 설정하고 있었다. 회사의 간부는 '이 목표는 현장에도 게시해 두었습니다'라고 자신 있게 이야기했다. 공장에 가보니 확실히 게시되어 있기는 했다. 거기서 필자는 공장의 책임자 몇 명에게 '이것이 회사의 목표라고 하는데, 당신은 이 목표에 대해서 무엇을 하고 있습니까?'라고 물어 보았다. 그랬더니 그들은 이구동성으로 '무엇을 하면 좋을지 모르겠습니다'라고 대답했다. 목표를 세우는 것은 좋지만 목표를 달성하기 위해 각 작업장에서 구체적으로 어떠한 행동을 취할 것인가까지 생각하지 않으면 그 목표는 결코 달성될 수 없다.

회사의 목표를 달성하기 위해서 A작업장은 어떠한 행동을 취해야 하는가. 예를 들면 매출 증가에 공헌하기 위해서 가공 정도를 $10\mu m$ 이내로 줄여서 품질을 높인다, 불량률을 현재의 5%에서 2%까지 줄인다, 리드타임을 20% 감소시키는 등 A작업장의 책임과 권한에 부합하는 구체적인 목표를 설정하지 않으면 안 된다. 이익을 10% 올리기 위해서 어떻게 하면 좋을지를 작업장 단위에서 생각해야 한다. 그리고 어떤 작업장에서 공정의 원가를 10% 줄이고자 한다면, 그것을 목표로 설정하고, 달성시킬 수 있는 방법을 모색해서 실행으로 옮겨야 한다.

이렇듯 구체적인 목표가 없으면 안 된다. 그럼에도 불구하고 실제로 원가관리를 현장에서 교육시키고 실시하고 있는 회사는 드물다. 이래서는 원가를 줄일 수도 없고, 이익도 낼 수 없다. 다시 말해서 회사의 성과라는 것은 여러 작업장의 산출합계(A+B+C+D+…)이기 때문에 회사의 목표는 각각의 작업장에 있어서 친근한 테마로서 충분히 인식시켜야만 한다. 이렇게 인식된 것을 그 작업장에 가시화 목표로서 게시한다.

목표는 가능한 한 그 작업장 스스로가 설정하는 것이 좋다. 물론 경영자나 관리자는 그 작업장이 목표를 설정하는 데 도움을 주어야 한다. '회사의 경영상황, 경영환경은 이렇다. 회사의 목표는 이렇다. 그 목표를 위해서는 A라는 작업장의 경우, 이러한 것을 하는 것이 좋지 않을까'라

일본어	영어	목적	Outcome
見る (보다)	Look Watch	리스트・표시・게재	① 표시 ② 계획 – 수정 ③ 과제의 공유가 불충분 ④ 각 개인의 이해
見える (보이다)	Visualization	수동적 관리	① 눈으로 보는 관리 ② 계획 – 수정 – 확인 ③ 완전하게 수렴되지 않은 해결 ④ 조직에서의 이해
見せる (보여주다)	Quickening Visualization	능동적, 자발적	① Visual Management ② PDCA Cycle ③ 효과적이고 효율적인 과제 해결 ④ 조직・개인의 지식을 이용한 깊은 이해

〈그림 6-3〉 비주얼 매니지먼트

고 하는 등 목표설정을 유도해 줄 필요성이 있는 것이다.

필자는 이 공장을 보고, 이렇게 해서는 20XX년도 목표는 달성할 수 없고 공장에 붙여 놓은 것은 그림의 떡으로 끝난다고 확신했다. 가시화는 중요하지만 각각의 작업장에서 알 수 있는 구체적인 목표를 세세히 분석해서 친근한 테마로서 적절하게 스며들게 하는 것이 더욱 중요하다.

물론 오오베야 방식에서 가시화를 사용하고는 있지만, 이 기업처럼 막연한 것이 아니라, 각 개선 팀이 달성할 수 있는 테마를 설정하도록 하고 있다. 〈그림 6-3〉에 가시화의 관리 레벨을 나타냈다. 가시화 관리에도 여러 레벨이 있다.

① 레벨1 : 보다(見る)

이것도 아주 중요하지만, 앞서 살펴 본 회사처럼 단지, 회사의 목표를 게시만 하고 있는 수준이다.

② 레벨2 : 보이다(見える)

가시화를 추진해도 아직 대부분의 사람들이 수동적인 상태이다. 이 레벨을 '수동적인 관리'라고 한다.

③ 레벨3 : 보여주다(見せる)

가장 이상적인 것이 이 레벨이다. 스스로가 다른 집단이나 상사에게 발신하는 가시화다. 능동적이고 자발적인 가시화 관리라고 할 수 있다.

개선의 오오베야에서는 처음에는 어느 정도 유도하기 위해서 레벨2의 단계에 있지만, 활동해 가는 상태에서 스스로의 성과나 착안사항을 자발적으로 게시해 나가도록 한다. 이렇게 해서 레벨3이 되면, 개선의 오오베야에서의 활동이 크게 진전되어 개선활동이 공장 전체로 확산되어 나간다.

part 7

오오베야 방식 개선의
구체적인 사례

1

개선의 오오베야 방식
(표준 패턴)

본 장에서는 오오베야 방식을 사용해 어떤 식으로 공장을 개선해 나갈지 구체적으로 살펴보도록 하겠다. 개선 전에는 먼저 공장평가를 실시한다. 이 평가는 공장의 설비가 근대적인지, 최신인지 하는 것을 보는 것이 아니라, 종업원과 현장이 활성화되어 있는지, 그 활성화의 성과가 나왔는지를 평가한다. 그러기 위해서는 공장에 사람이 존재하는 한, 산업의 종류에 관계없이 종업원, 감독자, 관리자 등에 관련된 측면을 평가하게 된다.

구체적으로는 공장 전체를 아래에 나타낸 6개 항목으로 평가한다(《그림 7-1》 참조). 활성화 정도를 평가하기 위해서는 활성화 활동에 참가한 인원이나 개최빈도를 보는 것도 하나의 방법이지만 익숙해지면 공장 그 자체를 한 번 둘러보는 것만으로도 어떤 상태에 있는가를 대체적으로 알 수 있다.

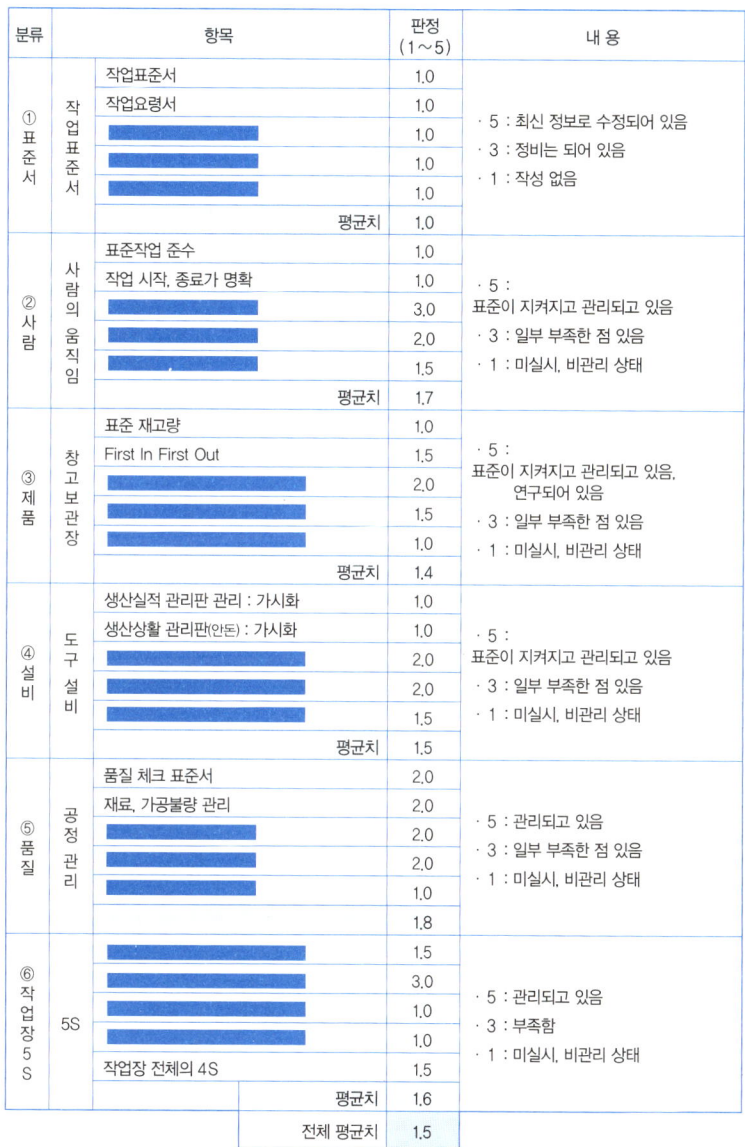

〈그림 7-1〉 Total TPS 글로벌 공장평가 (공장 벤치마킹)

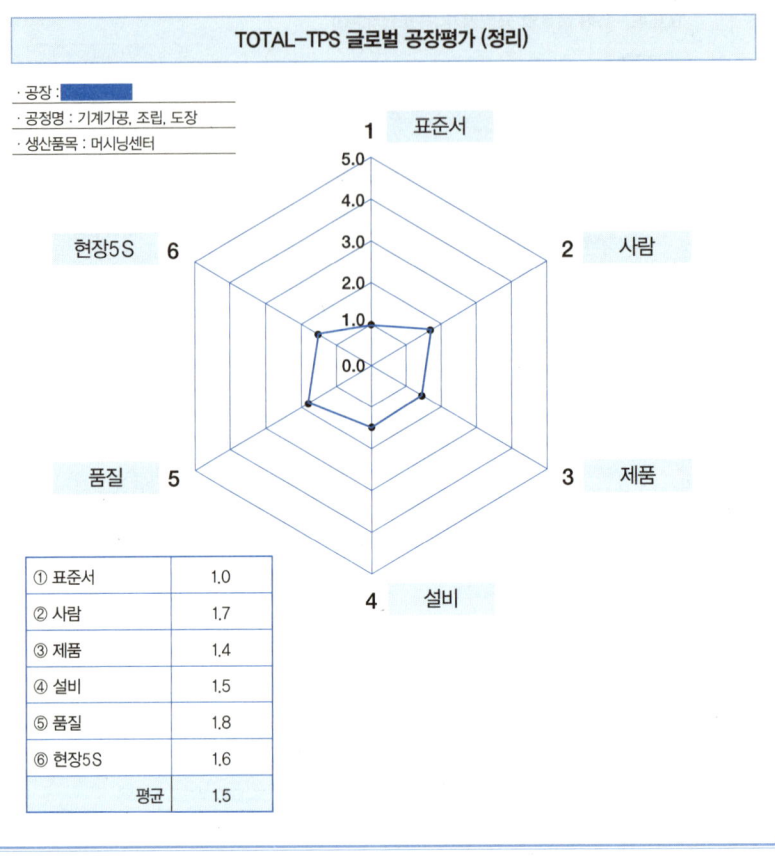

〈그림 7-2〉 Total TPS : 글로벌 공장평가표(결과 정리)

① 표준서

② 사람. '사람의 움직임'이라고 되어 있는 것은 사람의 교육도 포함하고 있다는 것을 의미한다.

③ 제품. 물류관계를 의미하는데, 공정 내의 물류가 주체다.

④ 설비

⑤ 품질

⑥ 현장5S

이들 6개 항목을 점수제로 평가한다. 1~5점으로 평가하는데, 가장 좋은 것은 5점, 가장 나쁜 것을 1점으로 한다. 〈그림 7-2〉는 한 공작기계 메이커의 공장을 채점한 결과다. 이렇게 레이더 차트로 표현하면 알기 쉽다. 이 회사의 경우에는 ①의 표준서에서는 1.0점으로 최저점, ②의 사람에서는 어느 정도 소질은 있지만, 사람을 활용하지 못하고 있다는 점에서 1.7점, ③의 물류에 대해서도 1.4점으로, 거의 대부분의 항목이 1점대라는 결과가 나왔다. 이 회사는 역사가 있는 메이커이지만 종업원과 현장활성화 상태는 이렇듯 심각한 상태였다.

먼저 이러한 상태에 있다는 것을 이 회사의 관리자 및 경영자가 인식하도록 해야만 한다. 그 후에 이 상태에서 각 항목을 3점까지 올릴 수 있도록 계획을 세운다. 이 회사는 몇 십 년이라는 전통을 가지고 있지만 제조현장이 타성에 빠져 있었다. 타성이라고 하는 것은 '새로운 자극이 없다', '새로운 것에 도전하지 않는다', '전진이 없다'라는 상황을 의미하며, 조직에 활기가 없거나 종업원의 의욕이 떨어져 있거나 풀죽은 모습에서 인식할 수 있다. 사실 종업원은 몇 십 년이나 같은 업무를 반복하고 있기만 할 뿐, 생기라고는 찾아볼 수가 없었다.

인간은 새로운 것에 도전하는 것, 즉 개선이나 새로운 시험을 실행함으로써 활성화하는 존재이다. 현상유지만 계속한다면 반드시 타성에 젖어 회사가 약해져 버린다. 〈그림 7-3〉이 진단서이다. 이 회사의 경우, 타성에 젖은 상태를 바꾸는 것이 중요하다. 공작기계를 만드는 우수한 기능과 능력은 당연히 있으므로, 종업원들의 그러한 기능과 능력을 한층 향상시키는 것을 이 회사의 목표로 한 것이다. 다시 말해, 종업원과 현장을 활성화시켜 어쨌든 새로운 것에 도전을 시켜야 하고, 실패를 하더라도 새로운 경험을 한 사람이 성장할 수 있도록 만들어야 한다. 이 회

공장 내 종업원의 의욕·배우려는 의지가 없음

❶ 종업원

천편일률적인 일상 생산업무를 반복하고 있을 뿐, 공장 내의 의욕이나 배우려는 자세를 찾아보기 힘들다.
→ 사원의 능력과 향상심을 높여줄 필요가 있음

❷ 회사의 방침·방향성

회사의 방침·방향성이 명시되어 있지 않다.
→ 가시화 관리가 필요

〈그림 7-3〉 Total TPS 관점에서 본 회사의 모습

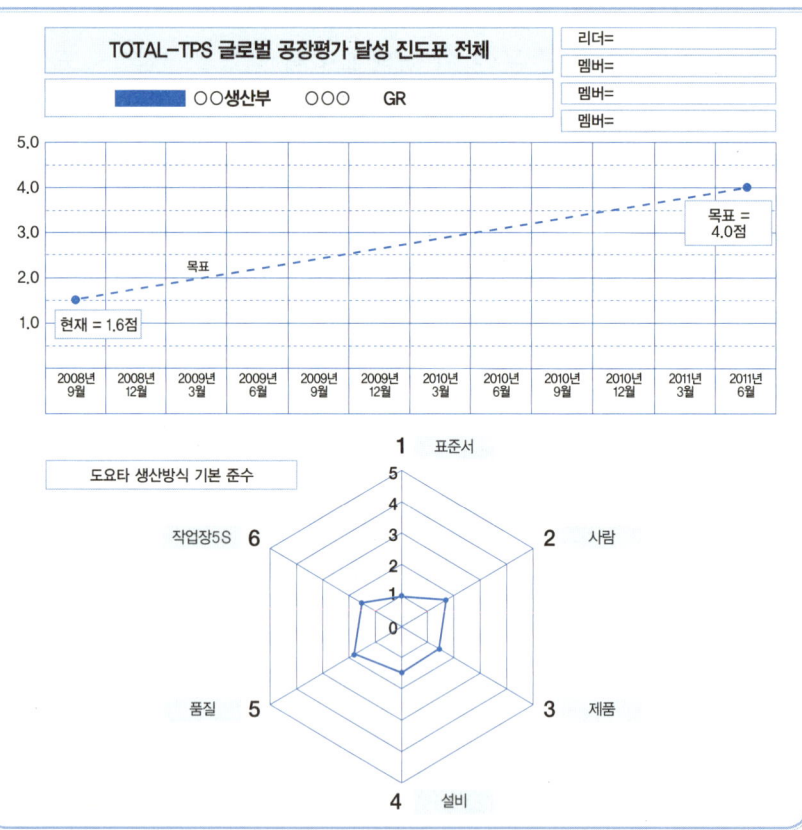

〈그림 7-4〉 개선을 추구하는 회사의 모습

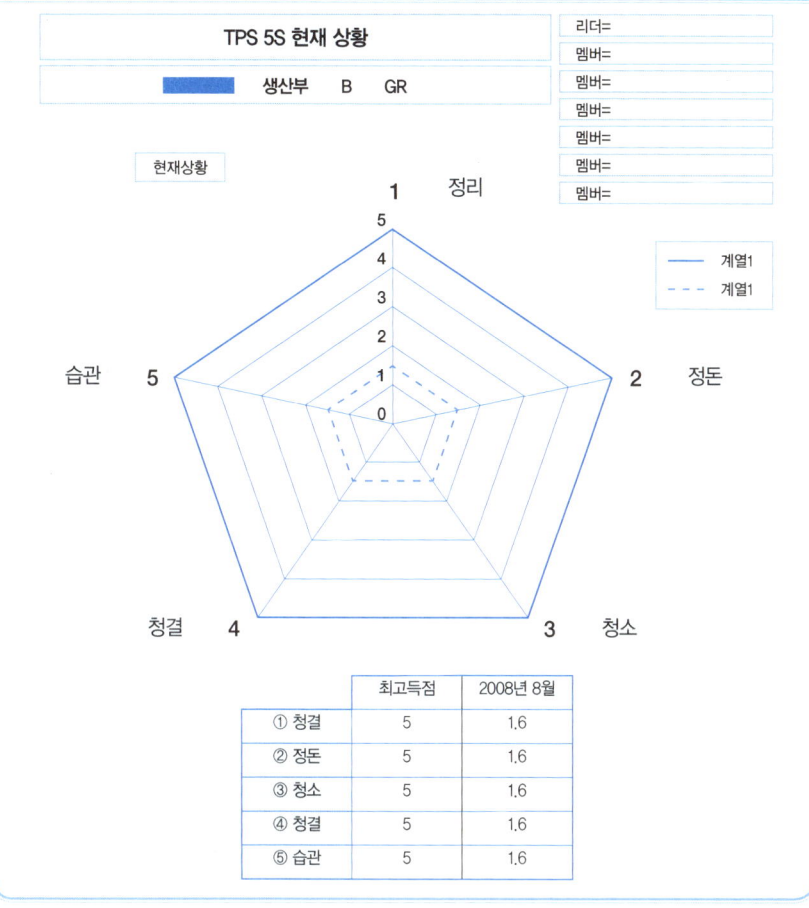

〈그림 7-5〉 TPS 개선제안 5S 현재상황

    사의 경우는 3년에 걸쳐서 6항목의 평가를 4점대로 향상하는 중기적인 목표를 세우고 있다(〈그림 7-4〉 참조).

  이러한 중기적인 목표를 세움과 동시에, 당면목표로서 1년 뒤에 달성 가능한 목표를 설정하여 개선계획을 세운다. 예를 들어 5S개선의 계획을 보면, 현상진단에서는 5S의 평가는 1점대였다(〈그림 7-5〉 참조). 따라서 1년 뒤에 4점대로 개선하는 계획을 세운다(〈그림 7-6〉 참조). 지금

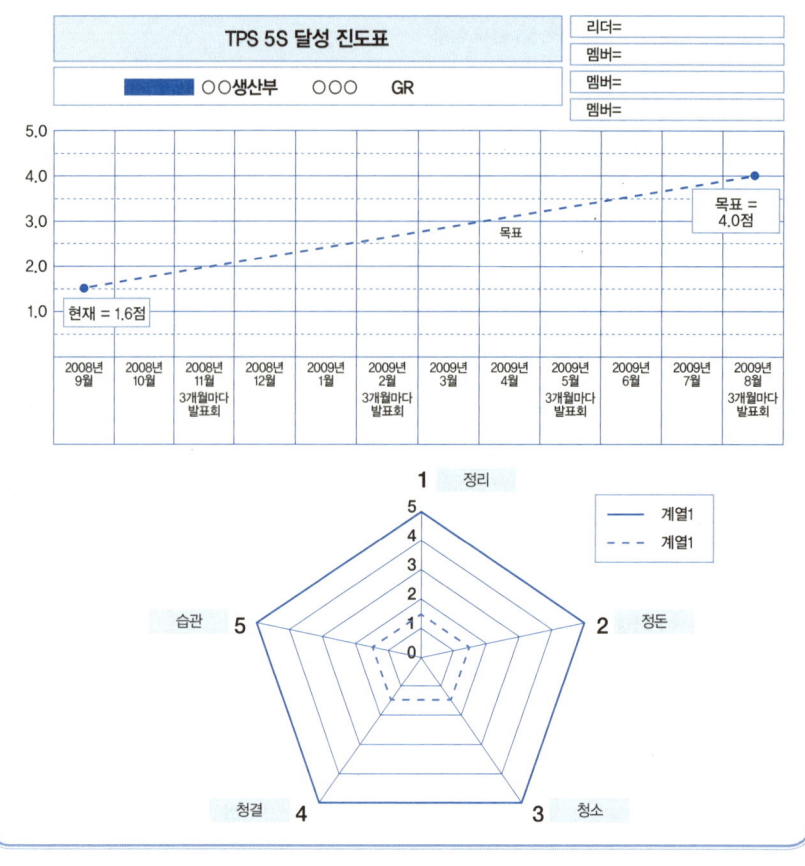

〈그림 7-6〉 TPS 개선제안 : 5S

까지 몇 번이나 이야기해 온 것처럼, 처음에는 반드시 달성가능한 목표를 설정한다. 그런 의미에서 가장 달성하기 쉬운 것이 5S개선이다. 〈그림 7-6〉은 생산부의 B그룹의 개선계획 사례이다. 이 B그룹은 현재 1점대이지만, 이것을 1년에 걸쳐 4점대로 높여 가고자 하는 계획을 갖고 있다. 4점대가 어렵다고 느끼면 목표를 3점대로 설정하면 된다.

이 활동에 오오베야 방식을 도입하면 운영은 간단해진다. 〈그림 7-7〉에 표시한 것이 5S에 관한 점수 체크리스트이다. 회사나 공장에 맞춰서

구분	진단항목	5	4	3	2	1	0
정리	1. 통로·선반·설비 주변에 필요 없는 제품은 없는가						
	2. 선반·캐비닛·작업대에 필요 없는 제품이 놓여있지 않은가						
	3. 작업 준비대에 필요 이상으로 제품이 놓여있지 않은가						
	4. 책상 안·주변에 필요 없는 제품이 놓여있지 않은가						
정돈	5. 라인 테이프가 오염되거나 벗겨지지 않았는가						
	6. 보관소, 관리책임자 표시는 올바르게 되어 있는가						
	7. 제품이 올바르게 원위치로 돌아가 있는가						
	8. 제품은 올바르게 놓여져 있는가 (선반·캐비닛·책상)						
청소	9. 바닥·통로에 쓰레기·더러움은 없는가						
	10. 기계설비·컨테이너·선반·쓰레기통 등은 깨끗한가						
	11. 배선 등이 바닥에 흩어져 있지 않은가						
	12. 창문·벽·문·휴게실 등의 설비는 깨끗한가						
청결	13. 게시판은 깔끔하고 알기 쉽게 게시되어 있는가						
	14. 보관소나 작업중인 물품을 쉽게 확인할 수 있는가						
	15. 표시가 알기 쉽고 전체적인 밸런스가 좋은가						
	16. 정리·정돈·청소가 종합적으로 유지되어 있는가						
습관	17. 5S에 관한 규율이 지정되어 있는가						
	18. 사내 규율이 지켜지고 있는가						
	19. 의자·캐비닛 등이 올바르게 정리되어 있는가						
	20. 정리정돈 기준·청소 기준·관리 기준이 지켜지고 있는가						

〈그림 7-7〉 진단 체크리스트 (공장용)

체크리스트를 만드는 것이 더 친밀하고 실정에도 맞다. 또한 5S의 실력이 올라가면 채점기준을 더 엄격하게 바꿔나가는 게 좋은 경우도 있다.

품질개선에 관해서도 마찬가지로 중기목표와 단기목표를 세운다(〈그림 7-8〉 참조). 이러한 계획이나 목표를 세우면 개선의 주된 방향이나 상황, 활동결과를 개선에 참가하는 사람들이 반드시 볼 수 있도록 한다. 만성화된 품질불량을 개선하는 방법은 팀을 편성할 때 제조부문이 주체가 되어 개선 테마에 착수하는 것이 효과적이지만, 생산기술부문

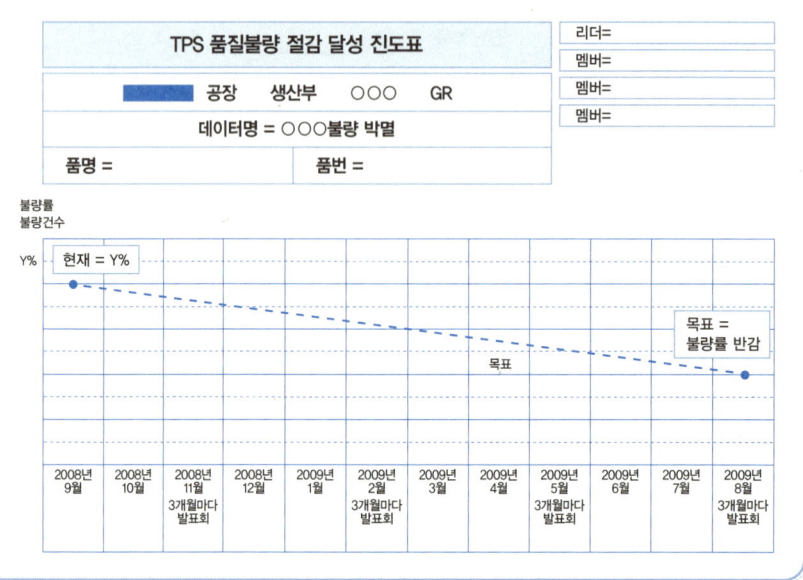

〈그림 7-8〉 품질개선을 위한 진도표

의 엔지니어나 품질관리부문의 엔지니어 혹은 그 테마에 관련된 사람을 팀에 포함시키는 편이 더 효과적이다. 같은 목표를 향해 다른 부문이나 부서가 함께 활동하는 것이 중요한 것이다. 생산부문과 생산기술부문, 품질관리부문 등 다른 부문의 사람들이 함께 활동함으로써 부문 간의 벽이 사라진다.

품질문제는 제조부문만으로는 해결할 수 없는 경우가 많다. 좋은 기회라고 생각하고, 품질개선에 관해서는 다른 부서도 포함한 개선 팀을 편성하는 것이 바람직하다. 그렇게 하기 위해서 오오베야 방식이 특히 유효하다.

품질개선테마에는 여러 가지가 있지만, 반드시 활동이나 목표 등을 가시화, 지표화해야 한다. 비교적 시도하기 쉬운 것은 불량률의 감소다(〈그림 7-8〉 참조). 불량 건수의 감소라도 좋다. 그것을 지표로 하여 불량

품질… 품질개선을 지향하는 회사의 전체상
TPS를 도입하고, 전원이 참가하는 품질개선을 통해 사원의 능력과 향상심을 드높인다.

- 회사의 품질 = 사원수 × 사원의 능력 × 향상심(의욕)
- 회사의 브랜드 = 지속년수 × 사원수 × 사원의 능력 × 향상심(의욕)

〈그림 7-9〉 품질개선을 추구하는 회사의 모습

건수·불량률을 줄이는 품질관계의 활성화 활동을 실시한다.

품질에 관한 설비나 재료 등의 교육은 당연히 필요하다. 교육은 계획적으로 활동 속에 포함시킨다. 품질개선은 종업원과 현장활성화에 효과가 있을 뿐만 아니라, 만성적인 품질불량이 개선되고, 불량감소는 원가절감으로도 이어진다(〈그림 7-9〉, 〈그림 7-10〉 참조).

물류개선에 있어서도 한 번에 모든 것을 개선할 수는 없기 때문에 중

품질의 개선

① 전원참가형의 품질개선
- 품질의식의 향상·교육
- QC서클 활동
- 공정내의 품질보증
- 고객에게 자랑할 수 있는, 보여주는 품질
- 품질은 제조부가 완성한다
- 품질은 고객에 직결된다

② 공정에서 품질은 달성된다
- 공정의 보증도 진단
- QA네트워크 도입

〈그림 7-10〉 TPS 개선제안: 품질

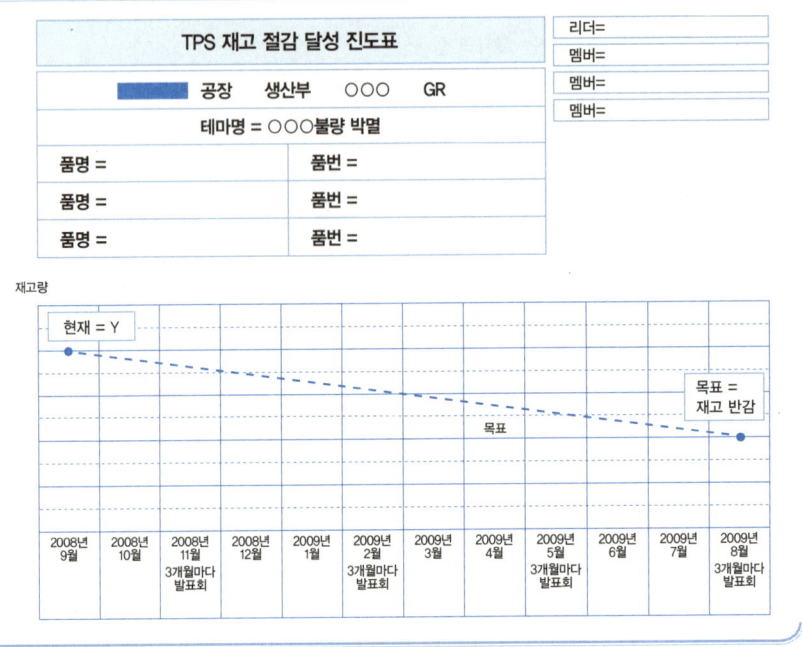

〈그림 7-11〉 개선이 추구하는 회사의 모습 : 물류개선

점을 두는 항목을 설정한다. 예를 들어, '선입, 선출'을 테마로 해서 개선을 진행한다. 이렇게 시도하기 쉬운 테마부터 개선을 시작해 가는 것이 핵심이다.

〈그림 7-11〉의 예에서는 공정 내의 재고와 공정 전후의 재고 수를 반감하는 것을 목표로 정하고 있다. 현시점의 재고 수가 그래프 왼쪽의 숫자이다. 이것을 1년에 걸쳐 반으로 줄인다는 것은 알기 쉬운 테마이다. 이렇듯 개선의 추진상황이나 성과를 알 수 있도록 하기 위해서는 반드시 지표화하는 것이 중요하다. 더불어 개선계획이나 상황 등에 대해서도 가시화 관리를 실시한다.

개선에 오오베야 방식을 도입하면 정말 재미있게 점수를 높여갈 수가

물류의 개선

전원참가형의 물류개선
- 물류개선과 재고절감 의식 향상 · 교육
- 물류개선 활동
- 재고절감 개선 활동
- 기계 작업 시간 단축

공정과 물류는 밀접하게 연계되어 있다.
원칙은 뒷 공정이 앞 공정으로 부품을 가지러 가는 것.
즉, **PULL방식**이다.

〈그림 7-12〉 TPS 개선제안 : 물류

있다. 마치 게임처럼 다른 팀과 경쟁함으로써 성취감이나 보람을 더욱 강하게 느낄 수 있다. 뇌 속에서 재미를 느끼고 '개선 게임'에 몰두할 수 있게 되는 것이다(〈그림 7-12〉 참조).

2
정미공장의 사례

어느 정미회사의 개선사례를 소개하고자 한다. 정미공장으로서 20년 이상의 역사를 가졌으며, 종업원은 10명이다. 사장으로부터 정미공장을 어떻게든 개선하고자 하는 요청을 받고, 컨설팅을 하기 위해 찾아갔다. 필자는 공장을 한 번 살펴보고, 이 정미공장에서 일하는 사람들은 현상유지 경향이 강하고, 타성에 젖어 있다고 느꼈다. 종업원들은 그것이 당연하다고 생각하고 있는 듯했다.

그렇지만 현실은 아무리 생각해도 식품공장이라고는 할 수 없는 상황이었다. 예를 들어 이 정미공장에는 쌀겨나 볏짚 등이 대량으로 흩어져 있어 이것을 먹이로 하는 쥐가 번식하여 곳곳에 쥐똥이 떨어져 있었다. 마찬가지로 이것을 먹이로 하는 많은 벌레들도 엉겨 붙어 그 사체들이 여기저기 흩어져 있었다. 물론 정미한 뒤에 이러한 똥이나 사체를 제거하고는 있지만, 이러한 상황을 눈앞에서 보면 아무도 이 정미공장에서 출하된 쌀을 사려고 하지 않을 정도였다.

그런데 이 정미공장에서 일하는 사람들은 오랫동안 그렇게 해왔기 때문에 그것이 당연하다고 생각하고 있었다. 오히려 '다른 정미공장에 비하면 훨씬 좋은 편이다'라고 할 정도였다. 사장의 의뢰를 받고 컨설팅을 시작했음에도 불구하고, 처음에는 '아무것도 모르는 놈들이 뭐 하러 왔느냐'라는 태도로 좀처럼 속내를 털어놓을 수 있는 분위기가 되지 못했다.

거기서 우리들은 개선의 오오베야 방식을 도입했다. 각 조직의 장(조장)을 개선 팀의 리더로 임명해서 5S나 TPS 교육을 실시하고자 했다. 그들은 오랜 기간 교육이라는 것을 받지 못했을 것이다. 그렇기 때문에 교육이라는 것에 굶주려 있는 듯 열심히 공부하기 시작했다. 그렇게 해서 먼저 5S개선에 착수했다.

현장을 바꾸기 위해서는 컨설턴트가 현장에서 같이 동고동락하는 존

〈그림 7-13〉 개선 전 정미공장의 모습

〈그림 7-14〉 정미기에 쌀겨를 투입하는 모습

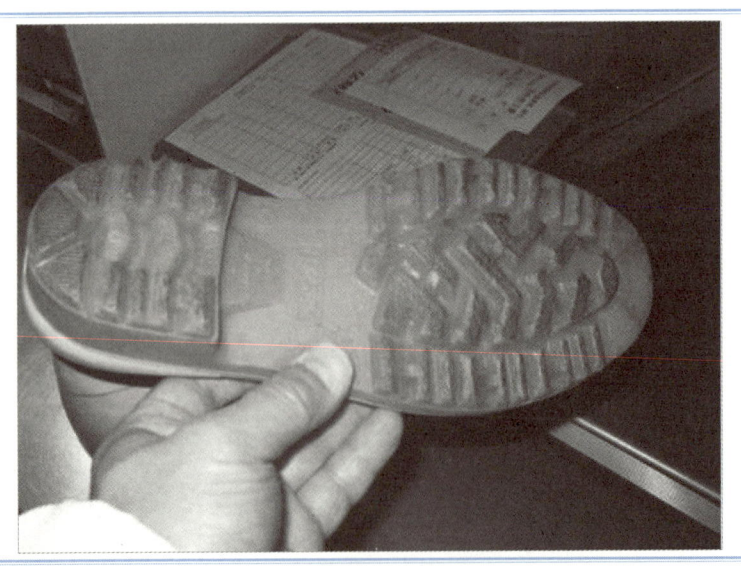

〈그림 7-15〉 정미기 투입구에 신고 들어가는 장화

재라는 것을 인식시킬 필요가 있었다. 거기서 우리들은 현장 사람들(특히 조장)과 현장에서 함께 생각하고, 고생하고, 개선을 진행했다. 이것이 지속되면서 점차 그들은 바뀌어갔다. 먼저 팀 리더의 눈빛이 바뀌었다. 그 뒤에는 팀 리더뿐만 아니라, 직원들 중에서도 한 사람, 두 사람, 이런저런 개선제안을 가지고 와서 우리들에게 상담을 하게 되었다. 이렇게 해서 현장에는 개선활동을 추진하는 사람들이 늘어 갔다.

〈그림 7-13〉이 처음 정미공장의 상태였다. 〈그림 7-14〉는 정미기에 쌀겨를 투입하는 장면이다. 이 때 작업자도 투입구에 함께 들어간다. 작업자는 이 투입구에 긴 장화를 신은 채로 들어간다. 믿기 힘들겠지만, 그들에게 있어서는 이것이 당연한 것이었다(〈그림 7-15〉 참조). 이렇게 지저분한 장화를 신고 쌀을 취급한다고 하면 깜짝 놀라겠지만, 그들 입장에서 보면 이것은 지금까지 늘 해왔던 작업이기 때문에 전혀 이상하지 않다. 그렇기 때문에 쥐나 벌레가 나뒹굴고 쥐똥이 흩어져 있어도 그다지 문제가 없었던 것이다.

〈그림 7-16〉은 이 정미공장용으로 만든 5S 체크시트이다. 이 5S 체크시트에는 5S에 더해서 '작업장의 활성화'를 테마로 해서 추가했다.

계속해서 구체적으로 어떻게 개선했는지를 살펴보자. 정미한 다음에는 겨가 나오는데, 이것이 여기저기에 흩어져서 쥐와 벌레의 양식장처럼 되어있었다(〈그림 7-17〉 참조). 따라서 이 겨가 날리는 현상을 최대한 방지하는 것을 개선테마로 했다. 물론 청소는 매일 하고 있지만, 좀처럼 정리가 되지 않았다.

〈그림 7-18〉이 개선 전의 상태로서 겨가 나오는 곳에서 겨를 담는 가마니까지 전부 개방된 상태였다. 이것이 겨가 정미기 주변에 어지럽게 흩어져 있는 원인이 되었다. 이 겨가 주위에 흩어지는 것을 막는 것이

5S & 작업장활성화 활동·제조공정·진단 체크시트

실시일   점검자

구분	No	진단항목	판정(레벨) 1	2	3	4	5	비고
1S : 정리	1	통로, 선반, 설비 주변에 필요없는 제품은 없는가						
	2	작업중인 물품(쌀가마니, 겨, 후레콘)의 재고는 적당한가						
	3	선반, 작업대, 서랍 속에 필요없는 제품이 놓여있지 않은가						
	4	선반, 작업대, 서랍 속에 필요없는 제품이 놓여있지 않은가						
2S : 정돈	5	통로, 보관소의 구획선이 명확하게 그어져 있는가						
	6	물품 보관소가 명확하게 표시되어 있는가						
	7	지정장소 외에 제품이 놓여있지 않은가						
	8	쓰레기통의 구분(종류, 분리수거)은 정확한가						
3S : 청소	9	바닥, 통로, 작업대에 쓰레기, 더러움은 없는가						
	10	설비, 치공구, 작업대, 선반 등이 지저분하지 않은가						
	11	창문, 벽, 문, 휴게실 등이 지저분하지 않은가						
	12	배선 등이 바닥에 흩어져 있지 않은가						
4S : 청결	13	물품 보관소, 작업중인 물품을 눈으로 쉽게 확인 가능한가						
	14	물품 표시, 게시판은 알기 쉽게 정리되어 있는가						
	15	작업장 내부는 항상 깨끗하게 정리되어 있는가						
	16	정리·정돈·청소는 종합적으로 유지되어 있는가						
5S : 습관	17	5S에 관한 규율은 지켜지고 있는가						
	18	4S 점검은 정기적으로 실시되고 있는가						
	19	불량 재발 방지는 확실한가						
	20	작업하기 쉬운 환경인가						
작업장 활성화	①	활동에 전원이 참가하고 있는가						
	②	그룹으로 논의·검토를 실시하고 있는가						
	③	그룹의 의견, 제안이 있는가						
	④	작업장의 변화가 그룹 단위로 느껴지는가						
	⑤	그룹의 협력체제를 실감하고 있는가						
	⑥	리더 한사람의 독단으로 진행되고 있지는 않은가						
	⑦	그룹 멤버의 성장이 이루어지고 있는가						
	⑧	보고 사항과 현장이 일치하고 있는가						
	⑨	작업장이 활기차게 움직이고 있는가						
	⑩	작업장의 성장이 이루어지고 있는가						

특기사항 (개선 진도 확인에서의 기록 사항)

〈그림 7-16〉 5S, 작업장활성화 활동 진단 체크시트

〈그림 7-17〉 정미한 뒤의 공장 모습

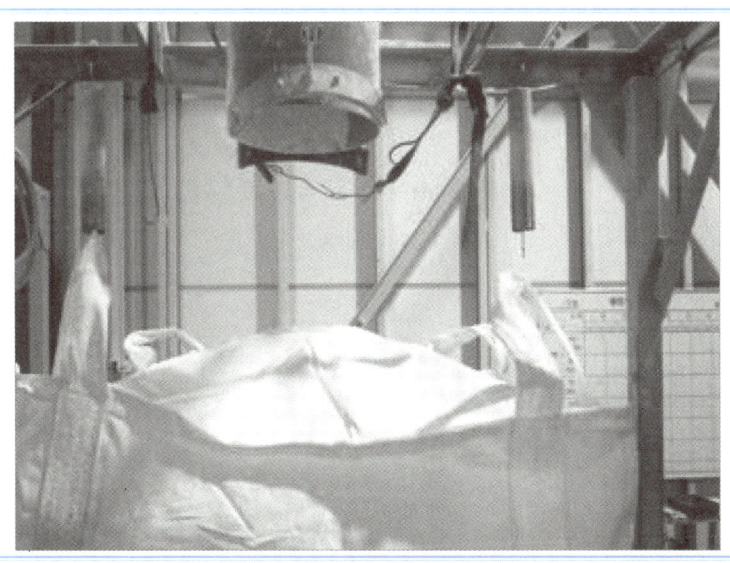

〈그림 7-18〉 정미기 개선 전의 모습

7장 오오베아 방식 개선의 구체적인 사례

공장의 먼지를 막고, 위생적인 측면에서도 근본적인 대책이 된다.

따라서 여러 가지 개선을 시행했다. 처음에는 근처에 있던 비닐을 가지고 가서 전체를 덮어 씌워 날리거나 흩어짐을 막고자 했다(〈그림 7-19〉 참조). 그렇지만 이 방법은 완전하지 못했고, 비닐의 틈 사이로 겨가 흘러 나왔다.

이렇듯 시도1, 시도2, 시도3…… 등 시행착오를 거쳐 개선을 진행시켰다. 〈그림 7-20〉은 개선을 시도하는 상황을 나타낸 것이다. 이렇게 시행착오를 거쳐서 진행시켰으며, 최종적으로는 〈그림 7-21〉, 〈그림 7-22〉에 나타난 것처럼 쌀겨의 누출방지를 강화하였다.

이 개선의 효과는 다음의 두 가지로 정리할 수 있다.

① 쌀겨가 날리거나 흩어지는 발생원인에 대한 대책을 세움으로써 오염을 방지할 수 있었다.

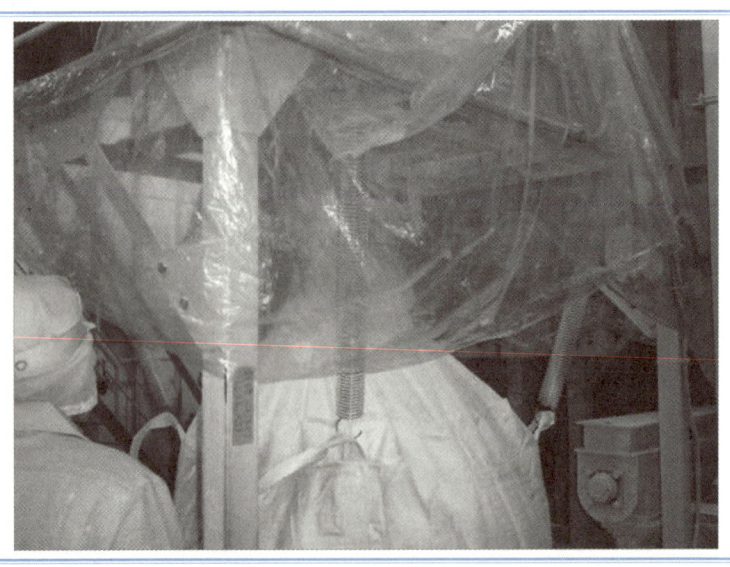

〈그림 7-19〉 정미기 5S 개선 첫 번째 시도

〈그림 7-20〉 개선을 위한 시행착오

〈그림 7-21〉 쌀겨의 누출방지를 어느 정도 달성한 모습

〈그림 7-22〉 쌀겨의 누출방지가 많이 이루어진 모습

② 공장에 근무하는 현장직원들의 청소시간 단축이 가능했다.

비상식적인 작업환경임에도 불구하고 아무런 문제를 느끼지 못했던 개선 전의 상태로부터 오오베야 방식을 채용함으로써 개선의 중요성을 느낄 수 있도록 했다. 이렇게 5S 등의 활동을 통해 정미공장 사람들도 진취적인 마음과 의욕이 솟구치기 시작했다. 그 결과로써 개선효과를 확실히 얻을 수 있었으며, 사람들의 눈도 빛나기 시작했다.

이 정미공장의 또 하나의 개선사례를 소개하겠다. 쌀을 가마니에 넣는 공정이다. 〈그림 7-23〉이 개선 전의 상태다. 두루마리 형태의 가마니가 박스에 마구잡이로 들어 있어, 이 박스에서 그대로 꺼내서 쌀 넣는 기계에 세트를 하는 방식으로 가마니에 쌀을 넣어왔다. 〈그림 7-24〉가 개선 후의 상태로, 두루마리 상태로 되어 있는 가마니를 대차에 실어서

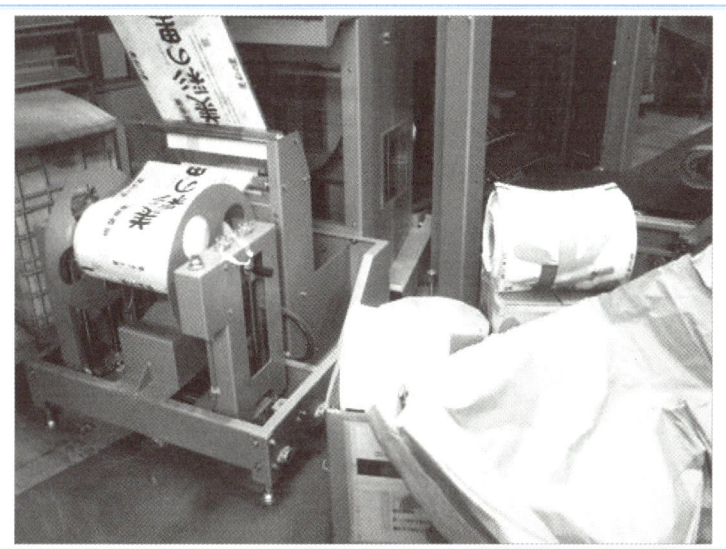

〈그림 7-23〉 쌀을 가마니에 담는 공정 (개선 전의 모습)

〈그림 7-24〉 쌀을 가마니에 담는 공정 (개선 후의 모습)

정리를 했다. 이렇게 함으로써 가마니를 꺼내기 쉽게 되었고, 작업성도 향상되었다.

이러한 개선의식을 종업원에게 심어주는 것이 중요하다. 바꾸고자 하는 마음만 있다면 여러 가지 개선이 가능하다. 이 정미회사는 1년 만에 자발적 개선이 가능한 레벨까지 올라갔다. 1년 걸렸다고는 해도 실제로 컨설팅 한 것은 한 달에 2번 뿐이었다.

3

자동차 부품 메이커의 사례

 수백 명의 종업원을 가진 도요타 계열 2차 부품 메이커의 사례를 소개하겠다. 이 회사는 필자가 수 년 간에 걸쳐 컨설팅을 해온 회사이다. 이 회사는 현재 Total TPS의 '공장실태 평가지표: GBM(Global Bench Marking)'에서는 4점으로, 제법 높은 레벨에 있다. 물론 '간판'을 사용하고 있으며 도요타 수준의 TPS를 실현하고 있다.

 이 회사의 특징은 종업원의 70%가 외국인이라는 점이다. 즉, 일본인이 30%, 외국인이 70%이다. 브라질 사람, 페루 사람, 베트남 사람이 대다수를 차지한다. 이 회사뿐만 아니라, 2, 3차의 자동차 부품 메이커는 외국인의 비율이 높다. 이렇듯 언어나 문화의 차이라는 벽이 있음에도 불구하고, 상당히 높은 수준의 개선을 수행하는 것이 가능하다는 예로 들 수 있겠다.

 〈그림 7-25〉를 보면 부품의 보관방법(선입선출)이나, 선반의 표시방법이 참고가 된다. 또 외주 부품의 회사와도 간판을 사용해서 거래하고

〈그림 7-25〉 부품 보관방법, 선반 표시방법의 사례

공정 간 이동은 굴림대를 사용 (화살표 참조)

〈그림 7-26〉 공정 간의 이동을 개선한 사례

경사를 만들어서 꺼내기 쉽도록 함

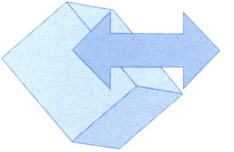

〈그림 7-27〉 동작의 개선 : 작업의 편리성을 추구

있는 것을 알 수 있다. 일본의 제조업에 있어서 간판은 유명하지만 실제로 간판을 제대로 사용하는 회사는 지극히 소수에 불과하다.

〈그림 7-26〉이 공정 간의 이동을 개선한 사례이다. 뒷 공정이 부품을 설비에 세팅할 때에 꺼내기 쉬운 위치에 부품이 있으면 작업효율이 좋아진다. 따라서 앞 공정에서 완료한 부품을 뒷 공정의 꺼내기 쉬운 위치로 간단히 운반할 수 있도록 롤러 컨베이어를 만드는 개선을 실시하고 있다.

〈그림 7-27〉은 세트부품 설치방법을 새롭게 고안한 부품선반의 사례이다. 상자에서 부품을 꺼낼 때에 상자를 수평으로 놓으면 작업효율이 떨어진다. 그러나 상자의 위치를 조금 비스듬하게 하는 것만으로도 효율이 향상된다. 따라서 작업시에 부품을 꺼내기 쉬운 위치나 자세가 될 수 있도록 부품을 넣는 상자의 앞쪽이 조금 기울어지게 부품선반을 개선했다. 게다가 이 부품선반은 수작업의 결과로써 파이프와 조인트로 되어

〈그림 7-28〉 알맹이(부품)만을 공급

있으며, 자신들에게 적절한 위치나 자세로 보고 꺼낼 수 있도록 직접 제작했다. 이미 만들어져 있는 선반으로는 이러한 고안이 불가능하다.

〈그림 7-28〉은 '알맹이만을 공급'하는 사례이다. '알맹이만'이라는 것은 '부품만'이라는 의미로, 부품만을 공급한다는 의미이다. 부품을 설비에 공급할 때, 부품상자(파렛트)를 설비 가까이에 있는 부품선반에 공급하는 것이 일반적이다. 그렇지만 파렛트를 놓는 위치가 잘못되거나 잡기 어려운 탓에 작업효율이 떨어진다는 문제가 있었다. 이것을 알맹이만 공급하는 방식으로 전환시켜, 부품상자를 설비 쪽으로 운반하는 것이 아니라 부품만을 설비에 공급하도록 작업을 개선했다.

〈그림 7-29〉는 작업하는 사람을 고려해서 부품을 놓는 위치나 설비의 설치를 결정해야 한다는 것을 나타낸 것이다. 여기서 가장 중요한 것은 어떤 동작 또는 작업구역이 가장 효율적인가 하는 동작경제의 원칙

발을 반 발짝만 움직이면 (중심 이동) 부품에 손이 닿는다

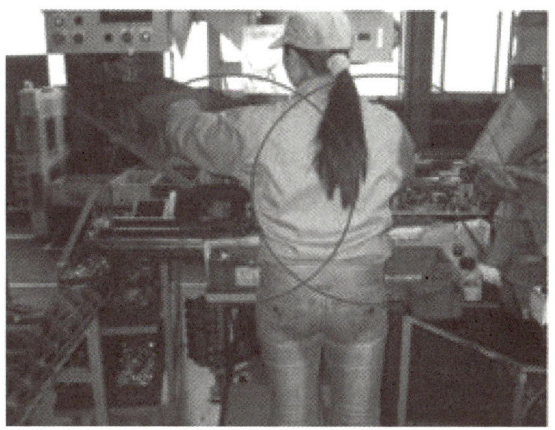

〈그림 7-29〉 동작 경제의 원칙과 부품 배치

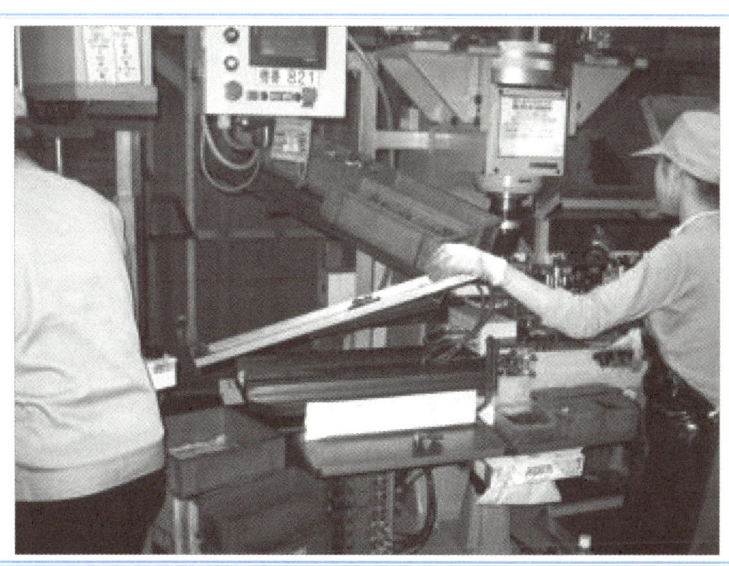

〈그림 7-30〉 슈터의 개선사례

을 생각하는 것이다.

〈그림 7-30〉은 슈터(Shooter)의 개선사례이다. 슈터를 경사지게 설치해서 가공 후의 부품을 놓으면 중력에 의해 아래로 미끄러져 간다. 이렇게 해서 뒷 공정의 작업자가 잡기 쉬운 위치에 부품을 제공할 수 있도록 연구를 했다. 이러한 아이디어가 계속해서 나오는 작업장은 종업원과 관리자가 함께 활성화되었기 때문이다.

개선을 위해 필요로 하는 설비 등은 먼저 박스로 시험제작해 볼 것을 권장한다(〈그림 7-31〉 참조). 왜냐하면 만들기 쉽고 비용이 저렴하기 때문이다. 먼저 박스로 설비를 만들어서 작업효율이 좋은지를 테스트하고, 효율이 나쁘면 수정을 한다. 이런 식으로 작업효율이 가장 좋은 상태가 될 때까지 계속해서 고치면 된다. 박스라면 커터나 가위, 테이프 등으로 간단하게 가공할 수 있으며, 실패하더라도 그다지 비용이 들지

〈그림 7-31〉 박스 개선

〈그림 7-32〉 불량품의 방지 (풀프루프장치) 1

않는다. 이렇듯 개선효과를 확실하게 확인한 후에 강판 등으로 제대로 된 설비를 제작하면 된다.

〈그림 7-32〉는 불량품 방지(풀프루프장치)의 예이다. '이 선반에는 이러한 부품이 온다'는 사진을 붙여서 주의를 시키고, 부품이 잘못 들어오는 것을 방지하고 있다. 또한 아주 비슷한 부품은 사진만으로는 알기 어려우므로 어디가 다른지를 명시하는 것도 필요하다.

〈그림 7-33〉도 불량품 방지의 예이다. 부품박스(파렛트)에 실제부품을 견본으로 붙여서 눈으로 비교해 볼 수 있도록 하고 있다. 앞서 이야기한대로, 이 회사는 70%가 외국인이기 때문에 일본어만으로는 의사전달이 어려운 종업원들이 많다. 물론 포르투갈어나 모국어로도 설명하지만 백문이 불여일견인지라 실물을 보여줌으로써 한눈에 알 수 있게 고안한 것이다. 따라서 이러한 방법에 따른 품질향상 효과는 막대하다. 조

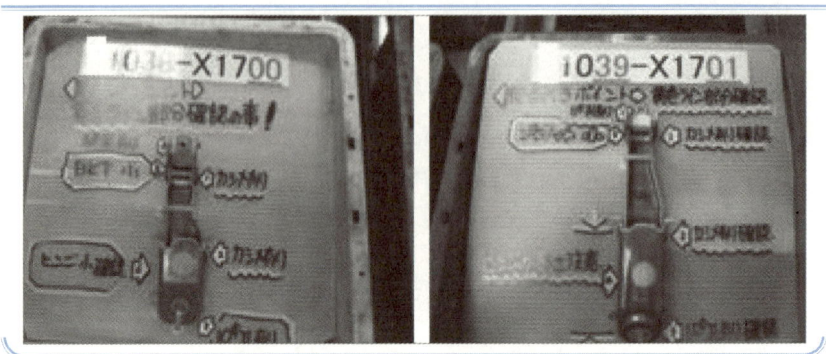
〈그림 7-33〉 불량품의 방지 (풀프루프장치) 2

용한 대처이지만 중요한 활동이라고 할 수 있다.

아마도 품질관리부문만이 품질개선을 담당하고 제조부문은 전혀 관여하지 않는 보통 공장에서 이러한 발상은 불가능할 것이다. 이것은 제조부문이 품질에 책임을 가짐으로써 나올 수 있는 발상인 것이다.

4
중국의 전자부품 메이커의 사례

 필자가 컨설팅한 중국 메이커의 사례를 소개하겠다. 종업원 1만 명의 공장 두 곳을 컨설팅했는데, 여기에서는 그 중 한 공장의 사례를 소개하고자 한다. 필자를 포함한 컨설턴트가 2명 파견되어 한 달에 2주간 지도하는 페이스로 1년간 지도를 했다.
 공장 자체는 광대하고, 작업장이라기보다는 하나의 거대한 플랜트였다. 광대한 토지에 제1, 제2, 제3, 제4의 플랜트가 있고, 다 합쳐서 1만 명의 종업원이 일하고 있었다. 컨설턴트 2명으로 1만 명 규모의 공장을 활성화해야만 하는 난이도가 높은 프로젝트였다.
 그 공장에서 '7장 1. 개선의 오오베야 방식(표준패턴)'에서 설명한 방식을 시도했다. 개선의 오오베야를 설치하고 전원참여를 원칙으로 했다. 단, 처음부터 전부는 불가능하기 때문에 개선하고자 하는 작업장을 선택했다. 개선 팀 수로서는 테마별로 5~10개 팀으로 총 20개 팀 정도부터 시작했다. 그 중 10개 팀을 5S 개선활동으로, 나머지는 5개 팀씩 품질개선과 물류개선활동으로 나누었다.

실제로는 이 표준 패턴대로 활동이 진행되었다. 처음에 5S개선의 계획과 추진을 설명했다. '이러한 계획을 세워서, 이러한 활동을 해서, 이렇게 보고하는 것이다'라고 견본을 제시했다. 개선이 진행되면서 그들은 아주 훌륭한 움직임을 보여주었다. 예를 들면 자신들의 활동 상황이나 성과를 다른 사람이 알 수 있도록 열심히 발표하게 되었다.

5S 개선의 특정 지점 관측도 실시했다. 장소를 정해 방향을 고정시킨 후, 시간차를 두고 촬영하여 개선의 진행상황을 사진으로 게시하였다. 이것은 처음 상태에서 이런 식으로 개선되었다는 것을 작업자 스스로가 인식하고 만족을 느낄 수 있다는 점에서 효과적이다. 하지만 항상 그 시점의 상태만을 보고 있으면 그것이 당연하다고 생각하기 때문에 더 이상 개선이 진행되지 않는다. 그렇기 때문에 과거와 현재의 차이를 확실히 알 수 있도록 카메라로 찍어서 어떻게 변화했는지를 명시하는 것이다.

개선이 진행되면서 개선 팀 수는 점점 더 늘어갔다. 다른 부서들도 참가하고 싶다는 요청이 있었기 때문이다. 최종적으로는 50개 팀까지 늘었다. 당초 개선 팀의 대상으로 하지 않았던 작업장이나 다른 건물의 부서까지 확대되었다. 50개 팀이나 되면 컨설턴트 2명으로 모든 작업장을 돌 수가 없게 된다. 따라서 개선의 오오베야의 대체적인 상황을 파악하고 문제라고 생각되는 부분을 중점적으로 컨설팅하게 되었다.

간판을 사용하기도 하였다. 처음 계획으로는 간판의 설명이나 교육은 했지만, 간판을 사용할 정도까지의 실력은 없었기 때문에 1년간은 실시하지 않을 생각이었다. 그렇지만 생각했던 것 이상으로 개선이 진행되었기 때문에 '꼭 간판도 실행하고 싶다'라는 요구사항이 현장에서 나왔다.

사실, TPS 초보자에게 있어서 간판을 사용한다는 것은 대단히 어려운 일이다. 원리적으로는 안다고 하더라도 현장이 일정수준 이상에 도달하지 못한 상태에서 간판을 운영하는 것은 무리이다. 평준화나 품질불량, 설비 고장률, 택트타임 등에 관해서 일정수준 이상의 조건을 만족시켜야 할 필요가 있다. 거기서 필자는 '조금 더 수준이 높아지면 도입하자'라고 제안했지만, 그들은 어떻게 해서든지 하고싶다고 이야기를 했다.

그리하여 개선을 시작하고서 약 반 년 후에 간판의 도입을 개시했다. 연속생산라인에서 사용하는 간판과 LOT생산 공정에서 사용하는 간판의 도입도 개시했다. 부품선반의 정리도 하고, 물류창고에도 간판을 사용하기 시작했다. 이렇게 해서 여러 곳에서 간판을 사용한 제품 만들기가 시작되었다.

가장 힘들었던 것은 재고감축을 위한 수지성형 공정의 금형교체 작업이었다. 재고를 줄이기 위해서는 한 번에 성형하는 LOT 수를 줄이면 되지만, 이에 대해 현장에서 큰 반발이 있었다. 한 번에 찍어내는 LOT 수를 줄이면 생산성이 떨어진다는 이유였다. 현장 사람들은 생산성에 따라 평가되므로 성적이 떨어진다는 것이다. 그렇지만 재고 수를 줄이지 않으면 원가절감은 불가능하다. 왜냐하면 재고금액 × 0.2~0.3의 비용이 발생하기 때문이다. 그러한 이유로 먼저 재고를 직접 줄이는 것이 아니라, 금형교체 시간을 줄이자고 제안했다.

수지성형은 금형을 교체해 가면서 여러 부품을 생산한다. 이 공장에서는 한 개의 금형을 교체하는 데 1~2시간 정도 걸렸다. 이것을 20~30분으로 단축하고자 하는 계획을 세워 실행하였다. 설비개조도 필요했고, 시간이나 비용도 많이 들었기 때문에 처음에는 특정 라인만을 금형 교체 개선의 대상으로 삼았다. 이렇게 해서 어느 정도 진행된 상태에서 특정 라인 이외의 수지성형 공정에도 확대해 나갔다(수평 전개). 먼저 2대, 다음에는 10대, 마지막으로는 93대 등으로 서서히 증가시켜 갔다.

이렇게 금형교체 시간이 점점 줄어들면서, 여러 부품의 생산라인에서도 효과가 나오기 시작했다. 그런 다음에, LOT 수의 변경을 시도하였다. 처음에는 아주 심한 반발을 샀던 테마였지만, 금형교체 시간이 줄어들었기 때문에 LOT 수를 줄여도 생산성은 그다지 떨어지지 않았다. 그에 따라 작업자들을 설득할 수 있었고, 재고 수를 줄이는 것도 가능해졌다.

금형보전부서와 교체부서에 대해서도 여러 개선을 실시했다. 도구의 개선이나 5S 개선 등이다. 이렇게 성형기 본체의 개량이나 위치 결정, 조이는 방법 등을 개선해 나갔다. 성형기에 금형을 넣으면 소정의 위치에 바로 고정될 수 있도록 하는 아이디어도 추가하였다. 이렇듯 처음에는 5S개선의 활동에 전원을 참가시키고, 그 후 공장 전체로 활동을 넓혀 갈 수 있었다. 이렇게 함으로써 공장 전체의 활성화를 도모하고, 고도의 간판을 도입하거나 준비교체 시간단축까지도 가능해졌다. 1년 만에 이러한 수준까지 도달했다는 것은 필자가 예상했던 것 이상의 효과였다. 게다가 이곳은 일본이 아니라 중국의 공장이다. 나라가 달라도 이러한 높은 수준의 개선이 가능한 것이다.

어떻게 해서 이런 훌륭한 결과가 나왔는지를 세심히 관찰해 본 결과, 개선에 참가한 사람들이 즐겁게 활동하고 있다는 것을 알 수 있었다. 보통의 생산만으로는 변화가 없고, 재미도 없고, 아무래도 타성에 젖게 된다. 개선이라고 하는 새로운 일을 시도함으로써 그들은 삶의 보람을 느끼게 된 것이다. 게다가 개선을 달성하면 점수나 실적이 올라간다. 많은 사람들 앞에서 서로 보고함으로써 상사로부터, 컨설턴트로부터도 칭찬을 받게 된다. 그런 활동을 통해 기쁨을 느끼며 일할 수 있게 되어 개선 수준도 한층 더 향상된 것이다.

이 회사에 컨설팅을 시작하면서 필자는 회사의 경영층에게 이렇게 못을 박았다. '처음 1년간은 원가절감이나 TPS 개선에 의해서 얼마나 득을 보았는지는 생각하지 말았으면 좋겠다'고. 그보다는 오히려 종업원이나 현장감독자의 활성화가 선결문제이기 때문이다. 처음 1년에는 종업원과 현장활성화가 목적이다. 활성화가 실현되면 진정한 의미에서의 품질불량 감소가 진행되고, 원가절감으로도 이어진다.

그러므로 처음 1년은 참아줄 것을 허락한 상태에서 개선활동을 개시한 것이다. 그렇지만 이렇듯 활동이 활발해지면 원가절감도 단시간에 효과가 드러난다. 처음 계획에서는 품질불량을 1년에 반으로 줄이는 것이었지만, 활동이 활발하게 진행되면서 3개월 만에 1/2, 반년 후에는 1/4 정도가 되었다. 그리하여 결과적으로는 1년 후에 수억엔 단위의 원가절감으로 이어졌다. 재고 역시 1/2~1/3까지 줄일 수가 있었다.

새로운 개선에 도전하고자 하는 회사는 꼭 이 개선의 오오베야 방식을 받아들여 활용하기를 바란다. 관리자에게 있어서도 관리하기 쉬운 유효한 방법이다. 개선팀이 서로 연계를 취하고 경쟁을 함으로써 참가한 사람들의 활성화를 도모할 수 있다. 점수제를 취함으로써 개선을 일종의 게임처럼 즐길 수 있으며, 여러 팀과 경쟁하여 성취감도 맛볼 수 있다. 물론 고생도 하겠지만, 그 이상의 보람을 느낄 수 있는 것이다.

5 러시아 부품 메이커의 사례

필자는 러시아의 국영 메이커를 컨설팅한 경험도 있다. 모스크바에서 국내선을 타고 약 한 시간 거리에 있는 니지노노보루고프에 위치한 자동차 부품 메이커로서, 러시아 국영 자동차 메이커에 내장 부품을 납입하고 있었다. 이 자동차 부품 메이커에 Total TPS를 도입하게 되었다.

왜 러시아에서 Total TPS를 선택한 것일까. 러시아의 전신인 소련(소비에트 연방공화국)은 긴 시간 동안 공산주의 국가였다. 이 체제는 이론적으로는 타당하게 보이지만, 역사적으로 증명된 바와 같이 시장경제 원리가 작동되지 않는다. 그러므로 개인의 노력이나 생각을 펼칠 수 있는 기회가 없고, 인간이나 집단은 무기력해져서 대단히 효율성이 나쁜 사회가 된다. 그리하여 결국 소련은 붕괴하였다.

중국도 공산주의 국가지만, 이것은 정치 측면만이고, 경제 측면에서는 실질적으로 시장주의 경제가 되었다. 러시아 회사의 경영자나 종업원의 생각은 예전의 중국 회사와 마찬가지로 '커다란 철 냄비로 많은 사람들이 식사를 하는 방식'이었다. 다시 말해, 국가가 철 냄비로 식재료(업무)를 준비하면 일이나 성과에 관계없이 전원이 같은 식사(성과)를 하는 것이었다. 열심히 일을 해도 게으르게 해도, 성과를 올려도 올리지 않아도 식사(성과)가 나오기 때문에 사람들은 점차 노력하지 않게 되고 일을 하지 않게 되어 간다. 종업원은 무기력해지고, 일의 효율은 대단히 나빠진다.

지금은 러시아도 시장주의 경제로 이행하고 있지만, 회사 경영자도 관리자도 종업원도 의식 자체는 예전과 변함이 없다. 이러한 상황 속에서 이 전형적인 러시아의 국영회사에 Total TPS를 도입하여 회사를 재생시켜 개선하는 것이 우리들의 목적이 되었다.

필자는 지금까지 시장주의 경제가 침투한 일본 기업이나 미국 기업, 중국 기업에 Total TPS를 도입하여 실적을 올려 왔다. 러시아 기업에서 Total TPS가 유효하다면 기존의 TPS보다도 한층 효율적인 개선방법이라는 것이 입증될 수 있다. 그렇게 생각하여 러시아의 자동차 부품 메이커를 컨설팅하기 시작했다.

처음에 필자가 이 회사를 방문했을 때, 이 자동차 부품 메이커 간부는 TPS 책을 읽고 공부하여 실천하고자 했지만 좀처럼 쉽지 않다고 고민하고 있었다. 유명하다는 TPS 책은 거의 다 섭렵하여 풍부한 지식을 가지고 있었는데도 말이다. 20권의 TPS 책을 읽고 머리로는 이해했다고 생각하지만, 어떻게 실천하면 좋을지 알 수가 없는 것이다.

이 자동차 부품 메이커의 간부는 기존의 공산주의 체제하의 국영회사 경영방식이 아니라, 시장주의 경제에 맞는 방식을 찾고 있었다. 러시아의 많은 국영 기업들이 미국과 유럽, 일본의 경영방식 중에서 어떤 것이 좋을지 모색하고 있는 중이었다. 다행히도 이 자동차 부품 메이커는 민영화되어 본격적으로 시작하는 시장경제의 세계에 한 발을 내딛었다. 운 좋게도 필자는 이 자동차 부품 메이커를 개혁하는 기회를 얻었고, 지금까지 쌓아온 Total TPS를 교육·훈련하여 그들로 하여금 실천하게 만들었다.

필자가 컨설팅을 시작한 지 1년 후, 이 자동차 부품 메이커는 훌륭하게 변신했다. 지금은 간판도 도입하고 있다. 러시아 회사에서는 도요타 계열 이외에는 최초의 사례였다. Total TPS가 공산주의 사상이 아직 깊게 남아 있는 러시아 기업에서도 유효하다는 것이 여기에서 증명되었다.

part 8

세계 현장의 평가 'GBM'

1

Total TPS 관점의
현장 평가방법

현장의 실력을 정확하게 파악하기 위해서는 척도가 필요하다. 필자는 Total TPS 관점에서 세계 각지의 현장을 평가하기 위해 '현장의 실태 평가지표 : GBM(Global Bench Marking)'을 개발했다. 긴 시간 동안 도요타에서 TPS를 실천해 온 사람으로서는 현장을 한번 보면 그 수준을 금방 파악할 수 있다. 그렇지만 다른 현장에서 한 사람에게 '실력수준이 낮다'라는 이야기를 해도, 무엇을 기준으로 그렇게 평가되는지 이해하지 못하는 경우가 많았다.

필자가 해외 현장을 1시간 정도 관찰할 동안, 대규모 공장은 수백개의 문제점을 발견하는 경우가 종종 있었다. 공장의 규모가 크면 클수록 문제점의 숫자는 늘어나기 때문이다. 여기서 주의해야 할 것은 최신 설비를 구축한 현장을 높이 평가하는 것이 아니라, 종업원의 노력이 보이는 현장을 높이 평가한다는 것이다. 활성화의 수준은 추상적이지만 그 결과가 현장에는 나타나기 때문이다.

2

현장의 평가표

필자는 현장의 평가표 '글로벌 현장 평가표'를 만들어 세계의 현장을 평가해 왔다. 글로벌 현장 평가표의 평가항목은 아래의 6개 항목이다.

① 현장활성화

② 표준서

③ 사람

④ 물류

⑤ 설비

⑥ 품질

이 6개 항목에 대해서 더 자세히 세분화하여, 1~5점의 평가로 채점을 한다. 〈그림 8-1〉에 글로벌 현장 평가표의 상세한 내용을 표시하였다.

이 글로벌 현장평가표로 평가하면 현장의 현재 실력을 쉽게 파악할

TOTAL-TPS 글로벌 현장평가표

확인일 :
확인자 :

· 공정 :
· 생산품명 :

토요타 엔지니어링(주)

분류		항목	판정 (1~5)	내용
① 현장활성화	5S 가시화	정리 · 정돈 · 청소 · 청결 · 습관		· 5 : 공장이 잘 정비되어 있고, 활기가 있다 · 3 : 정비는 되어 있다 · 1 : 비관리 상태
		생산 관리판 · 공정 안돈		
		정위치 정지 라인 · 페이스 메이커		
		정보 코너		
		공장 개선 상황		
		평균치		
② 표준서	작업표준류	작업수순서		· 5 : 최신 정보로 갱신되어 있다 · 3 : 정비는 되어 있다 · 1 : 작성 없음
		작업요령서		
		표준작업서		
		표준작업 조합표		
		산적표		
		(공정별 능력표)		
		평균치		
③ 사람	사람의 움직임	표준작업 준수		· 5 : 표준이 지켜지고 관리되고 있으며, 연구되고 있다 · 3 : 일부 부족한 점 있음 · 1 : 미실시, 비관리 상태
		낭비 작업의 배제		
		보호구 착용		
		다능공화 추진		
		인재육성(교육) ··· 신입교육 포함		
④ 보관	물류	부품 인수		· 5 : 관리되고, 가시화되어 있다 · 3 : 일부 부족한 점 있음 · 1 : 미정비, 비관리 상태
		First In First Out		
		표준재고 · 표준재고량		
		공정 부품공급의 표준화		
		재고 삭감 연구		
		평균치		
⑤ 설비	도구 설비	설비 전체의 4S, 일상보전		· 5 : 관리되고 연구되고 있다 · 3 : 일부 부족한 점 있음 · 1 : 미실시, 비관리 상태
		설비 고장 기록 · 재발 방지 활동		
		공정의 흐름화 (1개 보내기, 동기화)		
		작업 변경 시간 축소		
		평준화 생산		
⑥ 품질	공정관리	공정 내 품질을 보증하는 방법 연구		· 5 : 관리되고 있다 · 3 : 일부 부족한 점 있음 · 1 : 미실시, 비관리 상태
		재료, 가공불량 관리		
		재발 방지 활동		
		QC서클		
		품질 기록, 품질 회의		
		평균치		
		전체 평균치	0	

〈그림 8-1〉 Total TPS : 글로벌 현장평가표

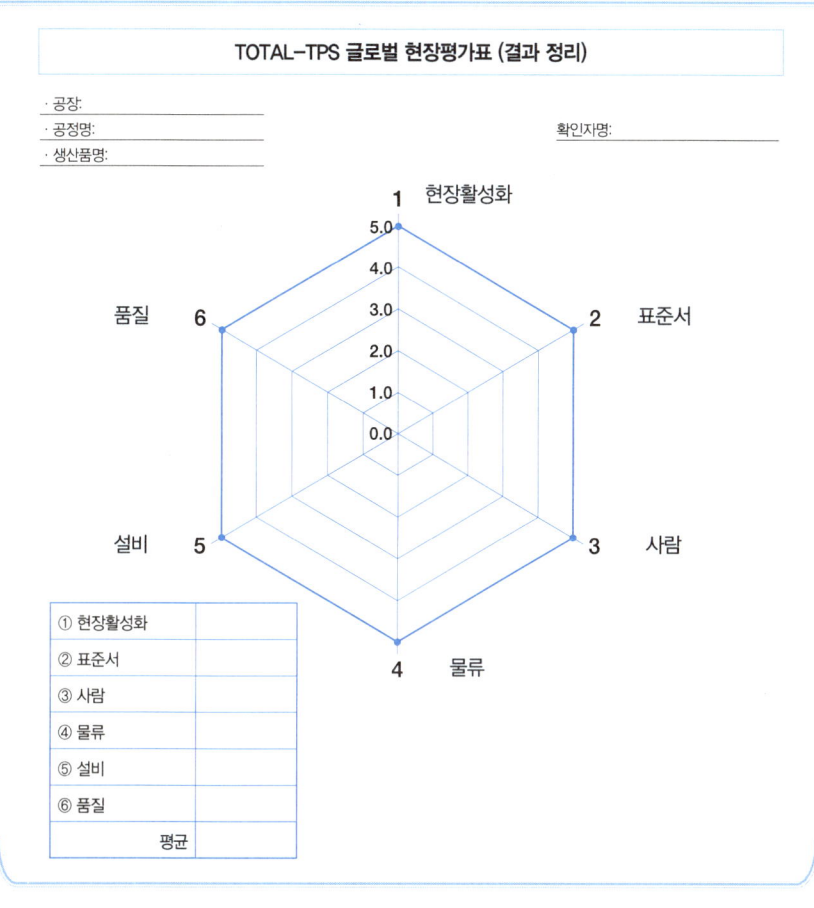

〈그림 8-2〉 Total TPS : 글로벌 현장평가표(결과 정리)

수 있다. 지금까지 감각에 의존하여 판단한 현장의 레벨을 6개의 평가 항목별로 정량적 판단이 가능하기 때문이다. 더 나아가서, 〈그림 8-2〉에 나타낸 것처럼 레이더 차트로 표현하면 현장의 실력을 한눈에 알 수 있다.

3

세계의 현장 실태(현상수준)

　실제로 필자는 일본은 물론이고, 미국이나 중국, 한국 등 세계 각지의 현장을 이 글로벌 현장평가표로 평가해 왔다. 그 결과 〈그림 8-3〉에 나타난 것처럼 대부분이 1점대였다.

　이 평가에 따라 각국의 제품 만들기의 실력을 명확히 파악할 수 있었다. 이전에는 일본의 '선생'이었던 미국 공장의 실력은 오히려 낮아서 2점대 공장조차도 극소수였으며 대부분 1점대였다. 중국의 현장은 모든 곳이 1점대로 대단히 낮았다. 한국의 공장은 지금까지 TPS를 열심히 공부해 왔지만, '귀동냥'에 불과했는지 역시 대부분이 1점대였다.

　그렇다 해도 일본의 현장 역시 그다지 높은 것은 아니다. 3점 이상은 극히 일부에 한정되어 있다. 눈에 띄는 것은 역시 도요타 본사와 도요

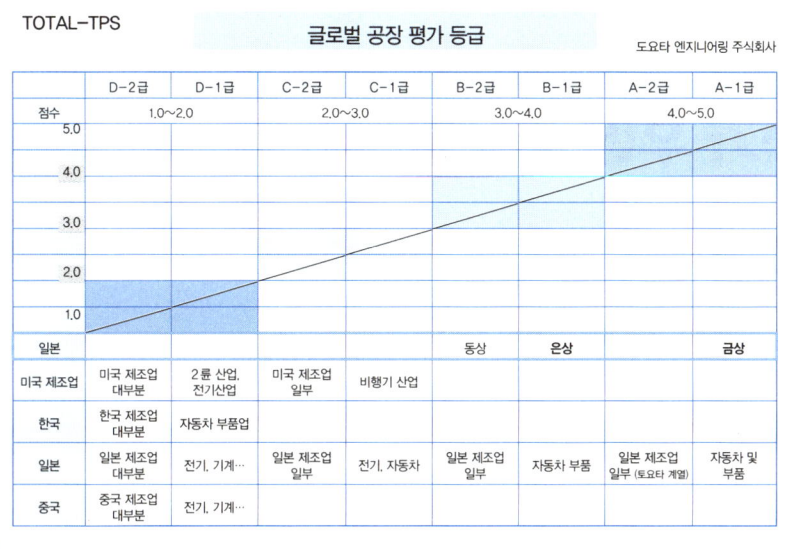

〈그림 8-3〉 세계의 공장수준

타 계열의 부품 메이커로, 대부분이 4점 전후였다. 이 글로벌 현장평가 표로 3점 이상을 딸 수 있다면, '세계적인 일류 공장'이라고 평가 받을 수 있다. 이렇듯 GBM의 점수가 제품 생산의 실력을 나타내고 있는 것이다.

4 평가 후에 지향하는 방향

GBM을 사용함으로써 현장의 실력이 어느 수준에 위치해 있는가를 확실히 알 수 있다. 현재 1점대라고 하면 장기적인 방침으로서는 3점 이상을 지향하는 것을 권하고 싶다. 3점 이상으로 높인다는 것은 현장이 활성화된다는 것이므로 여러 개선이나 원가절감, 품질개선, 물류개선 등도 함께 진행된다.

이 GBM의 점수를 높이는 활동을 하면 현장은 좋아지고 거기에서 일하는 사람들도 기쁨을 느끼면서 개선을 진행시킬 수 있게 된다. 이 평가에서 3점 이하의 회사나 현장은 꼭 3점 이상을 목표로 하여 개선을 추진하길 바란다. 그렇게 되면 세계수준에 걸맞은 현장이 될 수 있다.

또한 레이더 차트로 나타내면 잘 알 수 있는 것처럼 GBM에 의해 현장의 강점과 약점을 확실히 파악할 수 있다는 특징도 있다. 더불어서 현장의 체질이나 회사의 'DNA'라는 것들도 보인다. 이 6개 항목 중에

❶ 현장의 강점·약점의 확인
❷ 현장의 체질·문화의 파악
❸ 종업원·현장활성화 정도

⬇

활성화 계획 + 개선 계획 입안

〈그림 8-4〉 평가 후 추구하는 방향

서 특히 점수가 낮은 항목을 중점적으로 개선하는 것이 하나의 방법이다. 이 하나의 항목을 높이고자 노력하면 다른 항목도 거기에 맞춰서 높아진다. 이유는 어떤 한 항목의 득점을 높이고자 하는 활동으로 인해 현장활성화가 진행되기 때문이다. 이렇듯 실태를 한 번 파악한 상태에서 활성화의 계획을 세우고, 그 후에 개선 계획을 시도하도록 한다. 이 GBM의 평가결과가 곧 공장의 검진이며, 이를 기준으로 치료계획인 활성화 계획과 개선 계획을 세우는 것이다(〈그림 8-4〉 참조).

part **9**

선행개선

1 선행개선이란?

선행개선(Kaizen in Advance)은 다음과 같은 5개 항목의 활동으로 이루어진다.
① 동시공학(SE; Simultaneous Engineering)활동
② 품질보증활동
③ 생산준비활동
④ 제조준비활동
⑤ 활성화 활동 (생산활동, TPS(개선), 원가절감)

도요타에서는 선행개선을 '생산준비활동' 혹은 '제조준비활동'이라고 부른다. 기존의 TPS에서는 생산을 개시한 후에 '여기가 문제다', '설비를 개선해라', '레이아웃을 변경해라' 등, 문제점을 발견하고 지적해서 개선을 진행시켜 왔다.

예를 들어 생산라인의 레이아웃을 생각해 보자. 생산라인은 도면에

그리기 쉽다는 이유로 보통은 직선 상태의 생산라인으로 되어 있다. 그러나 직선라인에서는 TACT TIME의 변동에 유연히 대응할 수가 없다. 그래서 양산 단계에서 생산 택트타임의 변동에 대해서 유연성이 높은 U자형, 혹은 원형의 라인으로 개조하는 경우가 종종 있었다. 확실히 이러한 개선으로 좋아지긴 했지만, 잘 생각해 보면 생산을 개시하기 전부터 미리 레이아웃을 이렇게 해 놓으면 문제가 없는 것이다.

생산 개시 전에는 다음과 같은 3가지 단계가 있다.
① 제품의 설계개발단계
② 생산준비단계(생산라인의 공정계획과 설비계획, 설계, 설비정비의 단계)
③ 제조준비단계

생산라인의 레이아웃은 공정이나 설비에 해당되기 때문에 ②의 생산준비단계에 포함시키면 된다. 거기서 제조부문은 생산준비단계를 담당하는 부서인 생산기술부문에 요구사양서를 제출한다. 이것을 'PPC(Pre-Product Check, 요구사양서)'라고 부른다. PPC란 본래 설계개발을 시작하기 전에 제품시장의 요구사항을 설계자에게 제안하는 제도였다. 이것이 확대되어, 각 부서가 자신의 앞 공정에 대해서 제출하는 요구사양서도 PPC라고 부르게 되었다.

②의 생산준비단계에서 생산라인의 레이아웃을 U자형, 혹은 원형의 라인으로 공정계획이나 설비설계를 한다면 생산 중에 일부러 라인을 멈추는 것도, 막대한 자금을 들이는 것도 피할 수 있다. 나아가서 ③의 제조준비단계에서 계획한 레이아웃이 적합한지 검토해서 수정하면 완벽하다.

여기서 '제조준비단계'라고 하는 말은 도요타의 용어이며, 생산준비

단계와 양산단계의 중간단계를 나타낸다. 이 단계에서 품질이나 작업성 등에 관한 준비와 확인을 한다. 이에 대해서는 나중에 설명하도록 하겠다.

선행개선에 있어서의 활동은 앞서 말한 5개 항목이지만, 이 장에서는 ①~④를 정리할 것이다. ⑤의 활성화 활동에 대해서는 제4장을 참고하기 바란다.

생산을 개시하기 전에 개선이 가능하다면, 생산 개시 후에 발생하는 문제를 개선하기 위한 시간이나 노력을 대폭으로 줄일 수 있으며, 설비나 비품의 제조비용도 크게 줄일 수 있다. 지금의 도요타는 이 선행개선에 따른 원가절감 쪽이 생산을 개시한 후의 개선보다도 비율이 높아지고 있다. 이 선행개선은 품질향상으로도 이어진다.

선행개선의 개념을 〈그림 9-1〉로 나타내 보자. 오른쪽의 기존 TPS는 생산을 시작하고 나서부터 개선을 진행한 것으로, 현지(생산라인), 현물

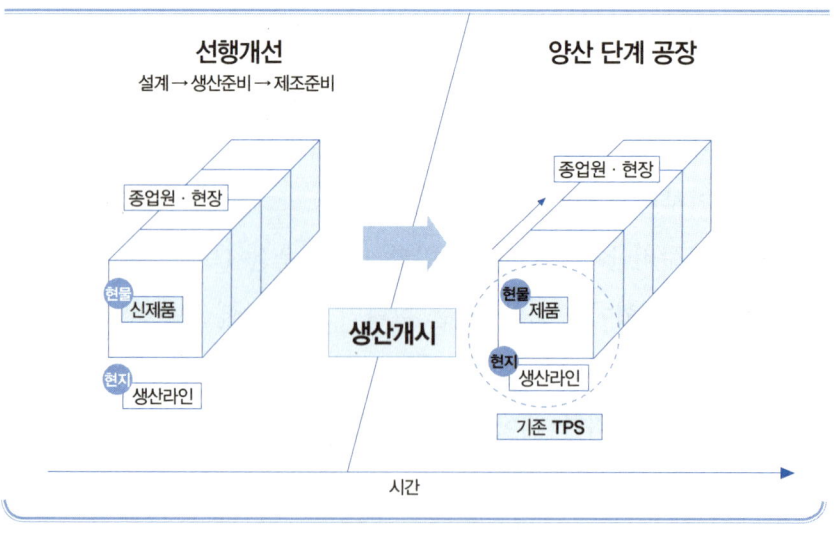

〈그림 9-1〉 선행개선의 개념도

(제품 등)이 개선의 대상으로 되어 있다. 이에 비해 왼쪽에 나타낸 Total TPS에서는 종업원과 현장을 대상으로 하는 활성화 활동과 개선을 진행한다. 이와 병행해서 설계단계에서 미리 선행개선(설계, 생산준비, 제조준비의 각 단계에서의 개선)도 진행한다.

이처럼 Total TPS는 왼쪽의 설계단계에서 개선이 시작되어 오른쪽의 종업원과 현장 활성화 활동까지 포함하는 종합적인 방식이다. 도요타는 최근 이 선행개선의 효과를 확인하고 한층 더 힘을 쏟게 되었다. 도요타가 선행개선에 힘을 기울이게 된 것은 역시 TPS 개선이 출발점이다. 생산 개시 후에 제조부가 TPS 개선을 진행한 결과, 품질이나 원가절감 등의 개선에는 설계단계에까지 되돌아가서 대책을 세우지 않으면 안 되는 경우가 많다는 것을 알게 되었다. 제조부의 노력만으로는 한계가 있으며, 설계단계에 피드백하지 않으면 개선할 수 없는 항목이 많았던 것이다.

예를 들면, 조립공정에서 작업효율이 나빠 품질상의 문제가 발생하고, 제조부에서 아무리 대책을 세워도 품질불량의 발생을 막을 수 없는 경우가 생겨났다. 품질불량의 발생원인이 된 작업효율을 근본적으로 개선하기 위해서는 설계도면의 변경이 절실했던 것이다. 또한 제조부에서 원가절감에 관한 훌륭한 제안이 나왔지만, 그것은 설계도면을 그리는 단계에서 포함시키지 않으면 경제적인 효과를 얻을 수 없는 경우도 많았다. 그 때문에 제조부는 의견이나 요망을 정리한 개선 요구사양서(제조부의 PPC)를 작성하여, 설계자의 설계도면에 이러한 의견이나 요구사항을 포함할 수 있도록 하는 활동을 하게 되었다.

또한 공정계획이나 설비설계 단계인 생산준비부문에 대해서도, 생산에 들어가서부터 고장이 많기 때문에 설비를 개량해주기를 바라고 있었다. 그렇지만 이렇게 해서는 설비의 개조비용이 많이 들뿐더러, 설비를 개량할 때까지 설비가 정지되는 경우도 많았다. 그래서 제조부는 공정계획과 설비설계를 담당하는 생산기술부에 그때까지의 문제점이나 개선점을 정리한 요구사양서(PPC)를 제출하게 되었다.

한편 생산기술부는 공정계획이나 설비설계의 관점에서 작성한 요구사항을 PPC로서 설계개발부문에 제안하여 설계에 포함시킬 수 있도록 활동하게 되었다. 그 후 품질관련부문과 부서도 같은 활동을 실시하게 되었다. 이를 계기로 하여 설계개발 측 또한 적극적으로 이러한 요구사항을 받아들이고자 하는 기운이 높아졌다. 이러한 활동을 한층 더 발전시킨 시스템이 동시공학(SE) 활동이다.

2

동시공학 활동

동시공학(SE) 활동은 차량의 개발·설계업무를 효과적으로 운영하기 위한 방법이다. 도요타에서는 각 부의 설계자뿐만 아니라, 생산기술부문이나 품질관련부문, 제조부문의 사람들도 동시공학 활동에 참가한다. 사내뿐만 아니라, 사외의 부품회사 등의 관계자도 포함한다. 이 동시공학 활동을 더 효율적으로 운영하는 방식이 '개발의 오오베야 방식'이다.

개발의 오오베야 방식은 대단히 효율적인 방법이며, 개발기간의 단축이나 설계변경 횟수의 대폭적인 삭감, 품질향상에 기여한다. 이 방식을 설명하는 것만으로도 책 한권이 나올 정도이기 때문에 이 책에서는 생산부문의 관점에서만을 설명하고자 한다.

〈그림 9-2〉에 동시공학 활동의 흐름을 정리해 두었다. 양산 개시 시점을 0으로 해서 '-18개월'부터 양산을 개시하는 '0개월'까지의 기간에 실시하는 개선이 선행개선이다. 다시 말하면, '-18개월'부터 PPC 활동을 시작하게 되는 것이다.

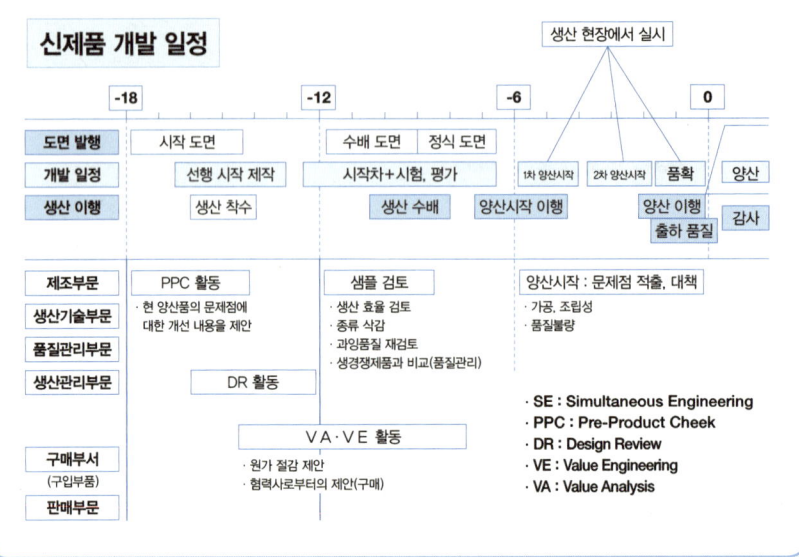

〈그림 9-2〉 동시공학 활동(제조부서가 설계부문에 참여)

이 기간의 활동은 아래와 같이 5개 항목이 있다.
① PPC 활동과 구조 검토
② 디자인 리뷰(Design Review) 활동
③ 가치분석(Value Analysis)·가치공학(Value Engineering) 활동
④ 시험제작차량 검토 활동
⑤ 양산시작 이행 회의

①의 PPC 활동은 현재 생산하고 있는 제품의 품질이나 작업효율의 문제점, 그리고 원가절감 등의 개선제안이다. 이때 제출하는 개선안이 설계도의 기본이 되기 때문에 생산기술부문과 제조부문은 이를 충분히 검토한다(〈그림 9-3〉, 〈그림 9-4〉 참조).

	지적 항목	대응	결과
1	엔진룸 내의 부품 레이아웃 공통화	ABS 대응 등, 일부를 제외하고 공통화 완료	○
2	좌·우 핸들의 부품 공통화	본체를 제외한 공통화 완료 (투자액▲ 1.6억엔)	○
3	도어레스 유무에서의 모듈 구조 공통화 (현 양산 차량은 해외공장이기 때문에 구조를 2개로 나누었다)	공통화 구조 도입 완료	○
4	수동 스폿 용접 타점 위치 표시를 마킹 (소량 생산 체제 해외 공장의 용접 미스 방지)	구조상 마킹 가능부위에 채용 (실시율 85%)	○
5	스폿 타점수의 목표 설정	양산차량 vs 타 차량을 비교하여 타점수를 적정화	○
6	도어 고정에 자동조절 심 볼트를 채용	해외공장도 도어레스 대응을 결정	○

- 활동결과의 평가와 반성을 실시해, 차기 프로젝트에 반영하는 것이 설계품질의 향상으로 이어진다.

〈그림 9-3〉 셸 바디(Shell Body) 지적 항목 첨부사항 정리 (예)

- 생산준비부문, 제조부문이 주체가 되어, 프레스, 보디, 도장, 조립 등의 가공 난이도를 판단해 가면서 가장 만들기 쉽고 품질확보와 그 안정성이 용이하며, 조금이라도 원가절감이 가능한 구조로 만들기 위해 검토를 실시, 설계도면에 반영시킨다.
- 검토대상 공장은 국내공장은 물론이고, 해외공장까지 시야에 넣은, 글로벌 활동이다.

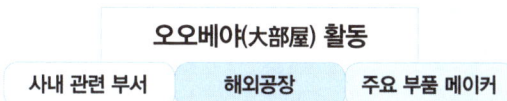

- 필요에 따라 해외공장의 담당자, 국내외의 주요 부품 메이커도 참가시키는 등 유연한 운영이 필요

〈그림 9-4〉 TPS에서 Total TPS로 발전

②의 디자인 리뷰 활동은 도면검토 회의이다. 제조부가 요구한 PPC가 도면에 포함이 되어 있는지, 혹은 새로운 품질문제나 작업성의 문제가 발생하지 않는지를 검토한다(〈그림 9-5〉, 〈그림 9-6〉 참조).

③의 가치분석, 가치공학 활동은 도면단계에서의 원가절감 활동이다.

DR 활동, 도면 완성도 향상

- 설계 변경 제로를 지향

설계도면의 완성도를 향상시켜, 뒷 공정인 생산준비에 착수 가능한 레벨까지 도면을 완성시키기 위한 제반 활동

설계 시간이 부족하면
⇒ 도면 완성도가 미숙한 상태로 생산준비에 착수
⇒ 중간 단계에서 설계변경에 시간을 뺏김
⇒ 쓸데없는 지출이 늘어남 (생산준비 공수, 투자액 등)
⇒ 시간낭비 발생
⇒ 종합적인 완성도가 낮은 라인이 됨

제품 도면은 **총합 원가**를 좌우한다

〈그림 9-5〉 디자인 리뷰 활동, 도면완성도 향상

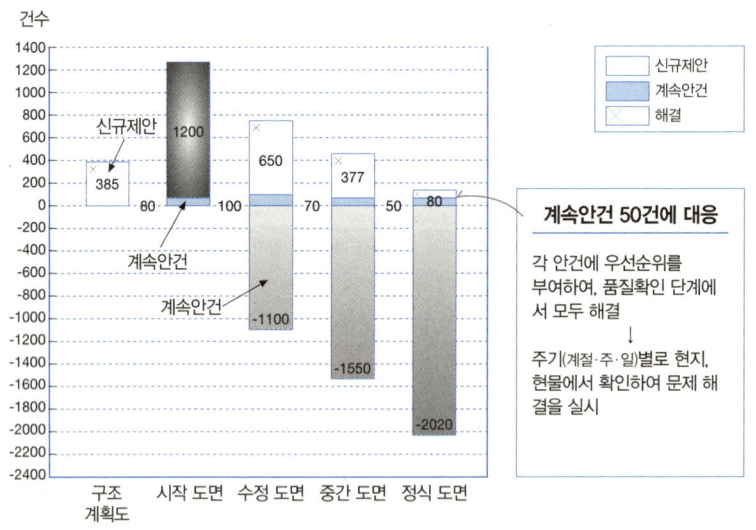

* 도면 검토의 각 단계에서, 문제점 지적에 대한 해결책 검토를 실시한 결과, 아래와 같은 성과를 거둘 수 있었다. 다만, 정식 도면 발행 단계에서 신규제안이 80건 추가되어, 그 중 50건이 이월되었다.

〈그림 9-6〉 지적항목 추진상황

(원가절감 예) 셸 바디(Shell Body) 구조 검토의 착안점

· 부품 조합에 무리는 없는가(작업성, 안전성)
· 부품 수 삭감은 가능한가
· 부품은 일체화 가능한가
· 용접타수 & 용접 길이는 줄일 수 있는가
· 도장의 ED 도료 부착 & 방수성은 확보되어 있는가
· 신규 가공기술이 필요한 부품의 유무

유의점: 각 공정의 이해가 상반되는 경우가 다수 발생하므로, 효과와 손실을 비교하면서 판단한다

〈그림 9-7〉 원가절감 사례

생산 중에 제조부의 각 책임자(조장, 반장)는 자신이 담당하는 라인의 원가관리와 원가절감을 실시한다. 그리고 업무에서 얻은 원가절감에 관한 경험이나 지식을 설계부문에 피드백한다(〈그림 9-7〉 참조).

①의 시작차(試作車) 검토활동은 ①~③에서 제안한 도면에 포함한 내용을 실제의 시작부품이나 시작차에서 확인한다. 도면에서는 알기 어려웠던 내용도 시작부품에서는 명확히 검토할 수 있다. 제조부가 실제로 시작부품을 조립하고 시작차를 만들어서 검토한다.

그러나 지금은 CAD나 CAE의 발달로 3차원의 도면을 입체감 있게 그릴 수 있기 때문에 시작차를 제작하지 않아도 웬만한 항목은 검토할 수 있게 되었다. 그 결과 시작차 제작 수가 줄어들었다. 그렇지만 시작차를 완전히 없애버리면 컴퓨터상의 평가에만 의존하게 되어 자칫하면 빠트리게 되는 부분도 생기게 된다. 자동차라고 하는 상품은 인간의 오감으로 평가하는 부분이 아주 많기 때문이다. 그렇기 때문에 현재는 필요 최소한의 대수에 한정해서 시작차의 검토를 행하고 있다. 시작차가 줄어듦으로써 설계개발 기간 또한 대폭으로 단축되었다.

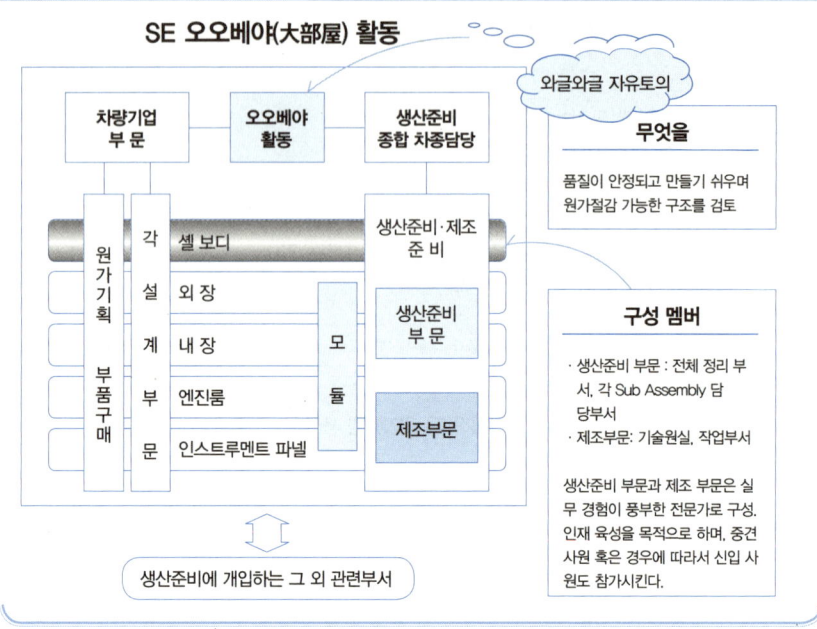

〈그림 9-8〉 동시공학(SE) 오오베야 활동

　⑤의 양산시작 이행 회의란 개발부문이 설계·개발한 신제품에 대해서 기술부문에서 시험제작, 평가하여 도면을 완성시킨 후, '이 도면(정도)대로 만들어 주십시오. 개발부문에서 생산부문으로 이행합니다'라는 결정을 내리는 회의이다. 신제품 개발이 종료하는 하나의 시점, 혹은 구획이라고 할 수 있다.

　이와 같은 동시공학 활동을 〈그림 9-8〉에 나타난 '동시공학 오오베야'에서 실시한다. 동시공학 오오베야는 개발설계 부서의 신차종개발 총책임자인 CE(Chief Engineer)가 주최한다. 이 오오베야(대회의실)에 차량기획부문, 설계부문, 생산준비부문, 제조부문 등이 모여서 부위별로 분리된 어셈블리(부품의 집합체)에 대해서 차량구조, 설계, 원가, 품질 등의 도면을 검토한다.

이전에는 개발 개시부터 생산 개시까지 36개월 이상의 기간을 필요로 했다. 그러나 CAD나 CAE의 발달과 이 동시공학 오오베야 활동에 의해, 현재는 18개월 정도로 생산에 돌입할 수 있게 되었다. 차종에 따라서는 12개월 만에 생산을 시작하는 경우도 있다.

3
품질보증 활동

품질보증 활동은 생산(제조)부문, 생산기술부문, 품질보증부문, 품질관리부문의 각 부문이 품질보증을 위해 활동하는 것이다. 전체적인 품질보증 활동은 품질보증부문이 주관한다. 〈그림 9-9〉에 품질보증부문과 품질관리부문의 업무를 정리해 두었다.

한편, 품질의 보증은 각 공정 내에서 '자공정완결'을 원칙으로 하고 있다. 따라서 각 공정에 있어서 각각의 품질보증활동이 대단히 중요하다. 품질이란, 제품품질(설계품질 & 제조품질)과 작업의 품질(보람)까지 포함한 종합적인 개념이다. 공정을 설계하는 생산기술부와 제조부는 '품질의 확보는 자신의 일이며, 이 품질보증 활동이 자기자신과 회사를 활성화시킨다'는 인식을 모든 종업원이 공유할 수 있도록 승화시키는 것이 가장 바람직하다(〈그림 9-10〉 참조).

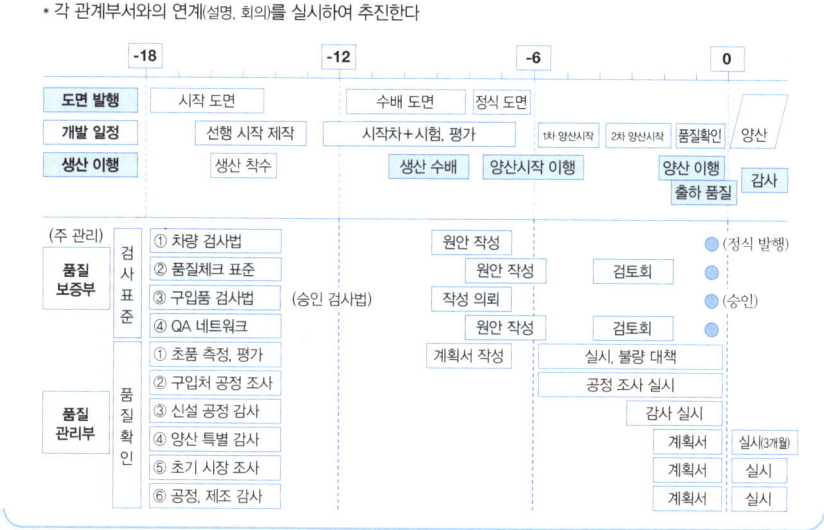

〈그림 9-9〉 생산준비활동

〈차체 생산준비 과정에서의 품질보증활동〉

차체 생산준비과정에서의 품질보증 활동에 대해 살펴보도록 하자. 〈그림 9-11〉을 살펴보면, ①이 생산준비업무의 기본계획이다. 그 후 차체 공정의 품질을 보증하기 위해 ②의 품질계획을 세운다.

(1) 품질은 공정에서 완성한다

제3장 '품질보증'에서 설명한 바와 같이 품질은 공정에서 만든다는

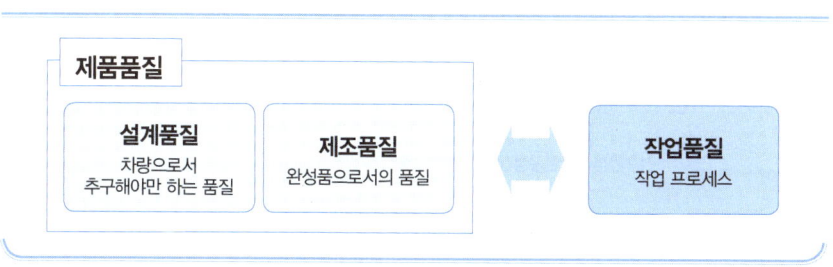

〈그림 9-10〉 품질이란

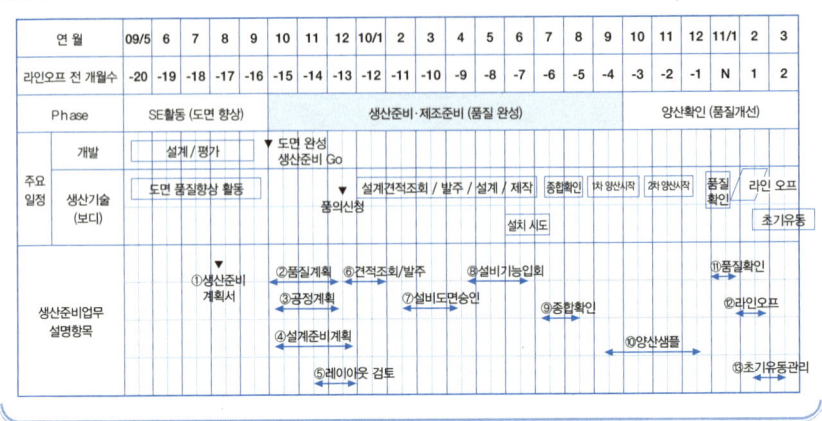

<그림 9-11> 차량 바디(차체) 생산준비 과정의 품질보증 활동

Total TPS의 사상을 기본으로 생산기술부와 제조부가 품질보증 공정과 설비를 제작한다. 제조부는 제조공정의 생산준비 단계에 있어서, 제조부의 품질에 관한 PPC(그때까지 생산 시에 나왔던 문제점이나 개선한 항목 중에서 피드백 해야 하는 항목)를 공정과 설비계획 단계에서 전개한다.

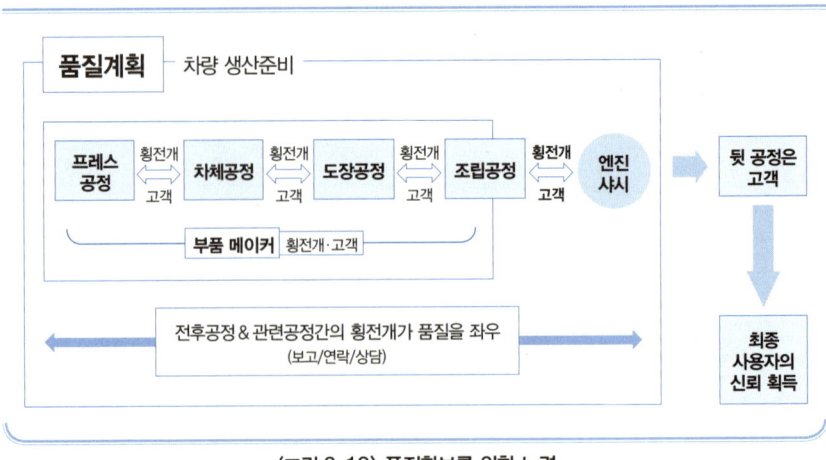

<그림 9-12> 품질확보를 위한 노력

(2) 뒷 공정은 고객

품질은 자기자신의 공정에서 완성한다는 '자공정완결'이 기본이다. 자공정은 뒷 공정에 품질보장이 된 제품만을 보내야 한다는 책임이 있다. 뒷 공정에 피해를 주지 않는 것이 최종 사용자인 고객의 만족으로 이어진다. 차량의 생산공정은 프레스·차체·도장·조립으로 구성되어 있으며, 품질계획을 입안하는 과정에서는 각 공정과 부품 메이커와의 수평적 연계를 통해 보고·연락·상담을 하며 일을 전개시켜 간다(〈그림 9-12〉 참조).

(3) 자공정완결의 품질보증

자공정완결이란 ① 품질이 나쁜 것은 만들지 않으며, ② 품질·정밀도가 보증된 제품을 뒷 공정에 공급하는 시스템이다. 〈그림 9-13〉에 나타

〈그림 9-13〉 차체(Shell Body)공정의 품질보증 활동

낸 것처럼 차체공정에는 여러 공정이 있다. 공정 단위와 서브 어셈블리(Assembly; 각 공정 내의 더 세밀한 공정, 혹은 구성부품)별로 제품 정보의 서클을 돌리면서 품질보증을 하고, 뒷 공정인 도장이나 조립에서의 품질정보도 피드백하여 차체(Shell Body)의 품질목표를 달성해 간다. 또한 공정 내 정밀도 및 서브 어셈블리 정밀도의 보장시스템에는 각종 방법이 있으며, 정시 혹은 정수(정 LOT) 샘플링 조사와 제품의 중요도에 따라서는 전체검사를 실시하는 경우도 있다.

정밀도 검사방법은 간이 검사기기에서 자동 검사기기까지 폭넓기 때문에 이들을 가장 효율이 좋도록 조합해서 사용할 필요가 있다.

(4) 차체 품질의 검토항목

여기에서 이야기하는 차체 품질이란 도장이 완료된 상태에서의 품질을 나타낸다. 차체 품질(프레스 부품 품질, 서브 어셈블리 품질)의 좋고 나쁨은 완성차량의 됨됨이를 크게 좌우하므로 차체제작 단계에서 각종 검토를 실시한다(〈그림 9-14〉 참조).

(5) 자공정완결의 품질표준

품질표준이란 자기자신의 공정이나 구성부품의 품질에 대한 기준이다. 이것을 '품질표준서'라고 부른다. 프레스 단품이나 어셈블리품(부품 구성품)의 제품정밀도를 결정하는 요소로서, 품질완성에 있어서 중요한 위치를 차지한다. 제품 정밀도를 '±제로'로 제작하면 아무런 문제가 없지만, 판금(프레스·용접)세계에서는 불가능하다. 그래서 프레스품이나 어셈블리품에 치수 공차를 설정하여 제품을 조합했을 때 그 정밀도가 좋아지도록 단품 정밀도를 규정하며, 앞뒤가 맞도록 공차를 설정한다. 이것이 품질표준이다.

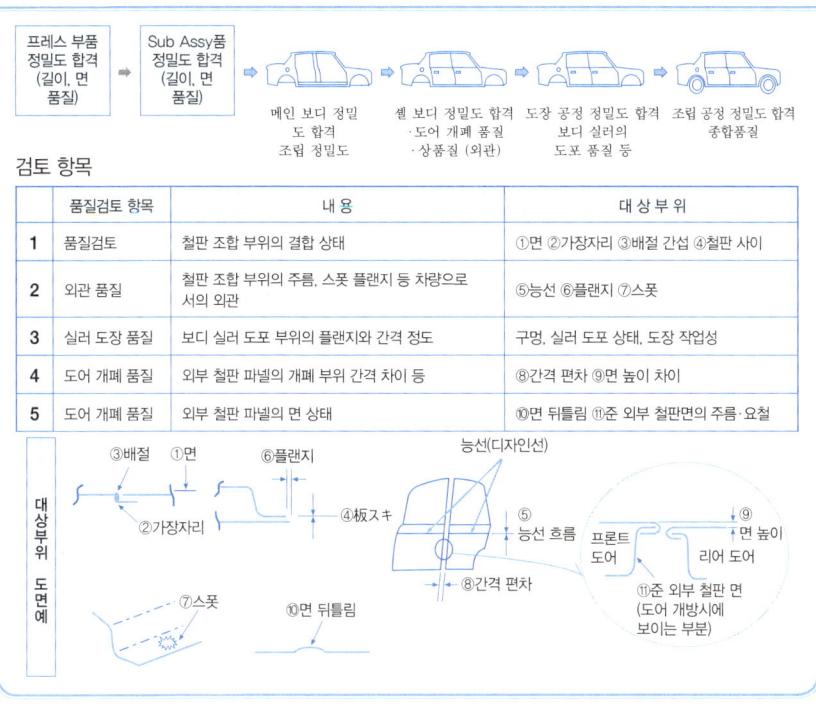

〈그림 9-14〉 차체 품질보증 활동

예를 들어 프레스는 철판을 소성가공으로 제품을 형상하는데, 이때 스프링백을 최대한 줄여서 정수치에 가깝도록 하는 것이 노하우이다. 이러한 스프링백을 완전히 없애기 위해서는 프레스의 공정 수(통상 2~4 공정)를 대폭으로 늘리면 되지만, 프레스 금형에 투자하는 금액이 수억 엔으로 증가해 버린다. 그렇기 때문에 프레스 공장에서 다 없애지 못한 스프링백은 차체공정에서 프레스품을 용접할 때 보정하는 방법을 취하고 있다. 단, 용접 시(스폿 용접, 아크 용접 등)의 열에 의해 어셈블리품의 형상이 변화하는 문제가 발생할 수 있기 때문에, 프레스에 딱 들어맞는 치수를 확보하기가 어렵다. 프레스품과 어셈블리품 별로 공차를 나타낸 서류를 프레스품 품질표준서, 어셈블리품 품질표준서라고 부른다(〈그림 9-15〉 참조).

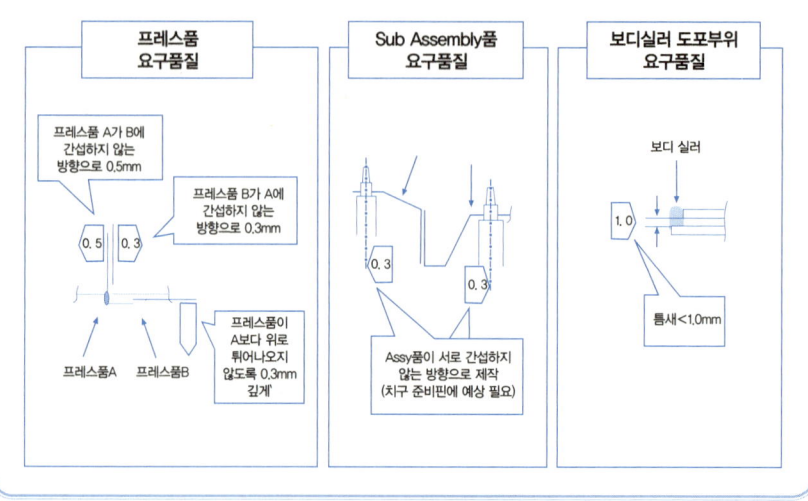

〈그림 9-15〉 철판결합 품질표준의 관점

(6) 제조준비 단계에서의 품질보증

제조준비 단계에서는 제조부 자신이 주체가 되어 준비 중의 공정(4M: Material재료, Machine기계, Men사람, Method방법)이 품질을 보증하고 있는가를 평가한다. 그리고 문제점이 있으면 개선활동인 양산 시험제작을 실시한다. 이 양산 시험제작에서는 준비 중인 양산용 라인이나 설비에서 양산과 거의 동일한 부품을 사용하여 실제로 제품을 제작한다. 이렇게 해서 제작한 제품을 여러 각도에서 평가하고 검사한다. 또한 안정된 품질을 확보하기 위해서는 표준작업이 필요하기 때문에 이 단계에서 표준작업을 확립하며, 이를 위해 레이아웃(설비, 부품의 배치) 등을 몇 번이고 검토하고 개선해서 가장 좋은 상태의 표준작업을 측정하고 작업자를 교육·훈련한다.

4

생산준비 활동

(1) 생산기술(생산준비 업무)과 제조기술(제조준비 업무)

생산준비 업무(생산기술)란 새로운 제품을 만들기 시작할 때 생산방식의 근간이 되는 것이다(〈그림 9-16〉 참조). 또한 제조준비 업무(제조기술)와 함께 제조공장에 있어서는 중요한 업무로 취급받는다.

생산기술과 제조기술은 자동차의 양쪽 바퀴와 같은 존재다(〈그림 9-17〉 참조). 좋은 설비, 좋은 공정, 좋은 품질이라는 목적달성을 위해 생산기술부문과 제조부문은 서로 연계하여 완성도 높은 생산라인을 구축해야만 한다. 따라서 이 생산준비 단계에서도 공장부문의 사람들(제조부 작업자, 보전원, 기술원)이 차량의 바퀴 같은 존재로서 생산준비 업무를 진행시킨다.

(2) 생산준비의 종류

생산준비는 아래의 3분야로 구성된다.

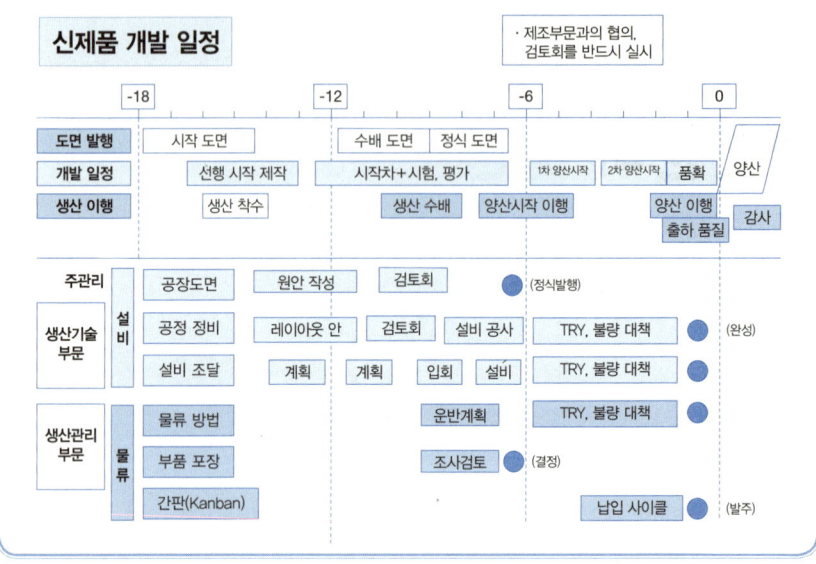

〈그림 9-16〉 생산준비 활동

(A) 생산관리와 관련된 생산준비
(B) 물류와 관련된 생산준비
(C) 생산공정, 생산설비의 생산준비

(A)의 생산관리와 관련된 생산준비 업무는 아래의 4개 항목으로 구성된다.
　① 생산기획(내부 제조, 외주, 국외, 해외의 생산 분담, 최적 생산 방법 등)
　② 신종 차량개발부터 생산까지의 준비 일정계획과 진행관리
　③ 생산 공장, 각 생산라인, 각 재료 공급, 각 부품(내부 제조, 외주품)의 생산계획

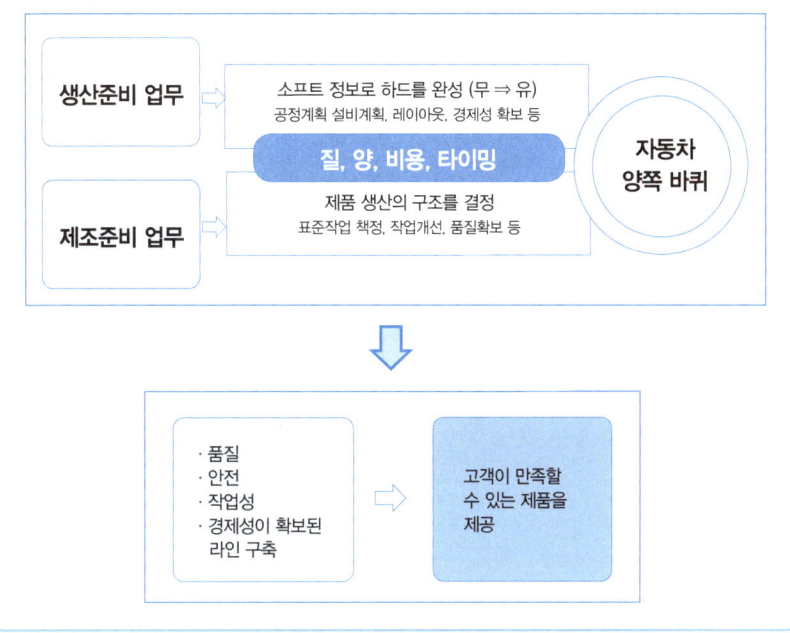

〈그림 9-17〉 생산기술과 제조기술

④ 생산지시나 실적 파악 등의 생산정보를 일괄 관리하는 시스템 작성. IT를 활용한 시스템이나 간판 준비 등

(B)의 물류와 관련된 생산준비 업무는 아래와 같은 항목으로 구성된다.
① 공장 밖의 물류준비(재료와 부품의 공급·인수 준비, 제품 판매점에 대한 공급물류 준비)
② 해외 제품·부품 공급물류의 생산준비
③ 공장 간 물류준비
④ 각 공정 내부와 공정 간의 물류준비

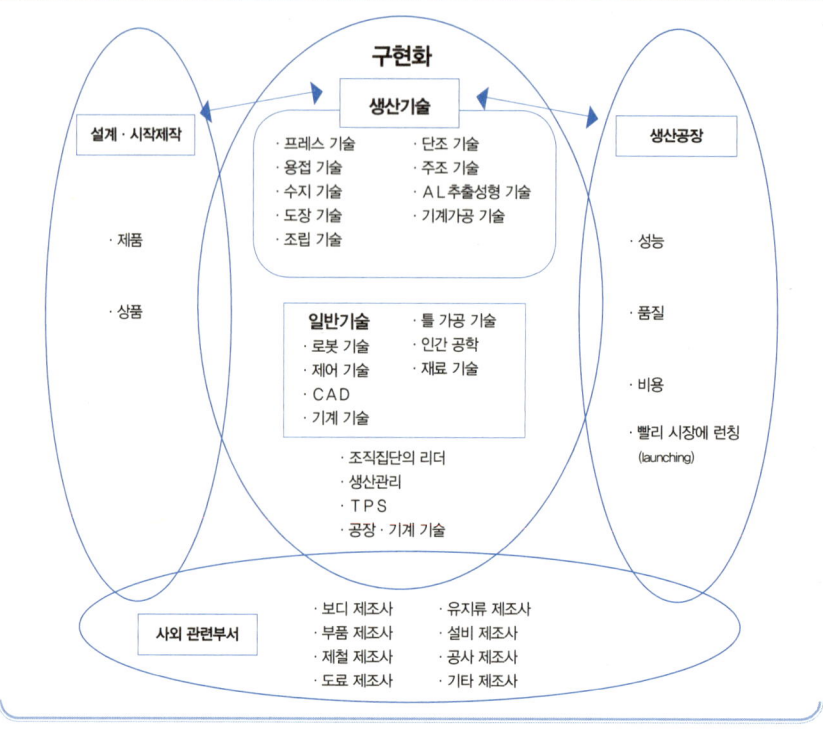

〈그림 9-18〉 생산표준 활동의 관계도

 이처럼, 생산준비 업무는 생산관리부문, 물류부문, 구매부문, 제조부문, 품질보증부문 등과 밀접하게 관련되어 있다. 또한, 상류 공정인 설계 개발부문이나 사외 부품회사, 설비회사와도 관련되어 있다. 이러한 연계를 확실하게 전개시키면 생산준비와 제조준비가 눈에 띄는 성과를 얻을 수 있다. 다만, 필자의 조사에 의하면 이렇게 관련 부서와의 연계가 밀접한 회사는 국내에서도 해외에서도 극히 소수에 불과하다. 세계시장에서 경쟁하여 살아남기 위해서는 다수의 관련 부서와 밀접하게 연계를 취하면서 질, 양, 비용을 고려한 제조라인을 적절한 타이밍에 빨리 구축할 필요가 있다(〈그림 9-18〉 참조).

이제, (C)의 생산공정, 생산설비의 생산준비에 대해서 설명하도록 하겠다. 이 업무는 생산기술부문의 담당으로, '생산기술'이라 칭하고 있으나, 프레스 가공기술이나 주물기술 등 갖가지 생산기술을 조합해서 공정을 검토한다. 때로는 새로운 생산기술을 개발하여 그에 맞춘 설비를 개발한다.

업무 내용은 아래의 다섯 항목으로 이루어진다.

(1) 공정계획

(2) 설비계획

(3) 설비정비계획

(4) 공정준비설정: 품질보증을 확인하기 위해 공정 별로 품질표준을 설정한다.

(5) 생산관리와 관련, 물류와 관련된 설비·장치의 준비: 제품의 다종·다양화를 추진하여 한 라인에서 다종(100종 이상)의 생산품목·다종의 사양의 생산이 필요해지며, 생산관리설비, 장치(생산라인의 안돈 등)를 준비한다.

이 중에서 (1) 공정계획과 (2) 설비계획에 대해서 자세히 설명하도록 하겠다.

(1) 공정계획

공장의 생산라인 계획에서는 제품의 질, 양, 비용을 결정한다. 설비투자액도 막대하므로 회사의 경영에 밀접하게 관련되어 있는 부분이다. 그러므로 제품의 질, 양, 비용을 결정하는 생산라인과 공장을 완성할 필요가 있다.

(A) 생산준비 기본계획

먼저, 생산준비 기본계획(Product Design)부터 시작하여 주요 중요사항을 계획한다. 이는 생산기술부문의 업무이지만 양쪽 바퀴 중 다른 한쪽 역할을 하는 제조부의 협력이 필수적이며, 생산라인의 레이아웃 검토는 공동으로 실시한다.

① 상류 공정인 설계개발의 정보

Total TPS에서는 설계개발 단계의 동시공학(SE)활동이 대단히 중요하며, 이 활동을 통해서 생산기술부와 제조부는 새로운 제품의 신기구와 신기술 등의 생산준비, 제조준비에 필요한 정보를 수집한다.

② 생산라인의 기본계획 입안

제품의 설계개발 단계의 정보(도면, 기술정보 등)를 토대로, 기존의 생산라인 문제점의 원인을 규명하여 대책을 강구하고 생산라인 기본계획을 수립한다. 문제점은 먼저 품질문제, 생산량에서는 가동률을 저해하는 요인분석, 생산준비 일정에서는 롱패스 분석·대책 등을 조사·비교해서 정리한다. 그리고 기존의 공장이나 생산라인의 결점을 TPS로 개선한 항목(제조부로부터의 PPC)도 포함시킨 기본계획이다.

③ 품질보증

'품질보증 활동' 페이지에서 설명한 바와 같이, 생산 공정에서 품질이 완성되기 때문에 품질을 보증할 수 있는 공정 만들기가 중요하다고 할 수 있다.

④ 생산비용 산출·생산비용 분석 및 원가계획

설비투자액 축소와 인건비 절감, 소재비 절감 등 공장전체의 생산비용을 고려하여 비용을 최소화할 수 있는 생산라인을 구축한다.

⑤ 생산량 달성

생산라인의 능력을 중기 생산계획을 감안하여 설정한다. 그러나 생산계획은 언제든지 변동할 수 있다는 것을 전제로, 변동사항이 있을 경우에 생산라인이 유연하게 대응할 수 있도록 한다. 또한 이 라인의 유연성을 제조준비 단계에서 시험·확인한다.

⑥ 생산준비 일정 계획의 결정

제품 생산준비 일정은 기존의 생산라인 혹은 기존의 제품 생산준비 일정과 비교해서 가장 단기간이 될 수 있도록 검토한 후 결정한다.

(B) 공정계획 실시

4M(Material, Machine, Men, Method)을 검토하여, 공정계획서를 작성한다. 그와 동시에 사용하는 재료와 부품을 명시한다. 작업방법이나 작업시간은 물론이고 사용하는 설비나 측정 게이지에 대해서도 계획한다.

(2) 설비계획(〈그림 9-19〉 참조)

· TACT TIME을 산출한다.
· 가장 가공비용이 저렴하고 안전하며 작업성이 효율적인 품질을 확보하는 동시에 고장나지 않는 설비를 계획한다.
· 일정에 맞추어서 적절한 타이밍에 조달한다.

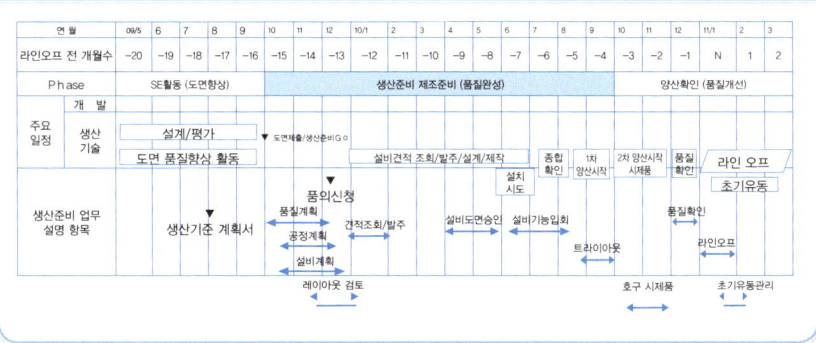

〈그림 9-19〉 설비계획

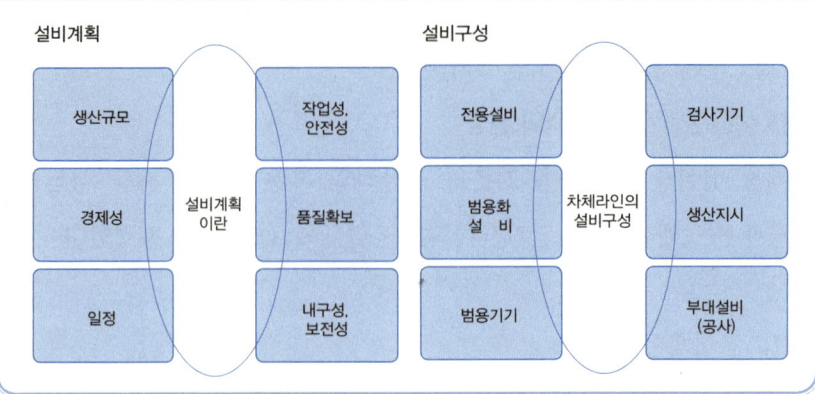

〈그림 9-20〉 설비계획과 설비구성

바디(차체)라인 설비는 다양한 기기로 구성되어 있으므로, 이것들을 얼마나 잘 조합하는가가 중요하다(〈그림 9-20〉 참조). 여기서 전용설비라는 것은 대상공정 전용설비로서, 한 모델만을 사용한다. 범용화설비라는 것은 교체를 고려한 설비로서, 간단하게 개조유용이 가능하다. 범용기기라는 것은 시판 메이커 표준 기기류를 말한다.

5
제조준비 활동

제조준비 활동은 도요타의 경우 제조부에서 담당하고 있다. 이전에는 생산기술부의 업무였으나, 생산기술부가 주도해서 제조준비를 진행하면 제조부가 생산을 개시한 후에 갖가지 문제점이 발견되고는 했으므로 뒤늦게 대책을 세우지 않으면 안되었다. 따라서 도요타 제조부는 상류의 업무인 이 제조준비 활동에 참가하게 되었다.

제조부가 생산착수 전에 제조준비 단계에서 문제점을 발견하여 개선을 추진하는 활동이 활발해지자 제조부의 능력과 경험치도 향상되었다. 이러한 제조부의 실력향상에 따라 제조부는 생산기술부가 담당하고 있었던 제조준비 업무를 적극 대응하여 그들의 업무로 만들었다(〈그림 9-21〉 참조).

제조부의 업무는 (1) 상류부문에 대한 사전개선, (2) 제조부의 본래 업무 등 두 가지로 이루어진다. 이 중에서 (1) 상류부문에 대한 사전개선은 다음의 세 가지 사항으로 구성된다.

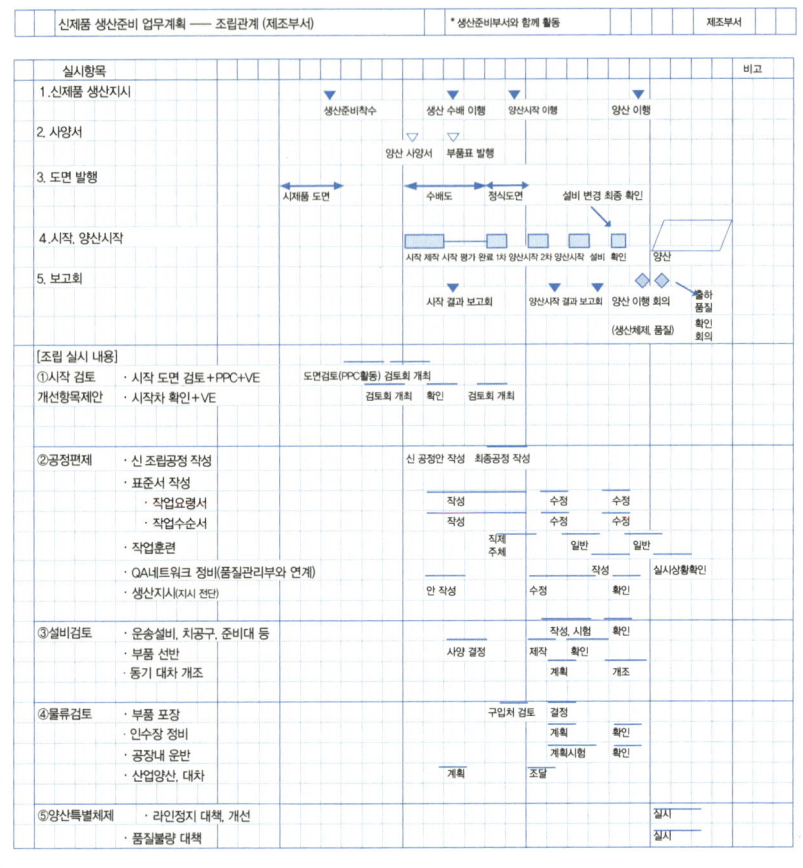

〈그림 9-21〉 신제품 생산준비 · 제조준비 업무계획서

① 동시공학(SE) 활동

② 품질보증 활동

③ 생산준비 활동

(2) 제조부의 본래 업무는 다음의 두 가지 사항으로 구성된다.

④ 제조준비 활동

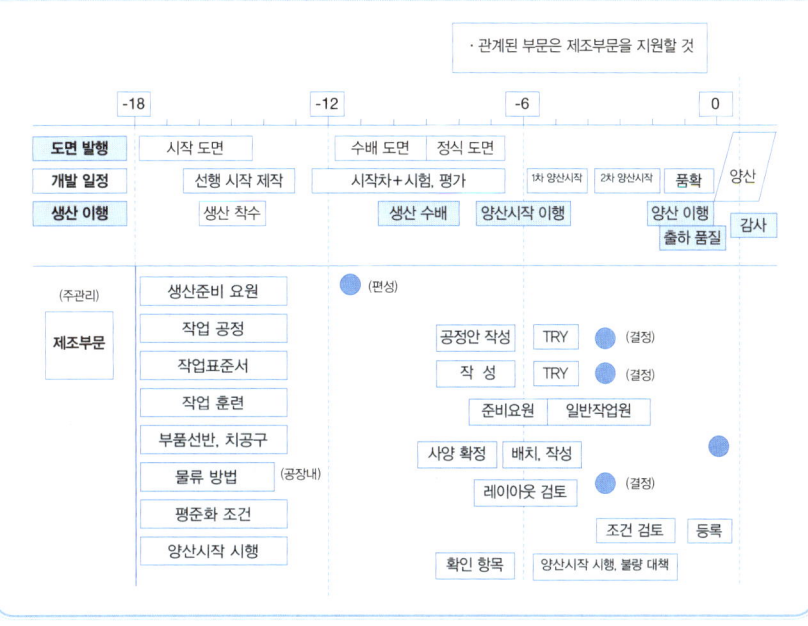

<그림 9-22> 제조준비 활동

⑤ 원가관리·원가절감

①~⑤를 합쳐서 '선행개선'이라고 부르는데, ①~③은 상류부문에 대한 사전개선을 위한 업무이지만 ④와 ⑤는 제조부의 본래 업무이다. 또한, ③의 생산준비와 ④의 제조준비를 합쳐서 '생산·제조 준비'라고 한다. 앞서 설명한 바와 같이, ③ 생산준비와 ④ 제조준비는 자동차의 양쪽 바퀴와 같다고 할 수 있다.

그러면 ④ 제조준비 활동을 중심으로 설명하도록 하겠다(<그림 9-22> 참조). 제조준비 활동에서는 아래의 10항목의 업무를 수행한다.

A. 생산준비요원 확보와 생산준비 업무 팀 편성

B. 작업공정 검토와 개선, 공정결정

C. 작업표준서 검토, 작성

D. 작업훈련 실시

E. 부품선반, 치공구 제작

F. 물류방법(공장 내) 결정과 물류관계 비품, 설비 제작

G. 평준화 조건(생산관리부문에 작업공수 평준화 조건을 제출)

H. 양산 시작 실시

I. 레이아웃과 공정검토, 개선

J. 원가관리, 원가절감

이 중에서 A. 생산준비요원 확보와 생산업무 팀 편성 단계에서 제조부문은 생산준비와 제조준비를 위한 요원을 확보한다. 제조부가 제조라인의 각종 개선을 실시하여 라인에 여유가 생기면 그 라인에서 우수한 인재나 리더역할 할 인물을 차출한다. 그리고 그들에게 이 어려운 업무를 담당시킨다. 경우에 따라서는 반장이나 조장이 되기도 한다.

B. 작업공정 검토와 개선, 공정결정 단계에서는 조립공정의 경우 공정계획 자체가 제조부의 업무가 된다. 공정계획은 생산기술부가 아닌 제조부 스스로가 결정한다. 생산기술부의 공정원으로는 적절한 공정을 수립하기 힘든 것이 현실이다. 작업에 대해 잘 알고 있는 제조부가 훨씬 더 효율적인 공정설정이 가능하다.

C. 작업표준서 검토, 작성단계에서 H. 양산 시작 실시까지의 단계에서는 양산 시작을 실시하면서 표준작업을 확립해 나간다. 양산 시작 업무는 다음과 같다.

- 양산시작 일정계획과 양산시작요령 작성(작업훈련 계획 작성, 물류 계획·대책·실시)
- 품질요령서 작성
- 사용부품과 공정 내의 중간 제품, 완성품 정밀도 해석과 대책 지시
- 작업성, 생산성, 안전성 개선(부품배치·설비·공구의 작업성 개선)
- 표준작업 검토, 개선, 표준작업 요령서 책정
- 양산 시범제작 실시(품질확인·대책)
- 양산시작 결과정리, 평가
- 작업훈련과 습득

보전관계의 제조준비 업무는 공정정비 기본계획과 공정정비 계획을 작성하여 아래와 같은 공정정비를 실시한다.
- 각종 공정정비: 조정지도, 로봇 티칭, 파렛트·부품선반 정비, 생산지시 준비
- 보전계획: 보전교육과 설비 취급교육 실시, 점검 매뉴얼·체크시트 작성
- 보전교육훈련 계획 : 보전리더 교육·보전 일반교육 계획 입안
- 설비예비품: 설비예비품 관리방법 확립

이 제조준비 단계에서 보전부서는 보전성을 확인하고 그 향상을 도모한다. 그리고 설비의 신뢰성과 내구성을 확인하기 위해 설비 내구시험(500회)을 실시하는 경우도 있다. 제조준비 단계 업무의 역할은 양산 돌입 전의 최종적인 마무리라고 할 수 있다. 양산 개시 후에 품질이나 생산량 등의 문제점이 발생하지 않도록 사전에 개선을 실시한다. 아래의

5개 항목이 이 단계에서의 핵심적인 업무이다.
   1) 품질확인과 품질향상, 개선
   2) 생산량 및 생산성 향상
   3) 비용 확인과 원가절감 활동 실시
   4) 그 외, 생산에 필요한 제반준비 확인과 완성
   5) 인재 교육·훈련

생산 개시 후에 개선하는 것보다 이 단계에서 개선한 내용이 훨씬 효과가 크다. 품질적으로도 중요한 개선이라고 할 수 있다. 도요타의 개선은 양산 개시 후보다는 이 제조준비 단계에서 힘을 쏟고 있다. 이 단계의 업무는 제조부가 중심이 되지만, 생산기술부, 품질관리부, 기술부도 당연히 지원을 하고 있다. 사내의 각 조직이 서로 협력하고 있는 것이다.

I. 레이아웃 공정의 검토 및 개선 단계에서는 생산량의 증가 혹은 감소함에 따라 아래의 항목이 어떻게 되는가를 먼저 검토한다.
   1) 표준작업이 가능한 라인
   2) 작업성이 효율적인 라인
   3) 흐름에 정체가 없는 라인
   4) 적은 인원으로도 가능한 라인
   5) 정보전달을 고려한 라인
   6) 운반을 고려한 라인
   7) 품질이 공정에서 완성되는 라인
   8) 보전성을 고려한 라인
   9) 안전, 위생을 고려한 라인

레이아웃은 한 번 설정하면 변경하는 데 상당한 공수와 비용을 소모하게 된다. 따라서 공정계획이나 설비계획에서 결정된 내용을 토대로 여러 종류의 안을 작성하여 관계부서와 조정한 후, 최선의 안을 선택하게 된다. 레이아웃 검토의 포인트는 아래와 같다.

1) 표준작업이 가능한 라인

작업자의 동작을 중심으로 하여, 낭비 없는 업무순서와 '표준작업 물품'도 배려한 효율적 생산을 목표로 레이아웃을 검토한다. 표준작업 물품이라는 것은 작업순서에 따라 작업을 수행할 때, 반복해서 같은 순서와 동작으로 작업이 가능하도록 공정 내에 두는 최소한의 작업물을 일컫는다.

2) 흐름에 정체가 없는 라인

작업자나 제품이 원활하게 이동 가능하도록 한 라인이다. 작업 자세도 이에 포함된다.

3) 적은 인원으로도 가능한 라인

외딴섬이 생겨나지 않도록 설비배치·공정배치를 한다. 작업개선을 통한 인원감축 효과가 얻어질 수 있도록 공정과 사람의 집약화를 추진한다.

[독립공정 배치]

독립공정 배치에서는 작업자 사이의 간격이 떨어져 있으므로 작업을 조합하기 어려우며 인원을 줄이기도 힘들다.

[A Sub Assembly부터 D Sub Assembly까지 생산하는 공정]

〈그림 9-23〉에 나타낸 예는 메인라인에 공급하기 위한 서브라인이다.

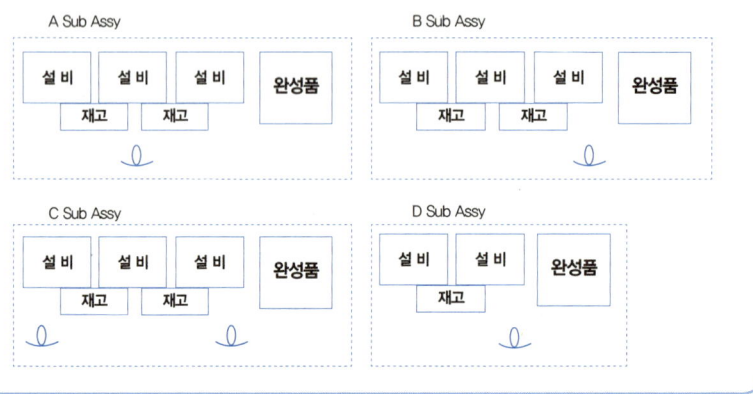

〈그림 9-23〉 독립 공정 사례

각 Sub Assembly 간의 수평적 연결은 없으며, 각자 독립된 공정으로 되어 있다.

[집약화 배치로 구성]

먼저 공정과 사람을 집약화한다(〈그림 9-24〉 참조). 그러면 다음과 같은 효과를 얻을 수 있다.

· 작업 조합의 유연성이 높아진다
· 각종 개선작업을 추진하기 쉬워진다
· 인원감축 효과를 기대할 수 있다
· 생산대수의 변동에 따른 사이클 타임 변경에 대처하기 쉬워진다

4) 품질을 공정에서 완성

품질이나 설비에서 이상이 발생하면 바로 정지시킬 수 있도록 하며, 뒷 공정에 불량품을 넘기지 않도록 한다. 작업 풀프루프장치와 제품 풀

프루프장치를 설치한다.

5) 탁월한 보전성

설비고장 시에 보전대응(보전담당자의 동작범위, 대형부품 교환)도 가능한 공간을 확보한다.

6) 안전성의 확보

작업자는 물론이고 통행자나 운반요원 등이 설비로 인해 부상을 입지 않도록 대책을 실시한다.

7) 완전 고정이 없는 설비 설치

설비를 완전 고정하면(아랫부분을 완전히 고정시키거나 구멍을 뚫어서 간단하게 이동시킬 수 없도록 하는 것), 생산대수의 변동에 따라 레이아웃을 바꾸려고 해도 설비 이동에 대단한 노력과 비용이 소모된다. 그러므로 설비는 간단히 이동시킬 수 있도록 설치하는 것이 바람직하다.

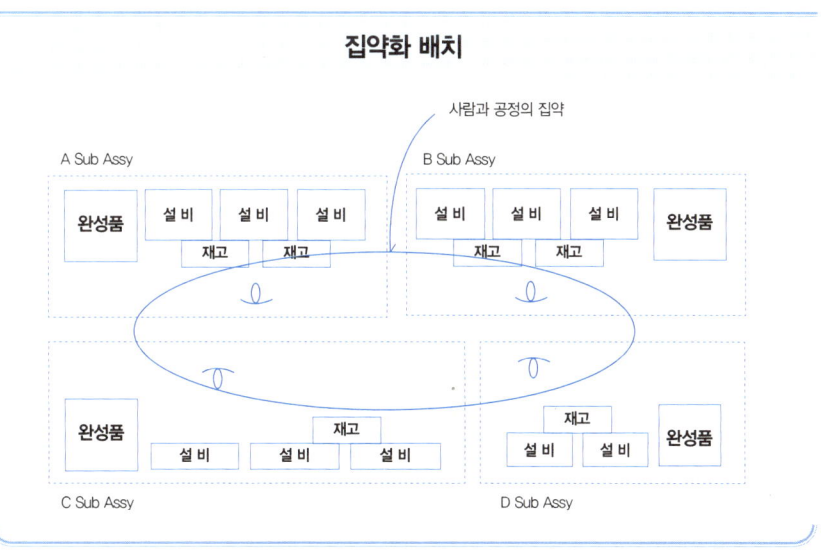

〈그림 9-24〉 집약화 배치 사례

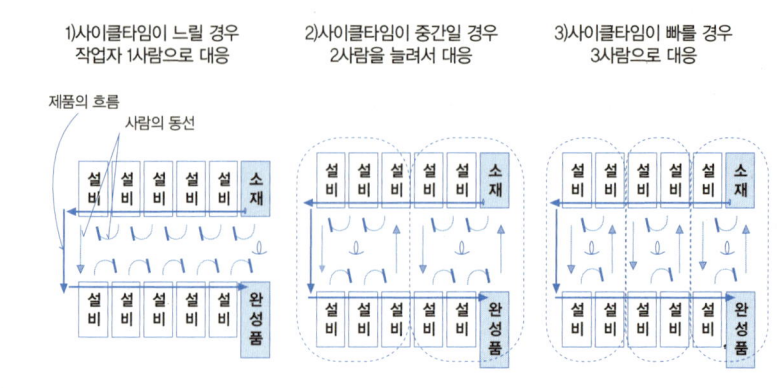

〈그림 9-25〉 역 'ㄷ'자 배치 사례

기본적인 레이아웃의 대표적인 예를 살펴보자.

① 역 'ㄷ'자 배치: 생산대수의 변동에 따른 대응이 비교적 용이하다(〈그림 9-25〉 참조).

② 두 열 설비배치: 생산대수가 대단히 많고, 같은 설비의 라인이 2라인 필요한 경우다(〈그림 9-26〉 참조).

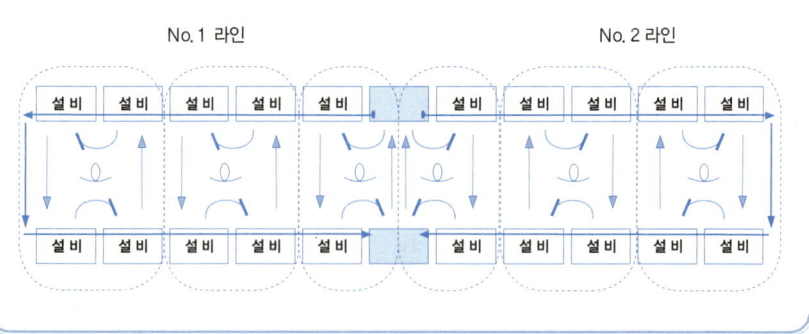

〈그림 9-26〉 두 열 설비배치 사례

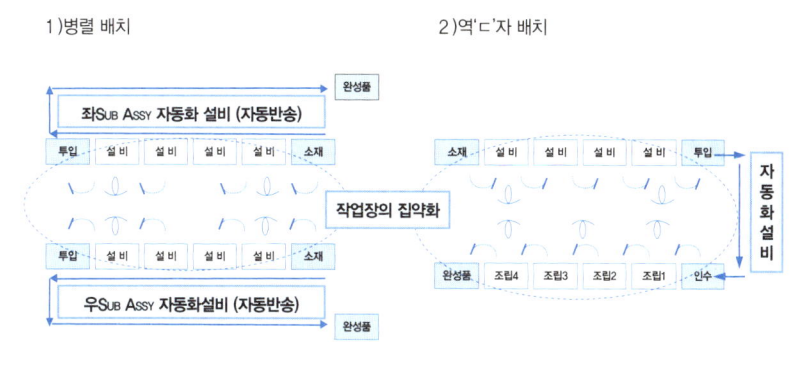

〈그림 9-27〉 자동화설비 혼합 배치의 사례

③ 자동화설비 혼합의 경우: 작업 공간을 집약화해서 인원감축이 가능하도록 배려한 경우다(〈그림 9-27〉 참조).

J. 원가관리·원가절감 단계는 제조부의 주요한 업무이다. 개선성과는 원가에 반영되기 때문이다. 이전에는 제품원가는 기업비밀이라는 이유로 제조부에는 공개되지 않았었다. 그러나 지금은 제조부의 원가절감 활동을 촉진과 의욕향상을 위해 원가를 가능한 한 공개하도록 하고 있다. 원가절감은 오히려 제조부의 활동에 좌우되는 면이 크다고도 할 수 있다.

6 선행개선 정리

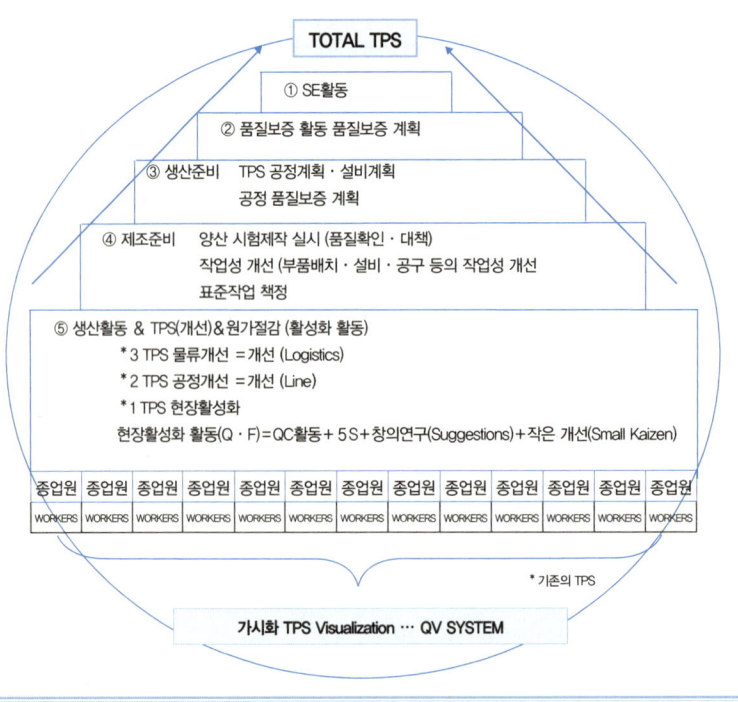

〈그림 9-28〉 Total TPS의 전체 개념도

생산개시 시점의 개선 사항을 최소한으로 하기 위해, 생산준비 단계와 제조준비 단계에서 미리 TPS의 사상을 투입하여 계획하고 실천한다.

			활동목표와 계획					담당부서
			SE활동	품질	생산량	COST	SCHEDULE	
A	생산기획 DESIGN	생산계획 (인원 등을 포함)	○	○	○	○	○	생산관리부 생산기술 기획부
		내외제 기획	○	○	○	○	○	
		생산공정·설비 전반 기획	○	○	○	○	○	
		물류 기획	○	○	○	○	○	
B	품질보증	회사 전반에 걸친 품질보증 활동	○	○	○	○	○	품질보증부 품질관리부
		품질 완성 활동	○	○	○	○	○	
		품질관리	○	○	○	○	○	
C	생산준비	품질표준서 작성	○	○	○	○	○	생산기술부
		각 공정 계획	○	○	○	○	○	
		각 설비·틀·치구 등의 계획	○	○	○	○	○	
		설비 조달						
		생산라인 공정 정비	○	○	○	○	○	
D	제조준비	생산라인 공정 정비 부품선반 등의 작성 작업표준서 등의 작성						제조부
		제품 품질 완성	○	○	○	○	○	
		작업훈련	○	○	○	○	○	
		보전계획	○	○	○	○	○	
E	생산활동 & 개선(TPS)	매일의 생산 (우측표기 지표 달성)	○	○	○	○	○	제조부 품질관리부
		현장활성화	○	○	○	○	○	
		* 개선활동	○	○	○	○	○	
		* 물류개선	○	○	○	○	○	
		품질개선	○	○	○	○	○	

* 기존의 TPS

〈그림 9-29〉 생산기획의 예

〈그림 9-28〉을 보면 종업원 한 사람 한 사람의 활동이 대단히 중요하다는 것을 알 수 있다. 종업원을 활성화함으로써, 종업원은 능력과 의욕을 향상시키고 한층 더 어려운 업무에 도전해 나가게 된다. 제조부의 작업자는 이런 식으로 성장해 나간다.

참고로, 생산기획의 예를 〈그림 9-29〉에 나타냈다. 생산개시 후의 개선사항을 최소한으로 할 수 있도록 생산준비 단계와 제조준비 단계에서 미리 TPS의 사고방식을 도입하여 계획, 실천하는 것이다.

part **10**

Total TPS로부터 배우는 관리·경영의 개혁

1

TMS(도요타 & 토털 매니지먼트 시스템)

이 장에서는 도요타 & 토털 매니지먼트 시스템(Toyota & Total Management System)에 관해서 개요를 설명한다. TMS는 Total TPS를 기조로 하는 간접부문의 경영관리방식이다.

지금까지 공장을 중심으로 한 Total TPS에 대해서 설명해왔다. 그 원점은 인간의 삶의 보람(일의 보람, 활성화 등)과 종업원의 집단인 작업장, 조직의 관리였다. 공장에서는 결과가 금방 나타나거나 가시화하기 쉬운 업무가 많기 때문에 일의 방법이나 개선방법, 관리 등이 좋고 나쁜지 비교적 간단하게 판단할 수 있다.

그에 비해 간접부문의 업무나 회사의 관리 및 경영은 일 그 자체, 또는 일의 성과를 확실히 알기가 어렵다. 왜냐하면 일이 가시화되어 있지 않거나, 결과가 늦게 나오기 때문이다. 따라서 '간접부문의 업무나 회사의 관리 및 경영은 어떻게 해야 하는가?'라는 것이 불명확한 상태에서 아래와 같은 관리나 경영을 하는 관리자와 경영자가 많이 나타나게 된다.

① 부하 직원을 보스의 명령에 묶어 두고, 보스의 명령 이외의 일은 금지시킨다.
② 부하 직원을 함부로 혼내기만 해서 의욕을 상실시킨다.
③ 자신의 경험에만 의존하여 관리한다.
④ 단기적인 관리나 경영으로 인해 중장기적으로는 기업의 체력이 떨어지게 된다.
⑤ 일에 대한 부하 직원의 의욕이나 보람을 이해하지 못한다.
⑥ 파벌 싸움을 유일한 일로 삼고 있다.
⑦ 명령·지시한 일을 부하 직원에게 이해시켜 실행할 수 있다고 착각하고 있다.

지금까지 설명해 온 Total TPS에서는 여러가지 보편적인 생각이나 원리를 가지고 있다. 필자는 지금까지 Total TPS의 사고를 간접부문이나 관리, 경영에도 활용할 수 있는지 검토하고 연구해 왔다. 결론적으로 이야기하면, '간접부문의 관리나 경영 업무에 있어서도 Total TPS의 원리나 방법은 접목시킬 것들이 대단히 많고, 그 결과 또한 효과적이다'는 것이다. 직원에게 의욕이나 보람을 느끼게 하고, 나아가서는 업무의 질을 향상시킴으로써 업무효율도 고도화되는 것이다.

2

간접부문에 있어서의
종업원과 현장활성화

간접부문과 공장을 비교하면서 살펴보겠다(《그림 10-1》 참조). 왼쪽에는 공장 활성화 활동을, 오른쪽에는 그에 대응하는 간접부문(관리·경영)의 활성화 활동을 항목별로 정리하였다.

이 중, 공장의 '② QC서클 활동'은 간접부문에서는 '개선업무'에 해당된다. 회사 내에서 발생하는 각종 문제의 개선업무를 뜻한다. 일상적인 업무만 계속 수행했을 때, 인간은 타성에 젖어 능력이나 의욕이 저하된다.

스태프나 관리자는 항상 새로운 업무, 즉 기존업무를 바꾼 일에 도전할 필요가 있다. 특히 개선업무율(전체 업무시간 중에서 개선업무에 사용하는 시간의 비율 - 역자 주)을 조금씩 높여가는 것을 권하고 싶다. 또 전체업무 중에서 개선업무를 높이기 위해서는 일상업무에 투자하는 시간을 단축하지 않으면 안 되기 때문에 일상업무의 생산성 향상으로도 연결된다.

TOTAL TPS (종업원·현장활성화)	관리·경영 (종업원·현장활성화)
종업원·현장의 활성화 ① 5S ② QC서클 활동 ③ 창의연구 ④ 전문기능 제도 ⑤ 자주적 TPS활동(공정·물류개선) ⑥ 원가절감 활동 ⑦ 인재육성제도 (공장) ⑧ 품질개선 ⑨ 선행개선(Advanced Kaizen)	종업원·현장의 활성화 ① 5S ② 일의 정의=통상근무+개선근무 ③ 창의연구 ④ 전문기술·전문가 인정 제도 ⑤ 자주적 개선활동 (공정개선) ⑥ 원가기획·원가계획·원가절감 ⑦ 인재육성제도 ⑧ 업무품질 개선 ⑨ 선행개선(Advanced Kaizen)

〈그림 10-1〉 종업원과 현장활성화 : 관리, 경영에의 응용

간접부문의 '④ 전문기술·전문가 인정제도'에서는 스태프의 업무나 관리자의 업무에 필요한 전문기술, 전문지식, 일반적인 기술과 지식을 명확히 하는 것이 중요하다. 본래 업무에 필요한 이러한 지식이 간접부문에서는 의외로 가시화되어 있지 않고, 교육제도가 충실하지도 않다. 이들 기술이나 지식을 습득하도록 만들기 위해서는 인정제도를 만들어서 운영하는 것이 좋은 방법이다.

간접부문의 '⑤ 자주적인 개선활동(공정개선)'이라는 것은 일상 업무의 흐름이 상사로부터 나오는 것보다 일의 선행공정(다른 부서)에서 나오는 것을 의미한다. 일은 각 조직을 걸쳐서 진행되는 것이 일반적이다. 각 공정(각 부서, 각 담당 등)이 '뒷 공정은 곧 고객이다'라는 인식을 가지고 해당 공정에서 일을 완결시켜 뒷 공정에 넘겨주는 것이 필요하다. 해당 공정의 개선과 전후 공정과의 연결부분을 개선하는 것이 바로 프로세스 개선이다.

간접부문의 '⑥ 원가기획, 원가계획, 원가절감' 부분에서는 간접부문이 공장과 비교해서 훨씬 원가를 절감시킬 수 있는 업무임에도 불구하고, 원가에 관한 일에 대한 관심도나 몰입도가 대단히 낮은 것이 문제이다. 모든 스태프가 어떠한 형태든지 원가업무에 관여해야 한다.

3

Total TPS를 발전·응용한 관리·경영 개혁

도요타에서는 종업원과 현장활성화 이외의 관리방법이나 경영 등을 공장의 Total TPS 관점에서 응용, 전개하고 있다.

특히 〈그림 10-2〉 중의 '4. 원가기획, 원가계획, 원가절감', '5. 부하의 행동방식', '6. 상사의 행동방식'에 대해서는 부하의 능력을 이끌어내거나 의욕을 높이는 공장의 관리방식을 간접부문에도 응용하여 전개하고 있음을 알 수 있다.

마찬가지로 '9. 개선의 오오베야'는 '9. 경영의 오오베야(大部屋)'로 응용하고 있다(〈그림 10-3〉 참조). 경영자는 종종 일의 실태나 일의 현지·현물을 모르는 경우가 많다. 경영자에게는 몇 가지 단계의 직제(보고자)를 통해서 정보가 들어가기 때문에, 그 정보는 때로는 의도적으로 변경되어 사실이 왜곡되는 경우도 많이 있다. 그렇기 때문에 '벌거벗은 임금님'이 되기 쉬운 것이다.

이것을 해결하기 위한 방법 하나가 경영의 오오베야 방식이다. 이것은

TOTAL TPS (공장)		경영 · 관리
종업원과 현장활성화	1	종업원과 현장활성화
개선 통상업무+개선업무	2	일의 정의=통상업무+개선업무
표준작업 설정	3	업무 표준화 · 최적화
원가절감	4	원가기획 · 원가계획 · 원가절감
부하의 행동방식 : 자주연구활동 · 자발적 개선	5	부하의 행동방식 : 자주연구활동 · 자발적 개선
상사의 행동방식 : 능력 발휘 개발 칭찬이 원칙	6	상사의 행동방식 : 능력 발휘 · 개발 · 칭찬이 원칙
공정 · 업무 프로세스 공정완결 (QA Network)	7	각 업무의 품질향상, 각 업무 연계도 향상
선행개선	8	앞 공정에 대한 피드백, 각 업무의 연계도 향상
개선의 오오베야(大部屋)	9	경영의 오오베야(大部屋) 각 업무의 오오베야(大部屋) (개선 · 생산기준 등)
전문기능 인정 제도	10	전문기술 인정 제도
다기능공화	11	전문기술 육성 제도
가시화	12	가시화 경영 / 가시화 업무 / 가시화 원가관리

〈그림 10-2〉 Total TPS를 발전, 응용시킨 관리 · 경영

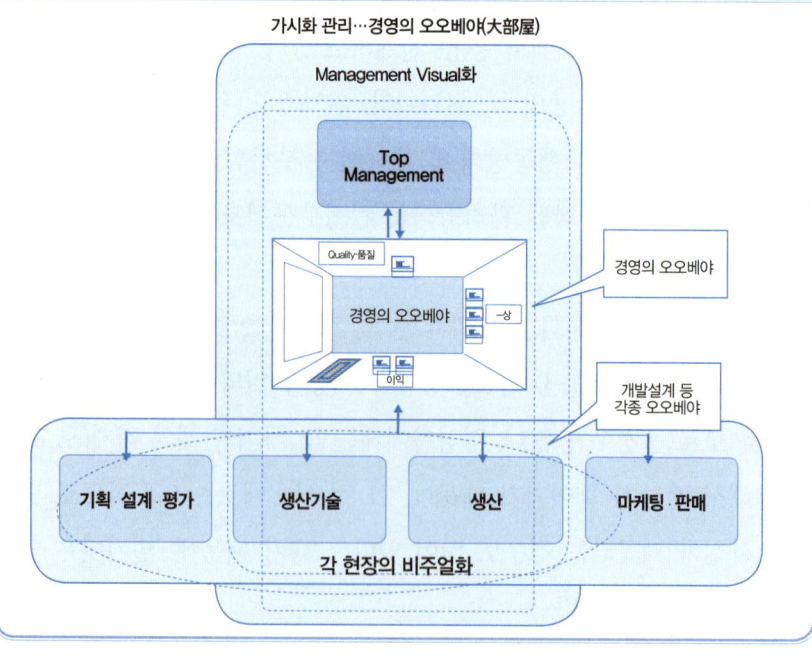

〈그림 10-3〉 Total TPS를 발전, 응용시킨 관리 · 경영

SE의 오오베야 방식, 개선의 오오베야 방식을 경영자 쪽에 응용한 것이다. 그리고 공장의 관리 방식을 응용한 또 하나의 방법이 '12. 가시화'이다.

이상에서 검토한 Total TPS를 베이스로 한 간접부문의 관리방식을 '도요타 & 토털 매니지먼트 시스템(Toyota & Total Management System, TMS)'이라고 부른다. 〈그림 10-4〉에 지금까지 설명한 내용을 정리하였다. Total TPS에서 얻은 사람과 조직의 관리, 일의 관리의 사고방식이나 방법을 각 업무에 응용하고 있다.

1. 선행개선(생산준비), 생산의 업무분야는 Total TPS(Total Toyota Production System)
2. 제품의 설계 개발 업무는 TDS(Toyota Development System)
3. 마케팅과 판매 업무는 TSS(Toyota Sales System)
4. 회사 전체의 경영과 관리는 TMS(Toyota Management System)

신제품개발 · 생산준비 · 현장운영 · 품질까지 총괄 지도

항목 (Model)		활동내용(Activity)	토요타 원칙 (TMC Principle)	지원조직, 회사 (Support Organization)
TMS		· 기업경영 · 기업관리 (Cooperate Management)	· TMS Total Management System	㈜도요타 매니지먼트 연구소
	TDS	상품 · 제품 개발관계 (Product & Process development)	가시화 : QV System Visualization Management	㈜도요타 엔지니어링 (Toyota Engineering Co.)
	Total TPS	품질 · 원가 · 생산 · 생산기술 · 물류관계 (Quality, Cost, Production Production engineering and Logistics)	자공정완결 불량0 : (Zero Defect) QA Network	
	TSS	판매 · 마케팅 (Marketing & Sales)	종업원과 현장 활성화 활동 (Quickening Company)	㈜도요타 마케팅 (Toyota Marketing Co.)

〈그림 10-4〉 TMS 내용 개요

이 관계를 그림으로 나타낸 것이 〈그림 10-5〉이다. 회사의 경영·관리 방식은 종래는 미국 등의 서구방식이 기본이었고, 오랫동안 세계의 기준이 되어 있었다. 그렇지만 '제품'이나 '돈'만을 중심으로 한 회사의 경영이나 관리는 '사람'을 중심으로 한 방식으로 혁신할 필요가 있다. 특히 미국 특유의 돈을 중심으로 한 합리주의는 인간과 사회에 있어서는 반드시 효율적인 것은 아니다. 그에 비해 TMS는 인간과 사회의 행복감도 추구하는 것이다. TMS의 기본은 Total TPS와 같다(〈그림 10-6〉참조).

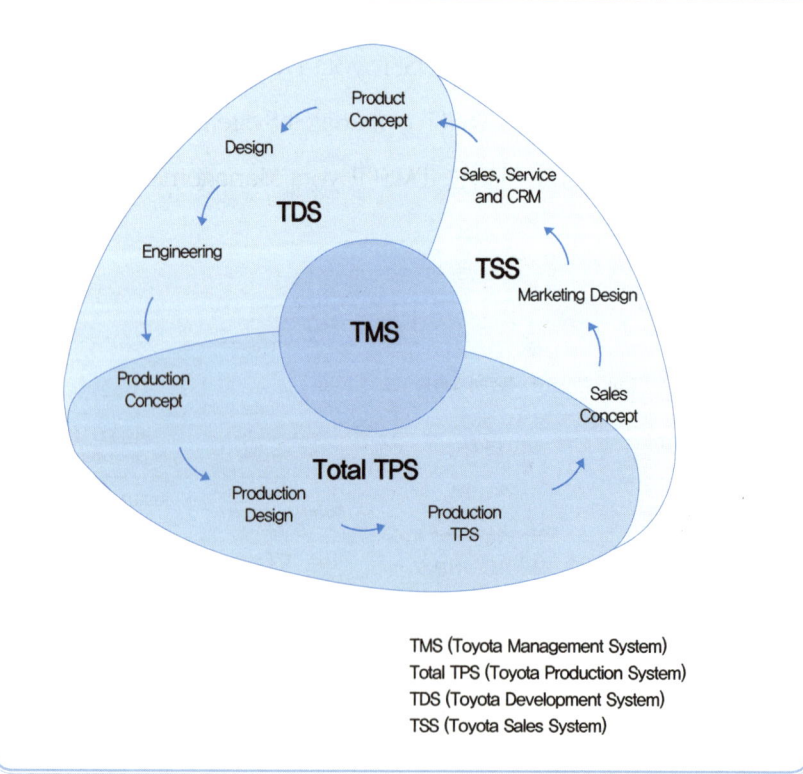

〈그림 10-5〉 TMS (Toyota Management System)

회사의 업적 (Output)은 아래 수식과 같다.
경영이란, 아래 수식의 「Output」을 최고치로 만드는 것이다.

$$\text{Output} = \sum_{i=1}^{n} (\text{Personality 개성} \times \text{Ability 능력} \times \text{Motivation 의욕})_i$$

· n= 종업원 수(현장작업자 + 스탭직원)

〈그림 10-6〉 TMS(Total TPS)

혁신과 개선의 성패는 결국 작은 디테일에서 결정되는 것이다.

디테일은 도구나 시스템에서 나오는 것이 아니라 종업원과 현장의 시너지에서 나오는 것임을 명심해야 한다.

목차

1 현장 진단과 평가 일정 2

2 현장 진단과 평가 내용

[1] 도요타 생산방식의 개요 6

[2] 현장 진단과 평가 내용 실시 8

[2] 인정증(견본) 15

1 현장진단과 평가 일정

(기본): 2 일간(1 공장)

일차	시간	내 용
1일차	오전	· 인사 · TPS 검정협회 TEC회사 설명 · 진단과 평가회사 개요, 설명 · 진단과 평가의 내용 설명과 실시
1일차	오후	· 진단과 평가 실시 · 질의응답
2일차	오전	· 공정의 재 확인 · 진단과 평가 결과 보고서 작성 · 보고서의 정리
2일차	오후	· 진단과 평가 결과의 보고 · 질의응답 · 향후의 개선 지도 내용 협의

- ■ 현장 평가 인정

동 상	3.0 ~ 3.5 미만
은 상	3.5 ~ 4.0 미만
금 상	4.0 이상

평가점수는 1.0 ~ 5.0 단계로 평가한다.

현장 진단 프로그램 (2일간)
귀사의 현장 경쟁력은?

일자	내 용
1일차 (09:00~17:00)	09:00 ~ 09:30, 인사, 회사 소개 09:30 ~ 11:00, 현장 진단과 평가 프로그램 설명 11:00 ~ 17:00, 현장 관찰 (공정 별 진단과 평가)
1일차 (09:00~17:00)	09:00 ~ 12:00, 현장 관찰 (공정 별 진단과 평가) 13:00 ~ 15:00, 진단과 평가 내용 정리 15:00 ~ 17:00, 진단과 평가 내용 보고와 협의

2 현장 진단과 평가 내용

◆ 회사(공장)의 제조공정을 확인하여 T-TPS(도요타 생산방식)의 기본에서 본 현상의 상태를 평가한다.
  (제조공정의 현장 운영 상황을 현지 현물로 확인한다)

◆ 현장 진단과 평가 결과를 바탕으로 하는 상태를 명확히 한 개선 계획을 작성할 수 있다.

◆ 현장 진단과 평가의 항상에 의해 생산성, 원가절감, 품질향상을 도모할 수 있다.

도요타 생산방식의 개요 설명 | 현장 진단과 평가 내용의 설명 |
현상 공정의 확인, 진단과 평가 | 현장 진단과 평가 결과의 정리, 보고 |
향후의 개선 지도 내용 협의

현장 평가 목표 : 동상 인정(평가점수 : 3점)이상

1) 도요타 생산방식 (T-TPS)의 개요

[1] T-TPS의 기본이념

◆ 낭비의 배제와 사람의 성장에 의해 회사의 이익을 늘린다.

② 제품을 타사보다 비싸게 판매한다.
③ 구입품, 설비, 공임 등 제반 경비를 싸게 억제한다. → 곤란
① 제품의 제조방법을 개선하여 원가를 내린다. → TPS

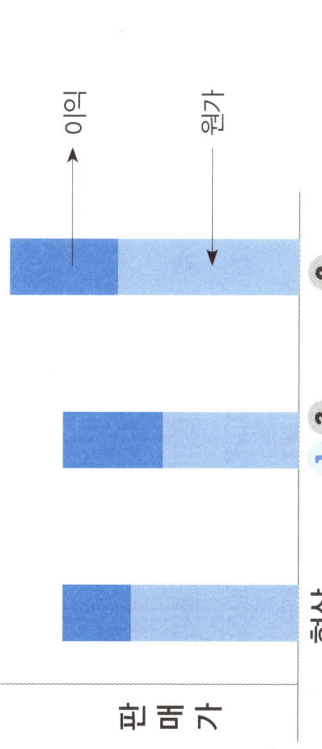

이익 = 판매가 - 원가 × (판매량)

② 판매가는 시장에서 결정된다.
③ 상대의 협력이 필요
① 자사 만의 대응으로 가능하다

[2] 도요타 생산방식(T-TPS)의 개요

- ◆ 제품의 제조방법을 개선하여, 원가절감과 품질향상을 도모한다(낭비의 배제)
  - ◆ 물건 만들기는 사람 만들기, 현장의 활성화

❶ T-TPS의 목적

1. 매출에 연결된 제품 만을 생산한다
2. 보다 싸게 제품을 생산한다(낭비의 배제)
3. 좋은 품질의 제품을 생산한다
4. 현장의 가시화
5. 현장의 활성화

< T-TPS: Total-Toyota Production System >

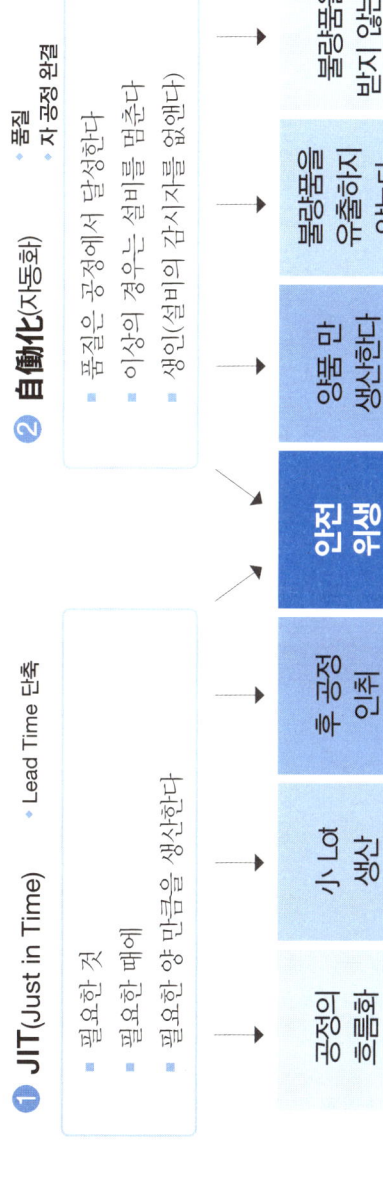

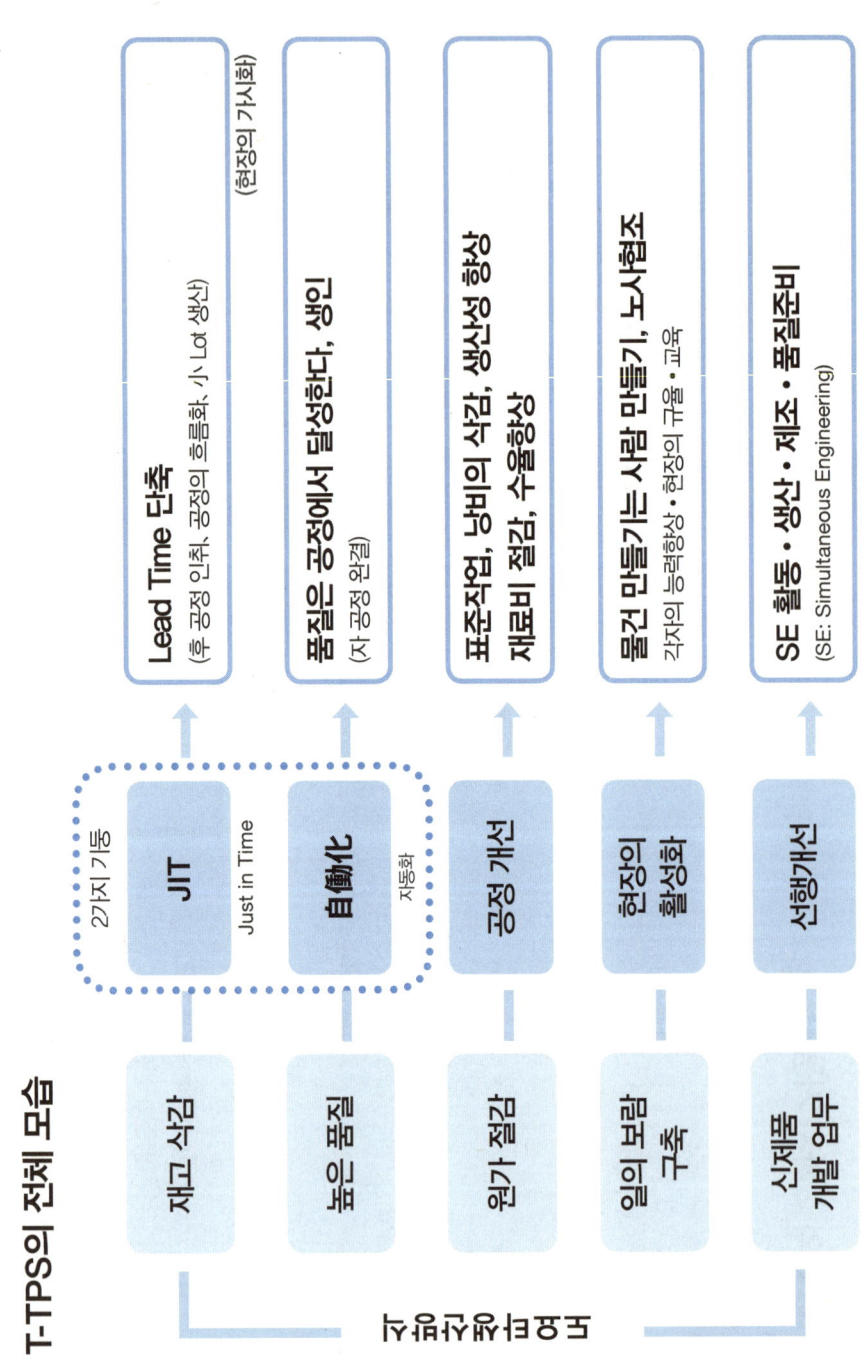

2) 현장 진단과 평가의 내용

[1] 현장 진단과 평가의 목적

◆ 현지·현물에 의해, 귀사의 제조공정을 확인한다

① Total-TPS 의 기본에서 본 귀사의 상태가 명확히 된다.
② TPS 도입의 목표로 하는 상태를 명확히 하여 진단 절차와 향후의 개선 내용을 제안한다.

1) 귀 공장의 Global Rank 가 명확히 된다.

2) 귀 공장의 강점·약점이 명확히 된다.

3) 귀 공장의 문제점을 명확히 하여, 개선의 촉진을 도모할 수 있다

4) 귀 공장의 이상적인 상태, 즉시 장래의 목표가 명확히 된다.

5) 현장 평가점수의 향상에 의해 평가결단, 품질향상을 도모할 수 있다

[2] 현장 진단과 평가 내용

◆ 도요타 생산방식 (T-TPS)의 기본에 의해, 진단한다.

평가항목	내 용
① 현장의 활성화	현장 운영
② 현장의 정비	관리의 가시화
③ 작업자	작업자의 움직임, 표준작업의 준수
④ 재료	물류, 적치장소, 재고
⑤ 설비	가동률, 교체
⑥ 품질	품질의 달성

- 글로벌 현장평가표에 의한다.
- 각 항목에 대하여 5 단계 평가한다.
- 평가점수가 낮은 항목은, 계획을 세워 개선을 추진한다.
- 평가점수를 올리는 것에 의해 원가절감, 품질향상을 도모할 수 있다.

평가 내용 (현장 평가 결과에서 본 회사의 상태) 사례

Total-TPS G B M 평가

1]

공장명 : ABC 공장
공정 : 기계 조립 조립
생산품목 : Axle Assy

① 현장의 활성화	1.0
② 현장의 정비	1.7
③ 작업자	1.4
④ 제품	1.5
⑤ 설비	1.8
⑥ 품질	1.6
평균점수	1.5

2016.12.15
확인자:

평가점수: 1.5

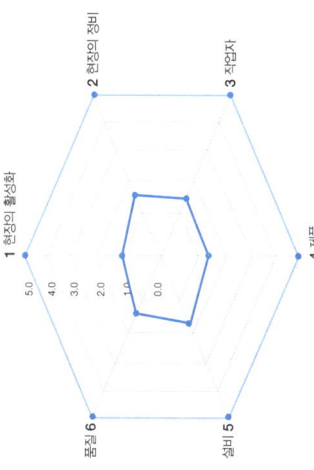

전체 코멘트

- 만연화되어 작업 만 하고 있다
- 사원의 의욕·공헌도를 느낄 수 없다
- 현장의 가시화가 되어 있지 않다
- 회사의 방침·방향의 명시가 없다
- …
- …

평가항목의 코멘트
각 개별 평가 항목(6항목)의 코멘트를 실시한다.

2] G B M 평가 인정

동 상		3.0 ~ 3.5 미만
은 상		3.5 ~ 4.0 미만
금 상		4.0 이상

[3] 현장 평가 내용 상세

① 현장의 활성화 (현장 운영)

	평가점수
제조 공정의 조직 체제	
감독자의 역할 (일상관리)	
인재육성제도 (교육장 포함)	
소집단 개선 활동	
다능공화의 추진	
평균점수	

② 현장의 정비 (관리의 가시화)

	평가점수
5 S 개선 활동	
공정의 가시화 (생산의 진척)	
조회, 정보 코너 (5대 임무)	
각종 작업표준서의 작성	
각종 작업표준서의 작업자 별 정비	
평균점수	

평가점수

5: 시스템이 있고 잘 관리되고 있다

3: 시스템은 있지만 일부 불충분

1: 무 관리 상태에 가깝다

③ 작업자 (작업)

	평가점수
표준작업의 준수	
낭비 작업의 배제	
안전 보호구의 착용	
생산의 흐름화 (小 Lot, 동기화)	
4M 변화점 관리 (인원배치)	
평균점수	

④ 제품 (물류)

	평가점수
부품 공급의 후 보충화	
공장 내 운반의 시스템 (정기, 정량)	
표준 재고의 관리	
재고품의 선입 선출의 관리	
재고 관리와 재고 저감의 연구	
평균점수	

⑤ 설비 (가동률)

	평가점수
보전 작업의 분담(제조, 보전부서)	
설비 전체의 4 S, 일상보전	
설비고장기록, 재발방지 활동	
설비 가동 상황의 파악 (가동률)	
교체시간의 단축	
평균점수	

⑥ 품질 (공정관리)

	평가점수
공정에서 품질을 달성하는 연구	
재료, 가공 불량의 관리	
공정감사, 제품감사	
재발방지 대책의 철저	
품질월보, 품질회의	
평균점수	

<참고>

Total-TPS Global 공장 평가표

· 공장 :
· 생산품목 :

확인일 :
확인자 :
Toyota Engineering (주)

분류	항목	평점 (1~5)	코멘트/가이드
① 현장 활성화	· 제조 공장의 조직 체제		
	· 감독자의 역할 (일상관리)		
	· 인재 육성 제도 (교육 훈련)		
	· 소집단 개선 활동		
	· 대인공감의 축적		
	평균점수		
② 현장의 정비	· 5S 개선 활동		
	· 공장의 가시화 (생산의 진척)		
	· 조회, 정보 코너 (5대 업무)		
	· 작업 표준서의 작성자		
	· 작업 표준서의 작업자 준수 여부		
	평균점수		
③ 작업자	· 표준작업 준수		
	· 멀티 작업의 편성		
	· 안전 보호구의 착용		
	· 생산 변동화 (小 Lot, 동기화)		
	· 4M 변화점 관리 (인원변경)		
	평균점수		
④ 자공정	· 부품 공급의 후보충화		
	· 공장 내 운반의 시스템 (경기, 경향)		
	· 표준재고의 관리		
	· 재고품들의 선입 선출의 관리		
	· 재고 관리와 재고 지견의 연구		
	평균점수		
⑤ 설비	· 보전 작업의 분담 (제조, 보전부서)		
	· 설비 전체의 4 S, 성능보존		
	· 설비고장가, 재발방지 활동		
	· 설비 가동 상황의 파악 (가동률)		
	· 교체시간의 단축		
	평균점수		
⑥ 품질	· 공정 내에서 품질을 당성하는 연구		
	· 재료, 가공 불량의 관리		
	· 공정검사, 제품검사		
	· 재발방지 대책의 흔지		
	· 품질방침, 품질회의		
	평균점수		
	전체 평균 점수		

평점기준
5점 : 시스템이 있고 잘 관리되고 있다
3점 : 시스템은 있지만 일부 불철저
1점 : 무 또는 상당히 떨어진다

Total-TPS Global 공장 평가표 (종합정리)

· 공장 :
· 공정 :
· 생산품목 :

확인자 :
확인자 명
Toyota Engineering (주)

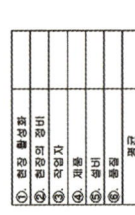

① 현장 활성화
② 현장의 정비
③ 작업자
④ 자공정
⑤ 설비
⑥ 품질

① 현장 활성화	
② 현장의 정비	
③ 작업자	
④ 자공정	
⑤ 설비	
⑥ 품질	
평균	

3) 인정증

동 상	3.0 ~ 3.5 미만
은 상	3.5 ~ 4.0 미만
금 상	4.0 이상

T-TPS 용어해설집

1. TPS의 기본 이념	제품의 제조 방법을 개선하여 원가를 내린다.
2. 기업의 연속	ⓐ 적정 이익의 추구 ⓑ 사람과 현장의 활성화 ⓒ 노사 협조 - 물건 만들기는 사람 만들기다
3. JIT	ⓐ 필요한것을 ⓑ 필요한 때에 ⓒ 필요한 양만큼 → 재고를 가지고 가지 않는다.
4. 후공정 인취	후공정이 전공정으로 필요한것을 가지러 간다(전공정은 후공정에 가져간 양만큼 생산한다)
5. 자동화(自働化)	작업지연/불량발생등 이상이 있는 경우는 설비(라인)를 정지한다 - 가동 또는 사람이 정지, 램프가 있음으로 이상유지 : 눈으로 보는 관리
6. 현장의 활성화	종업원 각자가 가지고있는 성격, 능력, 지식을 어떻게하여 끄집어 낼것인가가 열쇠 일하는 보람이 있는 현장을 만드는다.
7. 자동화(自動化)	0품만들 생산하여 불량품을 흘리지 않는다 (철저한 분석/개선으로 재발 방지)
8. QC Circle 목적	0품을 전원이 문제를 소그룹을 만들어 자주적으로 개선한다. 전원 참가로 자주적으로 운영한다.
9. QC Circle 테마	현장의 문제를 전반을 상정하여 개선한다. 품질 향상/ 생산 Cost 절감/ 생산능률/ 안전
10. Job Rotation	작업자의 능력 향상, 일의 보람 추구, 성호 작업내용의 이해, 상호 원조, 계획적인 훈련의 추진
11. 창의 연구 제안 제도	개선으로써 실시한것을 제안한다(직접 효과까지 효과에까지의 이익 창출, 읽히기 쉬운 환경 구축)
12. 창의 연구 제안 제도	일상 업무 중에서 생산성, 품질, 안전성 향상과 cost 절감을 목적으로 개선을 실시(실시한것은 제안)
13. 현장에서의 재해	작업표준을 준수하지 않고서 직접되는 것이 많아 사고 또는 넘어 작업, 허가 어려운 작업, 급한 작업에서 인해 발생
14. 불활사고 방지 제안제도	위험을 느낀것, 재해가 사고로 직결되는 사례를 발견하여 제안하는 제도. → 재해에 싹을 자른다. 안전의식 향상, 위험, 어려운 작업의 개선 → 좋은 제안은 표창한다
15. 안전 우수 현장의 인정	반년마다 재 확인을 실시, 안전의식 저하시 인정 취소
16. 위생관리의 3가지 기둥중 작업조건 관리	직업성 질병의 예방 → 상쾌지통, 요통 등
17. 보험 회의(생산 부문 회의)	제조 현장의 개선 상황 회의(현장 순회, 현지, 현물로 개선 상황 확인)
18. 관리 감독자가 가져야할 능력	업무 지식, 개선 능력(일에 보람을 갖는 현장을 만들수 있는 능력)

19. 인재 육성		신입사원부터 중견사원, 관리 감독자까지 계획적인 육성교육 실시
20. 5S		정리, 정돈, 청소, 청결 습관화
21. 정리		필요한것을 보관하고 불필요한것을 치분한다
22. 습관화		정해진것(Rule)을 준수하여 실행하는 습관 구축, 스스로 개선하는 인재 육성
23. 5S 개선의 효과		최대의 목적은 현장의 활성화
24. 정리부터 시작		정리 → 정돈 → 청소 → 청결 → 습관화, 꾸준이 있는 현장을 구축하고 현장이 활성화
25. 5S 개선의 추진 방법		전원 참가, 관리 감독자가 모범이된다
26. 현장의 가시화		눈으로 보는 관리, 설비, 라인의 생황을 누구라도 바로 알수있도록 해 두는것, 현지 현물로 해 두는것
27. 생산관리판		제조 공정의 생산 현황을 메시간 나타내는 관리판
28. 공정 ANDON		누구라도 설비나 라인의 상황을 알수있도록 하는 표시등(가동상황,문제발생등)
29. 품질관리판		품질 상황을 누구라도 확인할수 있도록 정보를 기재하는 관리판.
30. 표준 작업		Tack Time, 작업순서, 표준재고를 명확히 한 작업표준서를 바탕으로 한 작업
31. 작업 요령서(요소 작업표)		부품별의 작업 방법이나 작업의 금소, 작업시간, 품질 확인 방법 기재
32. 산적표		작업자별 작업시간을 명확히 한것 대기가 있는 경우 재 배배한다, 공정 식검한다
33. 품질체크 표준서		공정내의 품질 체크 방법을 명확히 한것 - 촉진, 향목, 규격, 검사 도구, 체크빈도 등
34. 품질체크 표준서		품질 관리 부서 + 제조부서 같이 작성
35. 표준 작업		효율적인 작업과 품질을 확보하는 작업 기준(제품을 제조하는 작업의 기준)
36. 표준 작업의 3요소		Tact Time, 작업 순서, 표준 재고
37. Tact Time 공식		Tact Time = 가동시간(가동율)/일당의 필요 수량. 1일당이 없으면 월 소요량/가동일수
38. 표준 작업의 준수		관리 감독자는 표준 이상의 작업을 발견하는 능력, 수정 능력등을 지도해야한다
39. 낭비 발견의 방책		과잉 생산의 낭비를 없애는것이 가장 중요

40. 표준 작업 조합표	작업자의 작업시간을 분석하여, 대기가 있는 경우 각 공정의 작업량을 재분배
41. 가동율	통상의 가동율은 93~97% 목표, Line Stop이 가능한 라인 운영, 98~100%시 Tact Time 단축 도전
42. 소인화	생산 대수에따른 인원의 증감이 가능하고, 가장 적은 인원으로 대응 할 수 있는 생산 체제
43. 공정 개선 추진 방법의 착안점	공정 전체를 파악한다
44. 평준화 생산	1대씩 생산, 1Cycle, ABACADABACAD순으로
45. 소 Lot 생산	생산 교체 시간의 단축을 실시하여 Lot Size를 적게하여 생산을 실시하든가 - 재고 절감
46. 정류화정 배치	설비 개조 또는 설비 구매 실시에 투입으로 정류화한다- 생산의 흐름화, 전용 라인화
47. 평준화 라인	도장 공정처럼 재 작업이 있는 라인은 Storage를 구축하여 평준화 도모
48. 개선의 순서	작업 개선부터 추진하며 다음에 설비 개선 실시
49. 개선의 실시	작업 개선 → 설비 개선
50. 다회 납입(운반)	납입 횟수를 많게하여 재고를 절감한다
51. 서열방식	종류가 있는 매물 부품을 조립에 생산 순서로 인취하는 것
52. 부품 납입 용기 개선	부품 형상에 맞는 용기 설정 실시(표준화)
53. 서열반입	생산 순서 정보를 활용하여 필요 부품을 반입하는 방식
54. 호출 ANDON방식	매물 부품등에 채용, 부품 사용자가 공급자측에 보충의뢰하는 방식
55. 취합 작치	소물 부품들을 라인의 한곳에 취합하여 공급하는 것
56. 공장내 운반도구	건물내의 운반은 견인차 + 운반 대차로 실시
57. 부품 선반	간단하게 제작, 개선을 할 수 있는 이렉트 파이프로한다(폭이는 1.5M이하로 가시성 확보)
58. KANBAN 방식	필요한것을 필요한 때에 필요한 양 만큼(JIT)의 방법
59. KANBAN 방식	ⓐ 생산, 운반, 작업지시의 정보, ⓑ 눈으로 보는 관리의 도구, ⓒ 공정, 작업 개선의 도구로 활용
60. KANBAN 채용의 전제 조건	후공정 인취가 대 전제, 전 공정은 공정이 인취한 양만 생산

번호	용어	설명
61	인취 KANBAN	후 공정이 전 공정에서 인취하는 부품의 종류, 수량을 표시한 KANBAN
62	지시 KANBAN	제조 공정내 생산 지시에 사용하는 KANBAN
62	KANBAN 취급 Rule	부품을 사용할때는 최소의 1개 사용시 KANBAN을 회수하여 회수 BOX에 넣는다, KANBAN은 정해진 시간마다 회수한다
63	KANBAN의 인취 Cycle	A→B→C로 표기 – A– 부품의 인취일 간격, B– 인수일의 인취 횟수 C– 간격 회수
65	KANBAN의 조정	생산 계획이 변경되면 KANBAN 매수 조정(매월) 일간 KANBAN 조정 익월분은 25~28일에 매수 조정
66	자주 보전	제조 부서등 사용 부서가 해야할 보전 } 각각 부담으로 설비별로 협의하여 정한다
	전문 보전	보전 부서등 전문 부서가 해야할 보전
67	일상 점검	설비의 5S 간단한 점검(사용 부서가 시업전, 중업에 실시하는 간단한 보전 작업)
68	보전부서가 해야할 보전	수리 복원등 사용하고 재발 방지를 해야한다
69	예방 보전	계획적인 보전을 실시하여 설비나 기계의 고장이나 불구함 발생을 방지
70	설비의 교체 시간 단축	개를 위해서는 교체시간을 단축하여 기내에 생산하여 재고 지연
71	교체시간	내교체시간 + 조정작업 = 설비 정지 시간
72	외교체작업	설비의 운전을 멈추지 않고 할 수 있는 작업 } 시간 단축 개선, 내교체 작업을 외교체 작업으로 시프트 하라
73	외교체작업 전제 요건	금형, 도구, 지구, 장비들이 사전준비와 교체후의 정리, 청소실시
74	교체시간 개선	내교체시간보다는 외 교체작업을 늘리는 개선
75	품질관리부의 역할	ⓐ 제조공정, 제품 검사 업무 실시, ⓑ 품질향상을위한 제조 부서에의 업무 지원
76	자공정 완결	공정마다 품질 확인후 후공정에게 불량품을 유출하지 않는다
77	공정내의 품질 확보 4원칙	ⓐ 표준 작업의 준수, ⓑ 자가 Check의 실시, ⓒ 물질 성호, 효인의 실시, ⓓ 하기 어려운 작업의 개선
78	설비의 공정 능력 확보	공정 능력이 부서들의 관리 조건을 정하고 개선 실시(품질) Cp ≥1.67- 양호, 1.67≤Cp≥1.33- 안정상태
79	Fool Proof (풀 푸로프)	작업자의 갭써 실수를 방지하는 시스템 불량품이 후공정으로 유출되지않도록 하는 시스템

80. 품질 확인의 가시화	품질 혼란 결과 명확하고 어느 시점에서 발생했는지 이런 조사(일시적 전시)
81. 제품 감사	품질 향상을 위한 회의이며 품질에관한 모든 문제를 취의
83. QA Network	불량유출 방지를 목적으로 재발방지와 유출방지로 구분하여 보증 방법을 명확히개한다
84. 부품 연결	부품 단위의 조립은 1공장내에서 연결, 가조립과 본조립의 공정분리의 폐지
85. Sub Group 연결	기능 관련 제품은 Sub Group별로 분할하고 조립을 반(조)내에서 완료
86. 기능 연결	동일 기능 제품의 조립은 하나의 라인에서 작업을 완료
87. 협력업체에대한 지도와 지원	승인 검사원의 작성(협력사 작성), 승인(모사 품질관계자), 관리항목, 제품의 샘플링 빈도, 데이터의 보고 내용등 협력 업체와 협의
88. 무검사 수입	품질이 좋은 업체는 수입검사 없이 입고(10PPM이하 목표)
89. 협력업체 품질 대회 개최	금상 수상의 협력업체의 품질 향상 개선사례발표
90. 선행 개선	양산 개시전 사전에 개선한다
91. SE활동	설계에 완성도를 올리는 활동. 大ROOM 운영(설계 당사부터 양산 개시까지)
92. PPC(Pre Product Check) 활동	생산시의 문제점을 개선 요망 내용으로 설계 부서에 제안
93. VA, VE활동	도면 단계 및 시작품 완성 단계에서 각 부문의 원가 점감 실시
94. 생산 준비 활동	신제품 생산 개시전 생산 준비부문(생산기술, 생산관리)이 생산방식을 정하는 업무 실시. → 좋은 설비, 좋은 공정, 좋은 품질의 목표 달성을 위해
95. 제조 준비 활동	제조공장에서 양산시작전 실시하는 신제품 양산 활동 : ⓐ작업 표준서의 작성, ⓑ작업 훈련의 실시
96. 기업의 발전	전사적 활동 지속 ⓐ좋은 제품의 개발, ⓑ제조 원가의 저감, ⓒ현장의 활성화